W0305473

Regensburg

Christoph Schmidt

1. Auflage 2023

Inhalt

Unterwegs mit

Christoph Schmidt

Es ist schon ein paar Jahre her, dass Christoph Schmidt in Regensburg gewohnt und studiert hat. Aber die Stadt hat ihn nie losgelassen. Im Biergarten mit Blick auf Brücke und Dom fiel seine Entscheidung, etwas „Unvernünftiges" (Geschichte und Kunstgeschichte) zu studieren. Er wurde dann schließlich doch was „Vernünftiges", nämlich Buchhändler, später Verlagsvertreter. Aber Regensburg blieb unter allen bayerischen Städten, die er später während seiner Berufszeit besucht hat, immer etwas Besonderes. Und deshalb war es ihm eine große Freude, dieses Buch zu schreiben.

Was ich an Regensburg besonders mag? Diese einmalige Mischung aus „architektonischem Schatzkästchen" und genießerischer, fast schon südländischer Lebensart. Begonnen hat Regensburgs Metamorphose zur „nördlichsten Stadt Italiens" mit der Gründung der Universität Ende der 1960er-Jahre, als die Stadt mit einem Schlag jünger und weltoffener wurde. Bis dahin war sie bayerische Provinz durch und durch, überregional allenfalls bekannt durch die Domspatzen, die Thurn und Taxis und die Regensburger Würste. Auch um die Altstadt wurde lange Zeit nicht viel Aufhebens gemacht, „architektonisches Schmuckkästen" hätte sie kaum jemand genannt. Vielen war sie sogar ein Ärgernis, besonders den Lokalpolitikern: zu eng, zu verwinkelt, verkehrsuntauglich, mindestens sanierungs-, wenn nicht abrissbedürftig, kurz: ein Hemmschuh für das, worauf man in den Wirtschaftswunderjahren setzte: Modernität um jeden Preis. Durchgesetzt hat sich die Modernitätssehnsucht jener Jahre glücklicherweise nicht. Der verspätete Lohn dafür kam 2006, als die Altstadt Regensburgs in die Welterbeliste der UNESCO aufgenommen wurde – eben doch ein Schmuckkästchen!

Und wie erkundet man Regensburg? Ich gehe ausschließlich zu Fuß, und wenn's irgend möglich ist, sollten Sie das auch tun. Denn erstens gibt's fast an jeder Ecke etwas zu entdecken: Kleines, Großes, Verstecktes, Offensichtliches. Und zweitens gibt's in der Altstadt „nur zwei Entfernungen: gute 10 Minuten oder knappe 10 Minuten" (Neli Färber vom großartigen Bistro-Restaurant-Hotel „Orphée"). Genießen Sie es!

Was haben Sie entdeckt?

Haben Sie ein besonderes Restaurant, ein neues Museum oder ein nettes Hotel entdeckt? Wenn Sie Ergänzungen, Verbesserungen oder Tipps zum Buch haben, lassen Sie es uns bitte wissen!

Schreiben Sie an: Christoph Schmidt, Stichwort „Regensburg"
c/o Michael Müller Verlag GmbH | Gerberei 19, D – 91054 Erlangen
christoph.schmidt@michael-mueller-verlag.de

Preise Übernachten
(DZ inkl. Frühstück in der Hauptsaison)

€	unter 100 Euro
€€	100–150 Euro
€€€	150–200 Euro
€€€€	über 200 Euro

Preise Essen
(ein Hauptgericht)

€	bis 12 Euro
€€	bis 18 Euro
€€€	bis 25 Euro
€€€€	über 25 Euro

Orientiert in Regensburg

Stadt und Stadtviertel

Sightseeing-Highlights

Essen und Ausgehen

Orientiert in Regensburg

Stadt und Stadtviertel

Allein um das Gebiet der historischen Altstadt zu erkunden, braucht man schon einige Tage. Denn die Zeugnisse von fast 2000 Jahren Geschichte sind schließlich kein Pappenstiel. Aber Regensburg ist kein Museum: Das Flair der Gassen und Plätze mit den Straßencafés und Biergärten muss man erleben!

In 5 Touren durch die Altstadt

Von Ost nach West folgen die Spaziergänge in etwa der historischen Entwicklung der Stadt. Die reine Gehzeit pro Tour ist nicht länger als eine bis eineinhalb Stunden. Die Touren schließen aneinander an, und da das Gebiet nicht groß ist, kann man leicht hin und her wechseln.

Die Highlights außerhalb der Altstadt finden Sie ab S. 114.

Nicht einfach Altstadt, UNESCO-Welterbe!

Regensburg ist mit 153.542 Einwohnern die viertgrößte Stadt Bayerns und erstreckt sich auf einer Fläche von gut 80 km². Die mittelalterliche Altstadt mit einer Fläche von knapp 3 km² bildet nahezu einen Halbkreis südlich der Donau, mit der Steinernen Brücke als Mittelpunkt. Nimmt man noch die Donauinseln und am nördlichen Ufer Stadtamhof dazu, beträgt die Nord-Süd-Ausdehnung 1,5 km, die Ost-West-Ausdehnung etwa 2,1 km.

Auf dem Gebiet der Altstadt finden sich heute rund 960 denkmalgeschützte Gebäude. Kein Wunder, dass sich die Auszeichnung als UNESCO-Welterbe 2006 darauf bezieht, dass die „Regensburger Altstadt mit Stadtamhof" ein herausragendes Beispiel für eine mittelalterliche Handelsstadt ist, deren historische Entwicklungsstufen gut erhalten sind: im Kern mittelalterliche Gassen und Plätze, im Laufe der Zeit dem jeweiligen Zeitgeschmack angepasst.

Geschichte im Straßennetz

Das Stadtgebiet entwickelte sich in drei Stufen, die noch deutlich im modernen Stadtplan erkennbar sind. Das **römische Legionslager** aus dem 2. Jh. muss man ein bisschen suchen: Es wird im Süden umrissen von Fuchsengang und St.-Peters-Weg, im Westen von den beiden Bachgassen, im Norden von Goliathstraße und Unter den Schwibbögen und im Osten schließlich von Kolping- und Martin-Luther-Straße. Innerhalb dieses 450 mal 540 m großen Gevierts folgen die heutigen Straßen etwa den römischen: Fröhliche-Türken-Straße, Weiße-Lilien-Straße und Pfauengasse entsprechen der römischen Nord-Süd-Achse; Drei-Kronen-Gasse, Schwarze-Bären-Straße, der Neupfarrplatz und die nach Westen verlängerte Gesandtenstraße bilden die Ost-West-Verbindung zwischen den damaligen Lagertoren.

Die westliche Stadterweiterung unter Herzog Arnulf im 10. Jh. mit der sog. **Arnulfinischen Stadtmauer** umfasste das außerhalb der Südwestecke gegründete Kloster St. Emmeram und das neu entstandene Kaufmannszentrum um Rathaus- und Haidplatz. Sie verlief entlang der Ostseite von Bismarck- und Arnulfsplatz nach Norden (Weißgerbergraben) und endete etwa am Eisernen Steg.

Die letzte **Erweiterung im 13./14. Jh.** bezog schließlich die Handwerker- und Arbeitersiedlungen auf beiden Seiten entlang der Donau mit ein, dazu noch einige Klöster. Über diese Grenze ist Regensburg erst im 19. Jh. hinausgewachsen. Sie ist am deutlichsten zu erkennen: Der **Parkgürtel**, der die Altstadt umschließt, wurde Ende des 18. Jh. entlang der Befestigungen des 13. Jh. angelegt und ist heute in etwa die südliche Grenze des Welterbe-Areals. Auch das 19. und 20. Jh. brachten Eingriffe in das mittelalterliche Stadtgefüge mit sich, der Zweite Weltkrieg hat der Altstadt zum Glück nicht sehr geschadet.

Geschlechtertürme und andere (moderne) Bauten

Das heutige Stadtbild ist von zwei seit dem hohen Mittelalter konkurrierenden Mächten geprägt: Die Bürger prunkten mit ihrem Rathaus, der barocken Stadtkirche und ganz besonders mit den mittelalterlichen Stadtburgen, deren einzigartige Geschlechtertürme das Stadtbild bestimmen. Die Kirche konterte mit ebenso zahlreichen Türmen von Klöstern und dem Dom – dessen Türme toppten schließlich im 19. Jh. die Geschlechtertürme!

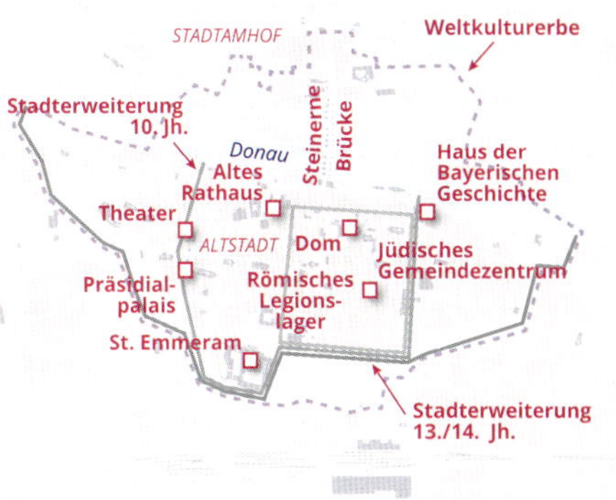

Um 1800 brach der Klassizismus durch Bauten wie z. B. Theater und Präsidialpalais am Bismarckplatz mit den Formen der gewachsenen Stadt. Und da die Moderne immer Ansichtssache ist: Nach 1945 bis in die Mitte der 70er-Jahre wurden dann für Straßenprojekte ganze Blocks mittelalterlicher Bebauung abgerissen, die „Bürotürme" beim Ernst-Reuter-Platz und der Kaufhausneubau am Neupfarrplatz zählen nicht zu den Perlen der Stadt.

Dem 21. Jh. verdankt die Altstadt zwei markante Neubauten: das neue Jüdische Gemeindezentrum mit Synagoge und das Haus der Bayerischen Geschichte am ehemaligen Donaumarkt.

Stadtteile um die Altstadt

Kumpfmühl (dort lag das erste Römerlager) wurde erst 1818 eingemeindet. 1904 kam das Gebiet des Klosters Karthaus-Prüll dazu. Erst 1924 wuchs die Stadt von knapp 18 km² auf über 46 km² durch die Eingemeindung der nördlich der Donau gelegenen Stadtteile (u. a. Steinweg und Stadtamhof). 1938 kamen die im westlichen Donaubogen gelegenen Gemeinden dazu, u. a. Großprüfening. Inzwischen ist die Stadt weit über die A 3 hinausgewachsen, aber dorthin kommen Gäste nur, wenn sie ins neue Jahn-Stadion wollen oder in den botanischen Garten der Universität.

Orientiert in Regensburg

Sightseeing-Highlights

Das wahre Highlight? Die Altstadt als Gesamtensemble – mittelalterlich und lebendig zugleich. Aber bei fast 1000 denkmalgeschützten Bauwerken muss man doch ein bisschen auswählen: Versuch einer Entscheidungshilfe.

Bestens gerüstet!

Die Atmosphäre der Stadt muss man erlaufen, um sie zu spüren. Denken Sie an bequeme Schuhe, das Pflaster hat es in sich! Pause machen kann man aber immer: in einem der vielen Cafés und an so mach schönem Plätzchen zwischendrin.

Und für Fotografen: tolle Motive, schwierige Verhältnisse! Zoom und Weitwinkel nicht vergessen.

Die Wahrzeichen der Stadt

- **Dom Sankt Peter:** Klein im Vergleich zu anderen, aber ein Schmuckstück. Die einzige gotische Kathedrale östlich des Rheins, im Mittelalter vollendet. Allein die Glasfenster sind einen Besuch wert. → Tour 2, S. 46
- **Steinerne Brücke:** Eine der ältesten erhaltenen Steinbrücken, ein Wunderwerk ihrer Zeit. Die Aussicht auf Donau und Stadt ist fantastisch. → Tour 3, S. 69
- **St. Emmeram:** 1000 Jahre Geschichte und das größte bewohnte Schloss Europas. Fürstliche Repräsentation vom 18. bis 21. Jh. → Tour 4, S. 91
- **Altes Rathaus:** Der Stolz der Bürgerstadt beeindruckt mit seiner Architektur, besonders mit dem Reichssaal, Tagungsort des Immerwährenden Reichstags. → Tour 3, S. 61
- **Geschlechtertürme:** Einmalige Zeichen mittelalterlicher Bürgermacht. Die wichtigsten gibt es in einem Spaziergang. → Tour 4, S. 79

Museen

- **Haus der Bayerischen Geschichte:** Auch wenn es nicht direkt mit der Stadt zu tun hat, ein Muss. Zumindest der Film: kurzweilige Einführung in die Geschichte der Stadt. → Tour 1, S. 29
- **Kunstforum Ostdeutsche Galerie:** Der Ort für moderne Malerei schlechthin, vor allem aus Osteuropa. → Tour 5, S. 109

Kirchen im Wandel der Stile

- **Schottenkirche St. Jakob:** Im Kern sind viele Kirchen romanisch, aber so pur wie hier bekommt man den Stil selten. Und das Schottenportal ist einzigartig. → Tour 5, S. 110
- **Dominikanerkirche St. Blasius:** Neben dem Dom sind es die Kirchen der Bettel-

orden, die die gotische Stadt prägen. St. Blasius beeindruckt mit seiner monumentalen Strenge und seiner Höhe. → Tour 4, S. 90

■ **Dreieinigkeitskirche:** Die frühbarocke Saalkirche war die erste evangelischen Predigtkirche in Bayern. Sie besticht durch die Höhe, Weite und Eleganz des Innenraums. Der Friedhof birgt Perlen barocker Grabkultur. → Tour 4, S. 87

■ **Alte Kapelle:** Eine der ältesten Kirchen der Stadt, aber seit dem 18. Jh. ein Rokoko-Rausch in Weiß und Gold. Hier wird der Triumph, die Herrlichkeit der (katholischen) Kirche gefeiert! → Tour 1, S. 22

Regensburg von unten

2000 Jahre Geschichte sind begehbar: Im frei zugänglichen **document Legionslagermauer** steigt man zu den Römern hinab (Tour 1, S. 34), im **document Niedermünster** zu den Anfängen der christlichen Stadt (Tour 1, S. 26) und im **document Neupfarrplatz** ins zerstörte jüdische Ghetto (Tour 2, S. 43).

Der grüne Gürtel

■ **Fürst-Anselm-Allee:** Das schönste Stück der Allee, die Fürst Anselm von Thurn und Taxis Ende des 18. Jh. angelegt hat, führt vom Bismarckplatz zum Milchschwammerl (Tour 1, S. 17), an einem Stück der Stadtmauer entlang, vorbei an einem neuen und einem alten Tor und der Prunkfassade von Schloss Emmeram (Tour 5, S. 112).

■ **Herzogspark:** Der kleine Park ganz im Westen ist für mich der schönste. Das Gelände umfasst den Stadtgraben und eine Bastion. Mit den Resten eines Torturms und der Stadtmauer, schön angelegten Gärten und Ausblicken auf die Donau ist der Park eine echte Oase der Entspannung. → Tour 5, S. 108

Die Donau und die Inseln

■ **Bootstouren:** Es muss keine Fahrt nach Weltenburg sein, aber eine Strudelfahrt, auf der man die Stadt, die Steinerne Brücke und den Fluss aus anderer Perspektive sieht. Und dann auch erfährt, was es mit den Strudeln auf sich hat … → Regensburg in Stichworten, S. 175

■ **Oberer Wöhrd:** Egal, ob Sie auf dem Damm beim Eisernen Steg (Tour 5, S. 104) stehen, über den „Hammerbeschlächt" (Tour 3, S. 69) schlendern oder im Biergarten sitzen – Stadt und Fluss präsentieren sich immer von ihrer besten Seite. → Tour 3, S. 69

■ **Unterer Wöhrd und Jahninsel:** Trumpf dieser beiden Inseln sind die nahezu endlosen Liegewiesen zur nördlichen Donau hin. → Tour 3, S. 71

Stadtamhof

Wenn man aus dem engen Gassengewirr über die Steinerne Brücke geht, wird sofort klar, dass Stadtamhof mit seiner breiten, kerzengeraden Hauptstraße eine andere Welt war und ist. → Tour 3, S. 70

Essen und Ausgehen

Bei der Frage, wie man den Abend verbringt, hat man in der Altstadt und in Stadtamhof die Qual der Wahl. Kinos und Bühnen, ob für Theater oder Musik, gibt es reichlich und die Zahl der Restaurants, Kneipen und Bars tendiert ins Unendliche.

Ausführliche Restaurantbeschreibungen befinden sich am Ende jeder Tour.

Eine Liste aller Restaurants bieten wir Ihnen ab S. 182.

Alle Kneipen und Klubs sowie Theater- und andere Bühnen finden Sie im Kapitel Kultur- und Nachtleben ab S. 152.

Regensburg kulinarisch

Natürlich findet man in Regensburg alles, was man mit bayerischer Küche verbindet. Wer aus ferneren Teilen des Landes oder aus dem Ausland kommt und genau das erwartet, wird nicht enttäuscht, keine Sorge.

Aber das ist eben nicht alles: Drei Restaurants mit einem Michelin-Stern gibt es, darunter das deutschlandweit wahrscheinlich beste Sushi-Restaurant. Außerdem moderne Fusions- und klassische französische Küche, „Italiener“ sowieso, aber auch der Rest der Welt ist gut vertreten, durch alle Preisstufen. Es gibt fast keine Geschmacksrichtung, die es nicht gibt – na ja, Fischlokale vielleicht. Aber eine Austernbar gibt es, im Dezember im „Orphée“ (→ S. 98).

Anhänger der süßen Fraktion werden auf alle Fälle verwöhnt. Fündig wird man eher im Zentrum und in Stadtamhof, das Café Pernsteiner nahe dem Ostentor, also am östlichen Rand der Altstadt, ist da eine Ausnahme.

5 Einkehrtipps

- **Roter Hahn:** Maximilian Schmidt leitet die Küche des Familienbetriebs, der 2021 mit einem Michelin-Stern ausgezeichnet wurde. Serviert werden leichte, moderne Kreationen mit asiatischen und nordischen Einflüssen. Angenehme Atmosphäre und annehmbare Preise für ein Mittagsmenü empfehlen den Roten Hahn als Einstieg in die Sterneküche. → S. 100

- **Sticky Fingers:** Anton Schmaus, der Sternekoch von „Storstad“ und „Aska“ (beide im Goliathhaus), kann auch eine Etage tiefer: Keine Sterne, deswegen bleiben auch die Preise unter Sterneniveau. Für die internationale Fusionsküche, die hier geboten wird, Küche gilt das nicht. Die bewegt sich auf Topniveau. → S. 100

▪ **Alte Linde:** Ein Biergarten muss sein. Und bitte: Das ist kein Geheimtipp! Jeder findet ihn. Im Trubel der Hauptsaison sucht man sich vielleicht was Stilleres. Aber die Lage und die Aussicht sind einmalig, das Bier steht außer Zweifel, und gut essen kann man auch – im Winter drinnen. → S. 73

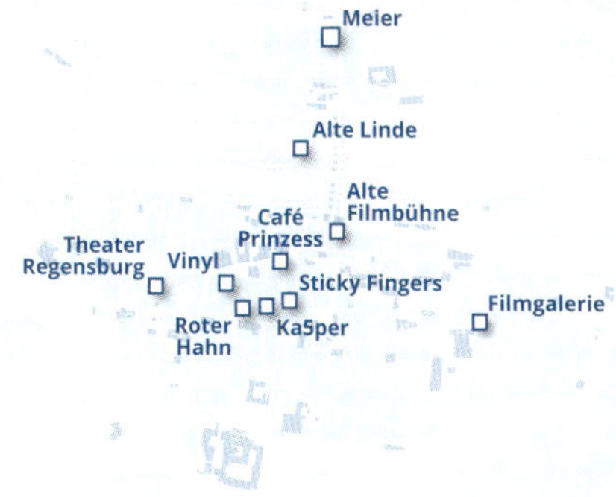

▪ **Meier. Ein Lokal:** „Kennt jeder", kann man nicht sagen, zumindest nicht außerhalb von Stadtamhof. Sollte man aber: Eine alte Schankstube, eine originelle, häufig wechselnde Speisekarte, regionale Zutaten. Da passt alles. → S. 76

▪ **Café Prinzess:** Café-Tipps sind schwierig, sind doch alle so unterschiedlich. Ich entscheide mich für dieses und damit für die Lage und fürs klassische Kaffeehaus: bürgerlich, gediegen, hervorragende Torten, in bester Lage vis-à-vis dem Alten Rathaus. Vergleichbare Kategorie: das Café Goldenes Kreuz am Haidplatz. → S. 76

Kultur- und Nachtleben

Regensburg ist nicht nur Standort von Zukunftstechnologien und mehreren Hochschulen, sondern auch Zentrum eines großen, überwiegend ländlichen Gebiets. Entsprechend breit gefächert ist das kulturelle Angebot, selbst ohne die regelmäßig stattfindenden Kulturevents. Es reicht vom klassischen Theater über experimentelle und Kleinkunstbühnen bis hin zu den Clubs und Techno-Höhlen, die sich am Wochenende füllen, wenn gefühlt das halbe Umland in die Stadt kommt. Auch die Kinos bieten ein Programm, das man so schnell sonst nicht findet.

Ein spürbarer Mangel an Kneipen und Bars, mit oder ohne Musik, besteht nicht. Und das Spektrum ist breit: Zwischen die „Apotheke" und die „Barock Bar" passen Welten.

5 Tipps für 5 Abende

▪ **Theater Regensburg:** Das Mehrspartenhaus hat an seinen verschiedenen Spielstätten viel zu bieten: Oper, Theater, Ballett. Von klassisch bis modern. → S. 153

▪ **Filmgalerie:** Das Programmkino im Leeren Beutel ist alles außer Standard. Filmklassiker, Feministisches, Politisches und Internationales. Es lohnt sich, ins Programm zu schauen. → S. 152

▪ **Ka5per:** Für heute ist genug? Den Tag voller Eindrücke mit einem feinen Cocktail in der Hand ausklingen lassen? Im passenden Ambiente? Hier zum Beispiel! → S. 157

▪ **Vinyl:** Kleine Bar, gute Stimmung. Musik meist funkig, egal ob Platte oder vom PC. Am frühen Abend auf ein Schwätzchen und einen Drink, später steigt die Stimmung (und die Lautstärke). → S. 155

▪ **Alte Filmbühne:** Wem das Vinyl noch zu still war und wer mehr Bewegung braucht, kann es hier versuchen. Auch ohne Livemusik ist hier zu später Stunde immer was los. → S. 155

Der höchste, der schönste: der Goldene Turm

Wege durch Regensburg

Auf zu den Anfängen

Tour 1

Dieser Spaziergang führt zu den Wurzeln der Stadt, zu römischen Legionären und bajuwarischen Herzögen. Dabei geht es in den Untergrund und zu gut aufbereiteten Ausstellungen, die Einblicke in die Geschichte und Geschicke der Stadt geben. Und Sie erhaschen einen ersten Blick auf die Donau.

Alte Kapelle, eine der schönsten Rokokokirchen Bayerns, → S. 22

document Niedermünster, durch fünf Meter Stadtgeschichte, → S. 26

Haus der Bayerischen Geschichte, gelungene Selbstdarstellung, → S. 29

Prunk, Parks und Ruinen

Zu Herzogshof und Römertor

Regensburg versteckt seine baulichen Schätze hinter einem Parkgürtel, der die Altstadt umgibt und seit Ende des 18. Jh. sukzessive entstanden ist (→ S. 20). Einen kleinen Eindruck davon bekommt man bereits auf dieser Tour. Sie startet am Bahnhof, führt ein kurzes Stück durch die Maximilianstraße (ein nicht ganz so erfolgreiches Straßenprojekt des 19. Jh., → S. 21) und macht dann einen kleinen Umweg durch den Regensburger Grüngürtel – Ziel bleibt aber die Altstadt.

Am dortigen Alten Kornmarkt, einst Machtzentrum der bayerischen Herzöge, warten die ersten Highlights der Tour: ein kurzer Blick auf den Dom, doch der muss warten bis Tour 2 (→ S. 46) – die Alte Kapelle und der Römerturm gehen zunächst vor. Unter dem Niedermünster geht es in die Vergangenheit, danach passiert man eines der zwei erhaltenen römischen Stadttore Deutschlands und folgt dem Lauf der römischen Stadtmauer. Zwei große Museen gehören auch zum Besichtigungsprogramm.

Endpunkt der Tour ist der Dachauplatz, der über der östlichen Römermauer gebaut wurde. Zu deren Besichtigung geht es dort in den Keller – in den Keller eines Parkhauses!

Spaziergang

Vom Bahnhof führt die Maximilianstraße bis tief in die Innenstadt. Der südliche Teil bis zum Parkhotel ist ein Verkehrsknotenpunkt und nicht der schönste Abschnitt. Hier ist der Parkstreifen, der sich um die Altstadt zieht, schon jetzt am stärksten zerschnitten. Aber es wird wohl noch einmal draufgesattelt: Seit 2021 bereitet die Stadt das Areal für die Anforderungen der kommenden Jahrzehnte vor. Ein Interims-ZOB liegt jetzt zwischen Maximilianstraße, Ernst-Reuter-Platz und Albertstraße, auf dem inzwischen verkehrsberuhigten Bahnhofsvorplatz soll 2024 mit dem Bau einer Tiefgarage begonnen werden. Die komplette Umgestaltung des Areals in eine Fußgängerzone wird noch Jahre dauern.

Der Weg durchs Regensburger Grün wird noch lange der verlockendere bleiben, und auch wir schlagen ihn ein: Es geht also nicht geradeaus in die Stadt, sondern vom Bahnhof aus wenige Schritte nach links in den Park. Dann noch über die Albertstraße, die den Park quert, und schon steht man vor der ersten kleinen Sehenswürdigkeit (jawohl, steht unter Denkmalschutz!), dem **Milchschwammerl.** Der Pilzkundige wird das putzige Häuschen sofort als Fliegenpilz identifizieren. Schwammerl heißt Pilz, so weit klar, wieso aber Milch? Der Kiosk ist einer der letzten Überlebenden einer „Trinkt-Milch"-Kampagne aus den 1950ern: 40 solcher Pilze einer Allgäuer Firma wurden in Bayern aufgestellt. Milch gibt es heute auch noch, aber mehr im Kaffee: Seit 2007 ist das Schwammerl ein Stehcafé, beliebter Treffpunkt für hastige Passanten und solche, die mehr Zeit haben (Mo–Sa 8–16 Uhr, So ab 10 Uhr).

Gegenüber dem „Schwammerl" erhebt sich links zwischen zwei Brunnenbecken ein Obelisk: das Denkmal für den Stifter der Allee, ausgeführt 1805 vom Fürstlichen Baumeister Emanuel Joseph d'Herigoyen im Auftrag des Fürsten von Dalberg. Weiter gen Stadt erhebt sich rechts ein kleines Tempelchen: das Kepler-Denkmal.

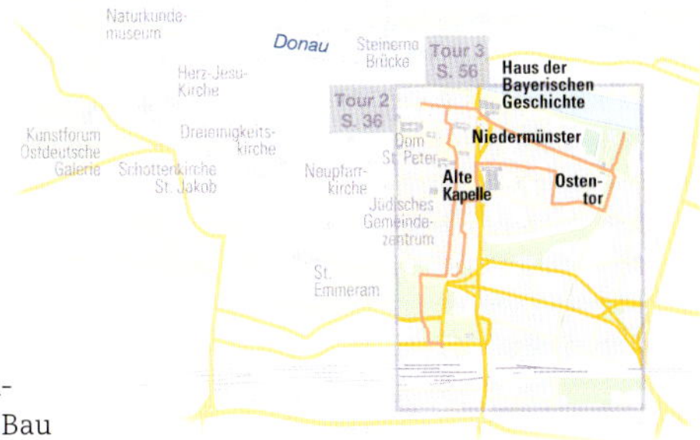

Berühmter Sohn der Stadt

Kepler-Denkmal

Der Physiker Johannes Kepler wurde nach seinem Tod 1630 auf dem Petersfriedhof begraben. Doch schon drei Jahre später wurden im Dreißigjährigen Krieg Friedhof und Grabmal völlig zerstört. 1806 veranlasste Dalberg ein Monument und 1808 wurde der dorische Monopteros (Rundtempel) nach Plänen von Emanuel Joseph d'Herigoyen eingeweiht. Keplers Büste von Friedrich Döll hält sich eng an ein zeitgenössisches Bild des Physikers, das Original steht im Keplerhaus (→ S. 65). 1809 hätte leicht das Ende des Denkmals bringen können, wurde doch das Umfeld stark zerstört (→ Geschichte, S. 145), aber es überstand den Krieg an seinem Standort. Erst dem Fortschritt musste das Monument weichen: Als 1859 die Maximilianstraße, die ja auf das Monument ausgerichtet war, zum Bahnhof verlängert wurde, wanderte es nach Westen auf seinen heutigen Platz.

Letztlich ein Rätsel

Predigtsäule

Am Ende des Fußweges steht die etwa 8 m hohe Predigtsäule. Sie zeigt auf mehreren Etagen biblische Szenen und ist von einer Kreuzigungsszene gekrönt.

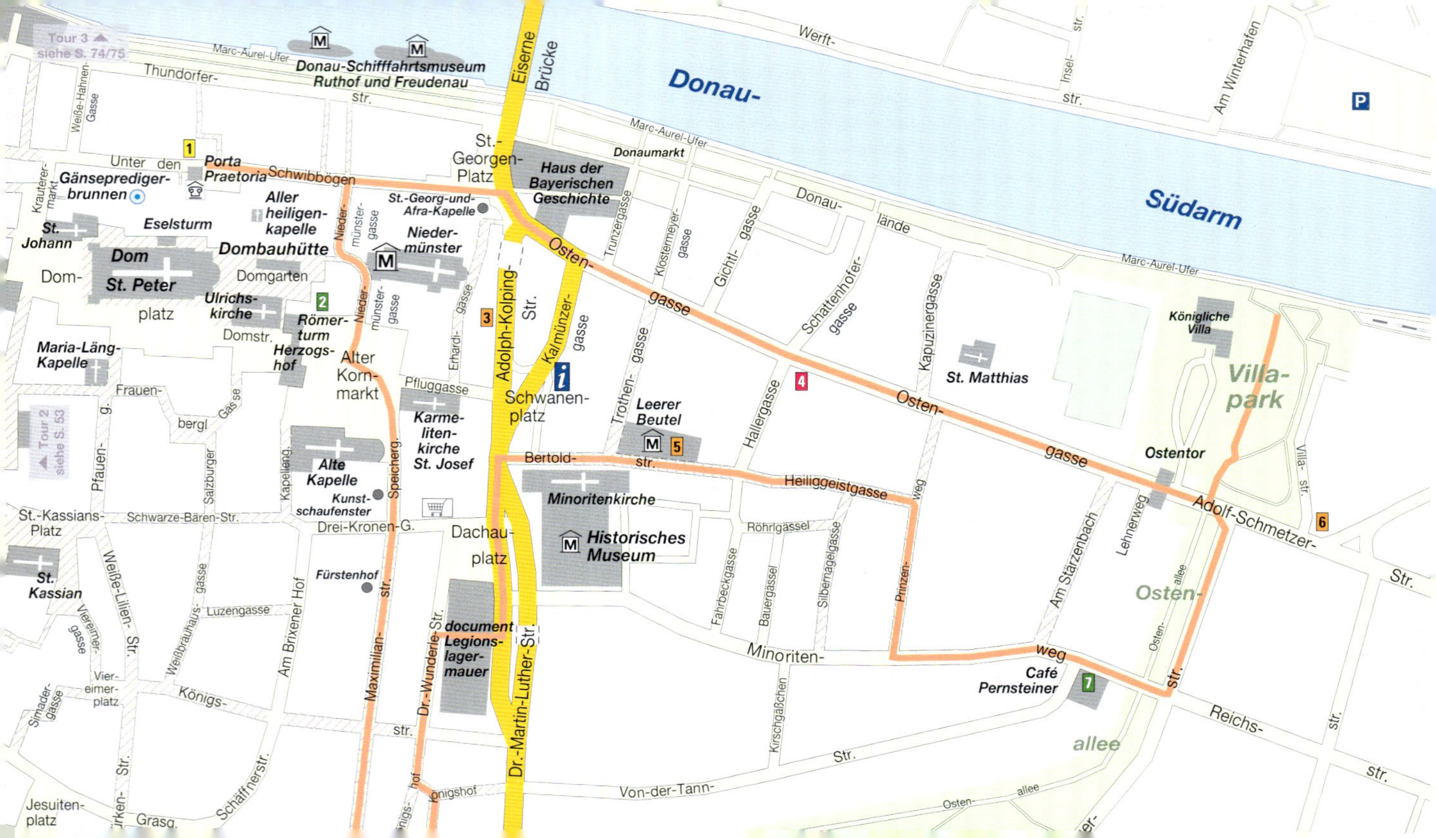

Tour 3 siehe S. 74/75
Donau-Schifffahrtsmuseum Ruthof und Freudenau
Marc-Aurel-Ufer
Thundorfer-str.
Eiserne Brücke
Werft-
Insel-str.
Am Winterhafen
Donau-
Südarm
Weiße-Hahnen-Gasse
Unter den Schwibbögen
Porta Praetoria
Gänseprediger-brunnen
Krauterer-markt
St.-Georgen-Platz
Haus der Bayerischen Geschichte
Donaumarkt
Trunzergasse
Klostermeyer-gasse
Gichtl-gasse
Donau-lände
Schattenhofer-gasse
Kapuzinergasse
St. Matthias
Königliche Villa
Villa-park
Villa-str.
Aller heiligen-kapelle
St.-Georg-und-Afra-Kapelle
Nieder-münster
Niedermünster-gasse
Eselsturm
St. Johann
Dom St. Peter
Dombauhütte
Domgarten
Dom-platz
Ulrichs-kirche
Domstr.
Römer-turm
Herzogs-hof
Alter Kornmarkt
Erhardi-gasse
Adolph-Kolping-Str.
Kalmünzer-gasse
Schwanen-platz
Osten-gasse
Trothen-gasse
Leerer Beutel
Hallergasse
Ostentor
Adolf-Schmetzer-Str.
Maria-Läng-Kapelle
Frauen-bergl
Gasse
Pfauen-g.
Tour 2 siehe S. 53
Pfluggasse
Karme-liten-kirche St. Josef
Alte Kapelle
Kapelleng.
Speicherg.
Kunst-schaufenster
Salzburger
Bertold-str.
Heiliggeistgasse
Minoritenkirche
Historisches Museum
Röhrlgässel
Silbernagelgasse
Prinzen-weg
Am Stärzenbach
Lehnerweg
Osten-allee
St.-Kassians-Platz
Schwarze-Bären-Str.
Drei-Kronen-G.
Dachau-platz
St. Kassian
Weiße-Lilien-Str.
Viereimer-gasse
Weißbräuhaus-gasse
Luzengasse
Am Brixener Hof
Fürstenhof
Maximilian-str.
Dr.-Wunderle-Str.
document Legions-lager-mauer
Dr.-Martin-Luther-Str.
Fahrbeckgasse
Bauergässel
Minoriten-weg
Café Pernsteiner
Reichs-str.
Vier-eimer-platz
Simader-gasse
Königs-str.
Schäffnerstr.
Kirschgäßchen
Von-der-Tann-Str.
Königshof
Jesuiten-platz
Grasg.
1 2 3 4 5 6 7

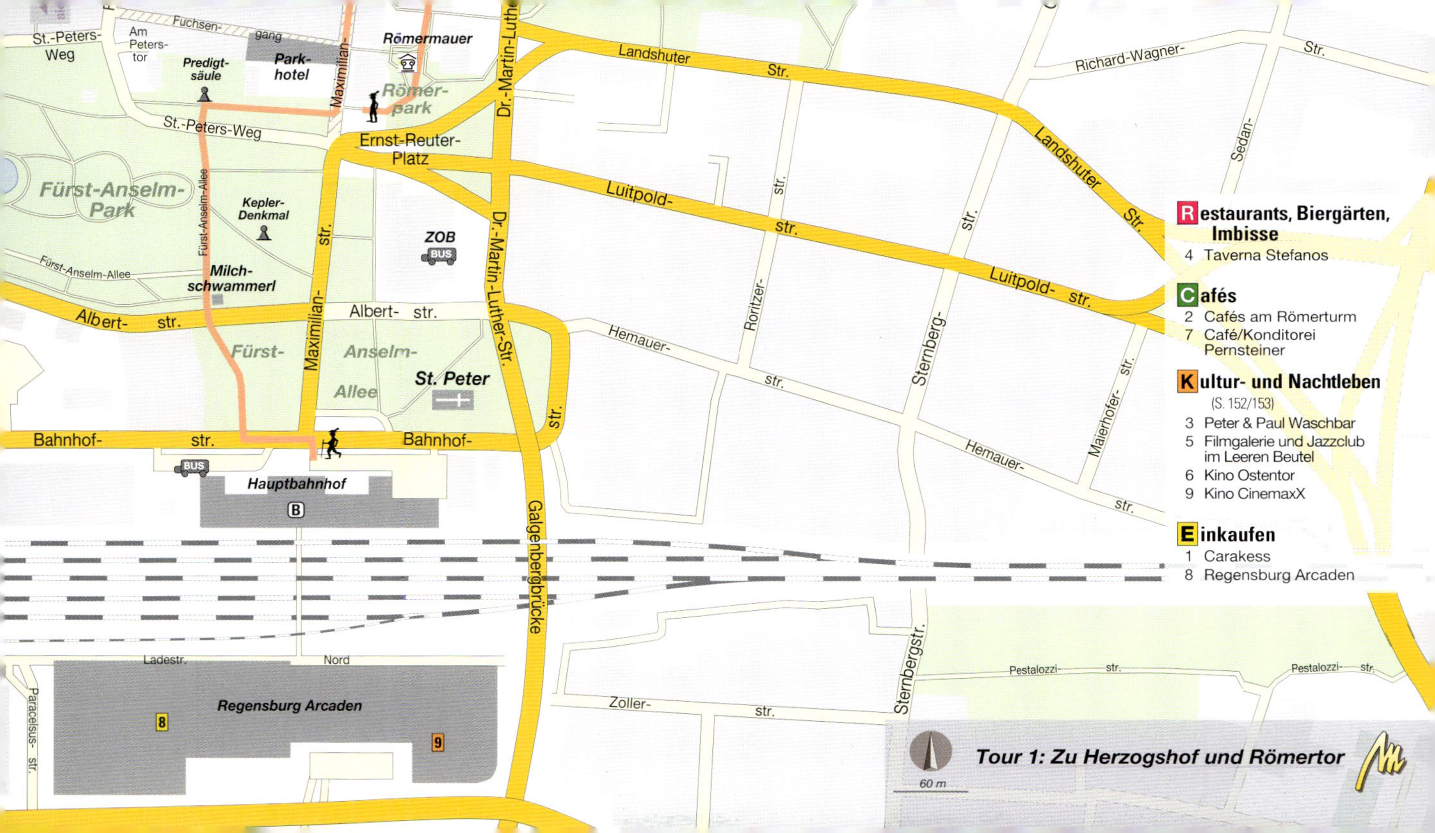
Tour 1: Zu Herzogshof und Römertor
60 m
Restaurants, Biergärten, Imbisse
4 Taverna Stefanos
Cafés
2 Cafés am Römerturm
7 Café/Konditorei Pernsteiner
Kultur- und Nachtleben
(S. 152/153)
3 Peter & Paul Waschbar
5 Filmgalerie und Jazzclub im Leeren Beutel
6 Kino Ostentor
9 Kino CinemaxX
Einkaufen
1 Carakess
8 Regensburg Arcaden
Römermauer
Park-hotel
Predigt-säule
Römer-park
Ernst-Reuter-Platz
Fürst-Anselm-Park
Kepler-Denkmal
Milch-schwammerl
ZOB
St. Peter
Fürst-Anselm-Allee
Hauptbahnhof
Regensburg Arcaden
Landshuter Str.
Luitpold-str.
Dr.-Martin-Luther-Str.
Albert-str.
Maximilian-str.
Bahnhof-str.
Galgenbergbrücke
Hemauer-str.
Roritzer-str.
Sternberg-str.
Maierhofer-str.
Richard-Wagner-Str.
Sedan-str.
St.-Peters-Weg
Am Peters-tor
Fuchsen-gang
Pestalozzi-str.
Zoller-str.
Sternbergstr.
Ladestr.
Nord
Paracelsus-str.

Die Säule entstand wohl Ende des 13. Jh. im Zusammenhang mit Weih Sankt Peter, dem ersten Schottenkloster hier. Es gibt viele Geschichten über die Säule und über das Kloster, das Petrus persönlich (!) geweiht haben soll, aber was die Darstellungen eigentlich bedeuten (Jüngstes Gericht?), welche Funktion die Säule hatte und wo sie stand – dazu wird viel vermutet und gerätselt. Hier jedenfalls steht sie seit 1806, wie der Obelisk, das Kepler-Monument und andere Denkmäler der Allee als Dekoration. Ihr heutiges Erscheinungsbild ist das Ergebnis der letzten Restaurierung um 1856.

Regensburg im Kasten

Die Parks um die Altstadt

Der Ursprung der Parkanlagen ist die Fürst-Anselm-Allee. Karl Anselm von Thurn und Taxis, Generalerbpostmeister der Kaiserlichen Reichspost und Prinzipalkommissar des Kaisers beim Immerwährenden Reichstag, wollte als aufgeklärter Fürst der Stadt und ihren Bürgern Gutes tun (dass er auch seinen Nachruhm im Sinn hatte und das auch offen eingestand, macht ihn eher sympathisch). Er ließ in den Jahren 1779 bis 1781 auf eigene Kosten eine doppelte Baumreihe im Stil eines englischen Gartens anlegen, etwa 50 m vor der damals noch voll erhaltenen Stadtmauer. Sie führte vom Prebrunntor im Westen bis zum Ostentor, mit einer Lücke vor dem Peterstor im Süden. Dazu wurde das Gelände der längst verfallenen Vorwerke entlang der Stadtmauer eingeebnet und neugestaltet. Anfangs nur schmal, als Viehweide und als Platz zum Wäschetrocknen zweckentfremdet, wurde die Allee unter der Herrschaft des Fürsten Karl Theodor von Dalberg ab 1803 erweitert und ausgebaut, das große Gartengelände von St. Emmeram (→ S. 91 ff.) wurde zum botanischen Garten, die Lücke vor dem Peterstor wurde durch die Umwandlung der großen Bastion in einen Park geschlossen. Nach den Zerstörungen in den Napoleonischen Kriegen wurden die Alleen weiter ausgebaut und erweitert, entlang der Parks entstanden Villen reicher Bürger. Viele sind inzwischen verschwunden oder verändert.

Heute sind es von West nach Ost: der Herzogspark auf der westlichsten Bastion an der Donau, die Prebrunnallee, der Stadtpark (alle Tour 5), der Dörnbergpark, die Fürst-Anselm-Allee, die im Süden weite Strecken am leider nicht öffentlichen Park von Schloss Emmeram entlangführt (Touren 1 und 5), die Ostenallee und der Villapark (Tour 1).

Bayerisches Willkommensgeschenk

Durch die Maximilianstraße

Das nur wenige Schritte von der Predigtsäule entfernte **Parkhotel Maximilian** (Maximilianstr. 28) – schon durch die Bäume zu erspähen – wurde ab 1888 am Eingang zur Altstadt auf den Fundamenten der inzwischen abgerissenen Stadtmauer erbaut. Dabei zerstörte man die westliche Säulenhalle des erst 70 Jahre zuvor von Karl von Fischer erbauten Maxtors. Das 1891 eröffnete „Maximilian" ist ein wirklich repräsentatives Entree in die Altstadt: ein breit gelagerter, prunkvoller Bau im Stil des Neorokoko mit Mittelrisalit und Eck-Erkern. Bauherr war der Regensburger Brauer Franz Josef Bergmüller, Architekt Julius Poeverlein. 1945 wurde das Hotel für mehrere Jahre das Hauptquartier der US Army, danach begann der Niedergang. 1970 wurde das Gebäude von der Stadt auf Abriss gekauft, aber während man noch verschiedene Pläne wälzte, kam das Haus unter Denkmalschutz: kein modernes Einkaufszentrum an dieser Stelle! Stattdessen wurde es aufwendig renoviert und dient seit 1980 als Hotel wieder seinem ursprünglichen Zweck. Die andere Straßenseite hatte nicht solches Glück: In den 1950er mussten die Reste des Tores einem modernen Hochhausbau weichen.

Die nördliche Maximilianstraße, an deren Anfang man beim Hotel steht und der wir eine Weile folgen, war das Willkommensgeschenk des Königreichs Bayern an die eben erbeutete Stadt Regensburg (→ „Aufbruch in neue Zeiten“). Nach der Königsstraße, die ebenfalls nach 1810 angelegt wurde und die Maximilianstraße in der Mitte teilt, sind auf der linken Straßenseite einige schöne Geschäfts- und Wohnhäuser aus dem frühen 20. Jh.: die Hausnummern 10 und 12, beide 1910 von Karl Frank erbaut, die Nr. 8, im Kern 1. Hälfte des 19. Jh., später aufgestockt und 1924 (!) von Karl Frank mit einer sehr späten Jugendstilfassade vollendet. Am eindrucksvollsten ist sicher Hausnummer 6, der **Fürstenhof** mit seiner aufwendig gestalteten Fassade: Als Tanzlokal erbaut, jetzt ist das Café Fürstenhof im ersten Stock, einst das Kaffeehaus Regensburgs schlechthin. Im Erdgeschoss gibt es „geistige Genüsse“, denn vor einigen Jahren ist dort eine der vielen Regensburger Buchhandlungen eingezogen. Jetzt sind es, nach dem „Kunstschaufenster“ links, nur noch wenige Meter geradeaus zum ersten Highlight der Tour, dem Alten Kornmarkt.

Zu Herzogshof und Römertor → Karte S. 18/19

Regensburg im Kasten

Aufbruch in neue Zeiten

1809 waren Stadt und Mauer im Südosten großflächig zerstört worden (→ S. 145) und mit dem Wiederaufbau ab 1810 wollte man ein Zeichen der neuen Zeit setzen. 1810 war das Mittelalter noch nicht „romantisch“, sondern schlicht rückständig. Also legte man ohne Rücksicht auf Besitzverhältnisse und historische Straßenverläufe eine 800 m lange, kerzengerade und breite Straße an, vom Ende der Speichergasse beim Alten Kornmarkt bis zur südlichen Stadtmauer. Der verantwortliche Freiherr von Weichs schwärmte, die Straße sei „wegen ihrer Offenheit und Schönheit zweckmäßig“ und pries sie als ideal für Gewerbe und Wohnungsbau an, da sie nicht „finster und winkelhaft“ sei – das war die damalige Sicht auf das Gassengewirr der Altstadt.

Auch wenn sie den Namen des Königs trug, es wurde nichts Rechtes mit der Prachtstraße: Die Bürger bauten lieber an den Alleen und auch sonst ging es nicht recht voran. Erst nach 1900 entstanden im Nordteil einige wenige schöne, aufwendigere Bauten, oft in barockisierendem Jugendstil. In den 1960ern durchaus noch als Regensburgs „Flaniermeile“ gesehen, verlor die Maximilianstraße zunehmend an Anziehungskraft. Man war unzufrieden: Ende der 1980er wurden die Bürger befragt und die Neugestaltung geplant. Es folgten 2003 eine Umwandlung in eine verkehrsberuhigte Zone, eine durchgehende Neupflasterung mit großen Platten (als Kontrast zum Kopfstein der Altstadt) ohne Trennung von Fahrbahn und Gehsteigen, eine neue Lichtführung, aber – man blieb unzufrieden. Die vielen Leerstände, das sehr gemischte Warenangebot, die Bausünden verschiedener Zeiten, alles etwas kahl, charmant ist anders. Aber die Stadt gibt nicht auf: Ein neues modernes Hotel verbindet Alt mit Neu, edlere Geschäfte siedeln sich an, Baulücken werden geschlossen – es wird.

Historische Gebäude noch und noch

Alter Kornmarkt

Wenn man bei der Alten Kapelle links um die Ecke biegt, hebt sich der Vorhang zu einer der schönsten und markantesten Ansichten der Stadt: dem Ensemble um den Römerturm, überragt von den Spitzen der Domtürme – deswegen ist man hierhergekommen! Wenn man den Blick wieder senkt, wird die Freude etwas getrübt, denn leider ist der Platz immer noch hauptsächlich Durchgangsstraße und Parkplatz. Nur samstags tobt hier auf dem Wochenmarkt das Leben.

Hier nun war für 700 Jahre das Machtzentrum des bayerischen Herzogtums und für nahezu ein Jahrhundert (bis 887) der Sitz der ostfränkischen Könige. **Alte Kapelle, Herzogshof** und **Römerturm** sind die bedeutendsten Zeugen dieser Zeit.

Der Kornmarkt ist einer der drei großen historischen Plätze der Stadt. Er war Teil der ersten bajuwarischen **Herzogspfalz**, die die Agilolfinger im 6. Jh., vielleicht unter Ausnutzung des spätrömischen Binnenkastells, hier eingerichtet haben. Ganz sicher, wo genau die Anfänge lagen, ist man sich nicht. Nach der Absetzung der Agilolfinger durch die Karolinger wurde sie fränkische Kaiserpfalz (→ Geschichte). Nach dem Ende der Pfalz als Herzogsresidenz 1245 geriet der Platz an den Rand, auch weil sein westlicher Teil gar nicht zur Stadt, sondern zu Bayern gehörte. Das führte immer wieder zu absurden Situationen: 1786 hatte es die Stadt gewagt, einige Bäume vor der Alten Kapelle zu ersetzen. Der bayerische Herzog ließ sie entfernen, da sie auf seinem Herrschaftsbereich standen, nur um sie sofort durch „bayerische" Bäume zu ersetzen.

Der Alte Kornmarkt war Turnier- und Festplatz, aber eben auch Kornmarkt, die Kornschranne bestand vom 15. Jh. bis 1830. Die große Brunnenanlage des späten 19. Jh. wurde im Zweiten Weltkrieg durch den Bau eines riesigen Löschwasserteiches zerstört.

Rokoko-Juwel

Alte Kapelle

Die Alte Kapelle oder, genauer gesagt, das **Kollegiatstift Unserer Lieben Frau zur Alten Kapelle** liegt an der Südseite des Kornmarktes, etwas hinter einer Baumreihe und einer Mauer versteckt. Von außen scheint sie ihren Namen zu bestätigen: Es dominieren der romanische Turm, das strenge Schiff und der stark hochgezogene gotische Chor. Nur die Fensterformen verraten, dass die Alte Kapelle eine der schönsten Rokokokirchen Bayerns ist.

Bauphasen: Die Alte Kapelle beansprucht für sich, die älteste aller bayerischen Kirchen zu sein. Die Rupertuskapelle (in der Vorhalle rechts, nicht zugänglich) soll der Ursprung sein: Hier taufte der Sage nach Bischof Rupertus aus Salzburg den Agilolfinger Theodo. Aber wahrscheinlich fallen ihre Anfänge mit dem karolingischen Neubau der Pfalz 850 zusammen. 1002 wird unter König Heinrich II. die Kirche auf den bestehenden Grundmauern als dreischiffige Basilika mit östlichem Querschiff neu errichtet. Seit dem 12. Jh. steht der verbliebene südliche Turm des karolingischen Westwerks isoliert. Um 1450 folgt ein hochgotischer Chor, im 17. Jh. eine barocke Neuausstattung, die außer in der Gnadenkapelle kaum Spuren hinterlassen hat. Die Rokoko-Ausstattung erfolgte ab 1747, 1797 war sie mit der Vollendung der Orgel abgeschlossen. Nach vielen Eingriffen im Zeitgeschmack erstrahlt sie heute, nach der akribischen Restaurierung der Jahre 1993–2002, im originalen Glanz.

Das dazugehörige Kollegiatstift, das Heinrich II. wieder eingerichtet hat, besteht ohne Unterbrechung seit 1002 und ist somit das älteste in Bayern.

Zu Herzogshof und Römertor → Karte S. 18/19

Rundgang: Man betritt die Kirche durch eine **Vorhalle** mit barocker Fassade. Die gotische Maria über dem Tor und die je zwei romanischen Löwen und Nischenfiguren betonen das ehrwürdige Alter der Kirche. Nach der noch sehr altertümlichen Vorhalle beeindruckt den Besucher der helle **Kirchenraum** umso mehr: Das strahlende Weiß der Wände bietet nur den Hintergrund für die überschäumende Fülle von vergoldetem Stuck um die Wand- und Deckengemälde. Schöpfer dieses Kunstwerks waren der Wessobrunner Anton Landes (Stuck) und die Maler Christoph Thomas Scheffler (Schiff und Querschiff) und Gottfried Bernhard Göz (Chor), beide aus Augsburg. Man kann die mittelalterlichen Formen noch erkennen, die Rundbogenarkaden auf quadratischen Pfeilern, das schmälere Querschiff und den etwas höher gelegenen gotischen Chor, aber durch einheitliche Gewölbe und Fenster wurde ein neuer, überwältigender Raum geschaffen, den man erst als Ganzes in sich aufnehmen muss. Leider muss man als Besucher hinter dem Gitter bleiben.

Die Wandmalereien und die Ausstattung haben drei Programme: Langhaus und Querschiff erzählen Wunder und Ereignisse aus dem Leben der Stifter Heinrich II. und Kunigunde, der Chor hat die Apokalypse als Thema, die Verherrlichung Mariens steht über allem.

Der **Hauptaltar**, um 1770, der die ganze Raumhöhe ausfüllt, ist von Regensburger Künstlern: Die Figuren stammen von Simon Sorg, Ausführung und Fassung von Carl Heinrich und Georg Caspar Zellner aus Stadtamhof – also eigentlich keine Regensburger, aber dazu später mehr (→ Tour 3). Im Zentrum des Altars steht die heilige Maria als apokalyptische Frau auf der Mondsichel, vor ihr das Jesuskind. Am Rand stehen die Stifterfiguren Heinrich II. und Kunigunde. Über dem Gebälk thronen Gottvater und Heiliger Geist, bereit, Jesus aufzunehmen. Flankiert werden sie von Johannes, dem Schöpfer des Buchs der Apokalypse, und vom Evangelisten Lukas, dem Maler des Marienbildes – zu diesem Bild später mehr.

Das Programm des **Chores** ist die irdische Welt und ihr Ende: Die beiden Oratorien zeigen die vier Weltteile, Vasen stellen die vier Elemente dar, das Deckengemälde darüber ist das Ende, die Apokalypse. Dem Chor gegenüber ist die prachtvolle Orgel, fast 10 m hoch, in ihrem Rokoko-Gehäuse mit klassizistischen Elementen, der Figurenschmuck ist wie beim Altar von Simon Sorg. Die Orgel selbst, die **Papst-Benedikt-Orgel**, wurde 2006 geweiht. Mit ihr war die Wiederherstellung der Innenausstattung vollendet.

Die Alte Kapelle erstrahlt wieder in altem Glanz

Das Motiv des Deckengemäldes im Mittelschiff, die Übergabe eines Marienbildes an Kaiser Heinrich, verweist auf die **Gnadenkapelle** im Süden, die diesem Bild geweiht ist. Der kreuzgewölbte Raum der Kapelle wurde 1693 barock stuckiert: Der Unterschied zwischen diesen Barock- und den Rokoko-Stuckaturen des Kirchenraumes ist auffällig. Das Gnadenbild über dem Altar wurde der Legende nach vom Evangelisten Lukas gemalt und 1014 dem Kaiser von Papst Benedikt VIII. geschenkt, der es der Alten Kapelle vermachte. Seit dem 14. Jh. gab es eine Wallfahrt, im 17. Jh. wurde es wegen der Wunder zum Gnadenbild erhoben. Das Bild, Maria mit dem Kind vor goldenem Hintergrund, sieht aus wie eine byzantinische Ikone, ist aber eine Regensburger Kopie von ca. 1220.

Gnadenkapelle

Tägl. 6.30 Uhr bis zur Dämmerung. Alter Kornmarkt 8, ✆ 0941-57973, www.alte-kapelle.de. Programm der festlichen Messen und Konzerte → Website. Tickets in der Tourist-Info im Alten Rathaus, ✆ 0941-5074410. Führungen: Infos und Tickets im Informationszentrum Domplatz 5, ✆ 0941-5971662, https://domplatz-5.de.

Bayerisches Machtzentrum

Herzogshof

Der Herzogshof an der Westseite des Alten Kornmarkts ist der verbliebene Ostflügel der Herzogspfalz. 1180 waren die Wittelsbacher bayerische Herzöge geworden und begannen bald mit dem Umbau. Das Gebäude ist also das älteste Profangebäude der Stadt. 1245 mussten die Herzöge auf die Stadt als Residenz verzichten, die Pfalz blieb aber bayerisches Hoheitsgebiet und beherbergte verschiedene Ämter. Die Rückkehr Regensburgs nach Bayern 1810 verhalf der Pfalz nicht zu neuem Glanz, das Gebäude verkam. 1930 wurde es auf Abbruch an die Post verkauft, die ihr neues Gebäude südlich des Doms (→ Tour 2) erweitern wollte. Da man u. a. romanische Fenster fand, blieb der Ostflügel erhalten und wurde gründlich wieder „mittelalterlich" hergerichtet, 1937 der Schwibbogen zum Römerturm rekonstruiert. Prunkstück ist der spätromanische Herzogssaal von 1220, ein monumentaler Festsaal von 10 auf 20 m, fast 5 m hoch. Er gehört, wie das ganze Gebäude, heute zum Achat Plaza Hotel und kann gemietet, aber nicht besichtigt werden.

Wuchtiges Bollwerk

Römerturm

Der wuchtige Römer- oder Heidenturm dominiert den Alten Kornmarkt, seine Wirkung wird durch den Kontrast zu den fragilen Turmspitzen des Doms noch betont. Auf einer Fläche von 14 mal 14 m erhebt sich der ehemalige Wohn- und Fluchtturm der herzoglichen Pfalz in eine Höhe von 28 m. Die

Zu Herzogshof und Römertor → Karte S. 18/19

Der Römerturm versteckt sich

fast 4 m starken Mauern der Untergeschosse aus großen Buckelquadern haben dem Turm seinen Namen gegeben, aber er ist jünger, möglicherweise karolingisch. Die oberen vier Geschosse sind aus dem 14. Jh., das Pyramidendach ist jünger: Noch Ende des 16. Jh. hatte der Turm einen geraden Abschluss. In den 1940ern wurden die unteren Geschosse mit einer 2 m dicken Stahlbetondecke über dem dritten Stock versehen und als Schutzraum für die Glasfenster des Doms genutzt. Der Turm gehört heute zur Dombauhütte und ist nicht zugänglich.

Neben der Strenge des Römerturms wirken die bunten **barocken Giebelhäuser** nördlich daneben richtig fröhlich, umso mehr, weil es vier Cafés (und ein Hotel) sind: die einzige Stelle des Platzes, an der man draußen sitzen kann. Alle Gebäude, auch die zwischen dem Turm und dem ersten Haus verkeilte alte Schmiede, sind im Kern mittelalterlich und haben mehr oder weniger echte barocke Fassaden – das Orlando hatte 1901 noch keinen Giebel.

Den auffälligen Abschluss der Platzseite bildet das große neugotische Internatsgebäude der Armen Schulschwestern von 1857 mit dem Treppenturm der Schule von 1903 (Architekt Josef Koch).

So viel Auswahl

Vier Cafés direkt nebeneinander? Aber sie sind ganz unterschiedlich: gleich am Turm die „Cupcakery" für den Fan kleiner süßer Kuchen, das „La Chapelle", Bistro und Café, das „Orlando di Lasso", traditionelles Café mit Aussichtsbalkon, und schließlich, neben dem Hotel „Elements", das „Rinaldo", eher die italienische Bar. Da sollte sich was finden lassen.

Prunkvoller Hochbarock

Karmelitenkirche St. Josef

Die östliche Seite des Alten Kornmarkts bietet einen völligen Kontrast zur mittelalterlichen Süd- und Westseite: Hier prunkt Hochbarock mit italienischen Einflüssen. Die großartige Fassade der Klosterkirche **St. Josef der Unbeschuhten Karmeliten** ist im Vergleich zu den italienischen Vorbildern etwas bescheidener, schließlich waren die Karmeliten ein Bettelorden – und Geldsorgen begleiteten das ganze Projekt.

St. Josef wurde in den Jahren 1641–1667 erbaut, als Architekt wird Carlo Lurago vermutet. Erst wenige Jahre vorher waren die Karmeliten, ein Orden der Gegenreformation, auf Wunsch von Kaiser Ferdinand II. in die Stadt gekommen, gegen den Widerstand der evangelischen Stadt. 1812 wurde das Kloster säkularisiert, 1836 aber wiedereingesetzt. Dazwischen diente die Kirche als Mauthalle.

Der untere Teil der Fassade ist von sechs Pilastern gegliedert, die das mächtige Gesims tragen. Über dem von Säulen gerahmten Portal steht in einer Nische Josef mit dem Christuskind. Der obere Teil ist von großen Voluten gerahmt (Sie erinnern sich an Lakritzschnecken? Richtig!), die Figuren von Heinrich II. und Kunigunde tragen, den Stiftern der Alten Kapelle.

St. Josef ist nach römischem Vorbild eine tonnengewölbte Wandpfeilerkirche mit Seitenkapellen. Der strenge Innenraum ist durch Pilaster gegliedert und schlicht weiß und grau gehalten, nur die Kapitelle der Pilaster sind farbig abgesetzt. Dem vom Goldrausch der Alten Kapelle noch mitgenommenen Betrachter kann das langweilig vorkommen – oder beruhigend. Auch hier wird der Unterschied zwischen Barock und Rokoko deutlich. Die Altäre stammen aus anderen Regensburger Kirchen, der beeindruckende Hauptaltar von 1690 ist z. B. aus dem Dom.

Eine Anekdote am Rande: Das Kloster wurde zwar 1812 aufgelöst, zwei Brüder aber durften bleiben. Der beliebte und begehrte klösterliche Melissengeist musste weiter produziert werden – und wird es bis heute.

Mo–Sa 6.30 Uhr bis Einbruch der Dunkelheit, So ab 7.30 Uhr. Alter Kornmarkt 7, ✆ 0941-585 330, www.karmelitenkloster-stjoseph.de.

Man verlässt St. Josef in Richtung Römerturm, biegt nach wenigen Metern rechts in die Niedermünstergasse ein und steht vor dem gleichnamigen Stift.

Stadtgeschichte zum Anfassen

Niedermünster und document Niedermünster

Das Niedermünster war kein Kloster, sondern ein adliges Damenstift (→ Kasten S. 38). Anfang des 9. Jh. bestand es wohl schon, eine erste Kirche, in der der hl. Erhard (→ Geschichte) bestattet wurde, bereits im Jahr 700. Mitte des 10. Jh. folgte ein Neubau, eng verbunden mit dem Herzogshaus: Heinrich I. von Bayern und seine Frau Judith waren die Erbauer und sind hier begraben. 1002 wurde das Niedermünster durch Kaiser Heinrich II. reichsunmittelbar, d.h., die Äbtissin war Reichsfürstin. Das Ende des Stifts kam 1803, die Kirche wurde 1821 Dompfarrkirche, die Stiftsgebäude bischöfliches Ordinariat.

Niedermünster: strenge Romanik und zarter Barock

Zu Herzogshof und Römertor → Karte S. 18/19

Die heutige Kirche ist eine romanische Pfeilerbasilika mit zwei Westtürmen und einer Vorhalle und etwa ab 1150 erbaut: Ein Stadtbrand hatte den Vorgänger zerstört. Man betritt durch das üppige barocke Portal die Vorhalle. Sie zeigt auf einen Blick die gesamte Baugeschichte: von den halb freigelegten romanischen Arkaden an der rechten Seitenwand bis zum barock stuckierten Gewölbe von 1730. Ein romanisches Stufenportal führt in das schmale, hohe Kircheninnere, das nur sehr dezent barockisiert ist: Um 1620 zog man ein flaches Gewölbe ein mit zarten Malereien. 100 Jahre später wurde die Decke weiß übermalt und ein eleganter Stuckrahmen eingezogen. Seit der letzten Renovierung sind beide Dekorationen neben- und übereinander sichtbar: Nur wer genau hinsieht, bemerkt, dass sie sich überschneiden. Im nördlichen Seitenschiff findet sich eine einzigartige dreifache steinerne Baldachinanlage aus dem 15. Jh. Sie ist die **Grab- und Gedenkstätte für den heiligen Erhard** und befindet sich genau über seinem Grab. Seine Verehrung ist ganz wesentlich für das Niedermünster. Seine Liegefigur ist von 1300, die des Albert von Cashel, Freund und Weggefährte, von 1310. Die Figur ganz links ist eine Ergänzung aus dem 17. Jh., die Bemalung der Baldachinanlage stammt aus der Zeit um 1520, ist aber stark ergänzt. Es lohnt sich, weiterzugehen. Unter einer romanischen Doppelarkade kommt man in den Chor. Der barocke Hochaltar von 1763 ist einen Blick wert (Altarbild von 1879), unbedingt sehenswert ist aber das monumentale **Holzkreuz mit den Bronzefiguren von Georg Petel (1601–1634):** Die in verzweifelter Trauer hingesunkene Maria Magdalena ist ein Meisterwerk.

Gleich neben dem Eingang in der Kirche ist der Zugang zum **document Niedermünster.** In den Jahren 1964–1968 wurden auf der ganzen Fläche der Kirche Ausgrabungen durchgeführt.

Im wahrsten Sinne hingegossen

Die Funde waren so fantastisch, anhand von ihnen konnte vieles nachgewiesen werden, was vorher als Sage galt, wie z. B. die Gräber des hl. Erhard und des bayerischen Herzogspaars. Und so beschloss man, die Ausgrabung zugänglich zu machen. Vor einigen Jahren dann wurde museumspädagogisch richtig aufgerüstet, und so kann man heute in einer 75-minütigen anregenden Führung eine der größten archäologischen Ausgrabungsstätten Deutschlands begehen. Unter der Kirche sind 2000 Jahre Siedlungsgeschichte zu erleben, verständlich gemacht durch 3-D-Rekonstruktionen, Filme und eine raffinierte Lichtführung. Absolut sehenswert.

Nach Verlassen des Niedermünsters geht es im Bogen rechts bergab. Beim „Colonialwaren, Mehl, Tabak Vinzenz Huber“ (heute ein Tattooladen) biegt man links in die Straße Unter den Schwibbögen.

Kirche: tägl. von 7 Uhr bis zur Dämmerung. Niedermünstergasse 4.

Mittagsmusik „5nachzwölf“: Sa 12.05 Uhr. Eintritt frei. www.5nachzwölf.de.

document Niedermünster: So, Mo und Feiertag 14.30 Uhr. Eintritt 8 €, erm. 5 €, unter 16 J. frei, Tickets: Infozentrum Domplatz, Domplatz 5, Mo–Sa 10–16 Uhr, So 13.30–14.30 Uhr, ✆ 0941-5971662.

Alte Handels- und Hauptstraße

Unter den Schwibbögen

Die Straße hat ihren Namen von drei Schwibbögen – Stützbögen zwischen zwei Häusern –, die nicht mehr existieren. Sie war Teil der wichtigsten Handelsstraße und Hauptstraße des mittelalterlichen Regensburgs. Von Passau kommend, führte sie über die Ostengasse direkt nördlich am römischen Lager vorbei über Rathausplatz und Haidplatz nach Westen zum heutigen Arnulfplatz. Sehen Sie sich um: Diese für uns enge Gasse war eine mittelalterliche Hauptstraße.

Römische Wehr

100 m weiter steht man schon vor der Porta Praetoria.

Römische Hinterlassenschaft

Porta Praetoria und Legionslagermauer

Die Porta Praetoria, das Nordtor des Römerlagers Castra Regina (→ Geschichte), ist neben der Porta Nigra in Trier das einzige erhaltene römische Tor in Deutschland und das größte aufrecht stehende römische Denkmal in Bayern überhaupt. Der Turm erhebt sich etwa 11 m über dem heutigen Straßenniveau, das etwa einen Meter über dem antiken liegt. Da das Tor schon im Hochmittelalter seine Funktion verloren hatte, wurde es 1649 überbaut und blieb so erhalten – allerdings nur die östliche Hälfte. Ursprünglich war es eine Anlage mit zwei Toren und Türmen. Der Turm kann im Rahmen einer Führung besichtigt werden (→ unten).

Das **Legionslager Castra Regina** bildete ein Rechteck von 540 mal 450 m, hatte vier solcher Tore und 22 Türme, die nicht über die Mauer vorsprangen, davon vier Ecktürme. Die Mauer war 8–10 m hoch, bis zu 3 m stark und aus massiven Kalk- oder Sandsteinblöcken ohne Mörtel gebaut. Neben der Porta Praetoria an der Nordseite des Legionslagers ist die östliche Legionslagermauer bis zum Ernst-Reuter-Platz über weite Teile sichtbar. Um der Mauer zu folgen, geht man die Straße zurück Richtung **St.-Georgen-Platz.** (Links, nicht zu übersehen, das Gasthaus „Zum Walfisch“, im Kern romanisch: Der Name ist seit dem 16. Jh. belegt, das originelle Wirtshausschild ist von 1800.) Erst beim Platz tritt die Nordostecke des Legionslagers wieder offen zutage, man sieht sie auch im letzten Haus der Straße. Hier gibt es auch eine Infotafel.

Das romanische Doppelfenster im letzten Haus rechts gehörte zur **St.-Georg-und-Afra-Kapelle,** die dem Platz den Namen gab. Ein Tipp: Gleich rechts um die Ecke ist eine Treppe in der Mauer. Gehen Sie hoch, Sie werden erstaunt sein. Ist das mittelalterliche Straßenniveau so hoch über dem römischen? Nein, man steht auf dem römischen „Agger", dem Erdwall hinter der Mauer, dem Wehrgang sozusagen.

Die Führung im „document Niedermünster" (→ S. 28) schließt eine Besichtigung der Porta Praetoria mit ein. Im „document Legionslagermauer" (→ Dachauplatz, S. 34, Eintritt frei) werden Bau und Geschichte der ganzen Legionslagermauer aufgezeigt.

Zweifaches Erbe

2006 wurde das mittelalterliche Ensemble der Stadt zum UNESCO-Welterbe erklärt. 2021 kam eine zweite Auszeichnung dazu: Das römische Castra Regina steht nun ebenfalls unter UNESCO-Schutz, und zwar als Teil des „nassen Limes" (Donaulimes), also als Teil internationaler Stätten aus der Römerzeit. Neben dem „document Niedermünster", in dem man durch Zeiten und Erdschichten bis zu den Römern geführt wird, gehören das „document Legionslagermauer" und die Porta Praetoria dazu, die die Geschichte und Funktion der Mauer aufzeigen. Weitere Infos unter www.regensburg.de (Kultur/Welterbe/Welterbe Donaulimes).

Jetzt verlassen wir für einige Zeit die Römer und wenden uns dem unübersehbaren Komplex des 21. Jh. zu, dem „Haus der Bayerischen Geschichte".

Monumentaler Guckkasten mit Nabelschau

„Mia san mia" in Regensburg

Haus der Bayerischen Geschichte

Der gewaltige Museumsbau, immerhin ein Areal von etwa 300 mal 150 m, wurde 2019 eröffnet. Vom Architekturbüro Wörner Traxler Richter stammt der Entwurf mit seiner markanten Fassade. Das sog. Domfenster wirkt wie ein riesiger Guckkasten. Die zeitlose Architektur sollte einen Gegenpol zum nahen Dom bilden, ohne zu dominieren.

Der Platz, auf dem das Haus der Bayerischen Geschichte steht, der sog. Donaumarkt, war zum einen durch Zerstörungen des Zweiten Weltkrieges entstanden, zum anderen durch Abrisse in den 1960er- und 70er-Jahren, als man hier ein gigantisches Stadtautobahn-Kreuz plante. Zum Glück für die Altstadt wurde das Projekt nach jahrelangem Streit fallen gelassen.

Natürlich war und ist seine Gestaltung umstritten, aber das Haus der Bayerischen Geschichte ist ein Publikumsmagnet: mehr als eine halbe Million Besucher in den ersten Monaten nach der Eröffnung. Der Name ist Programm, eine Dauerausstellung präsentiert 1000 Exponate zur bayerischen Geschichte ab 1806. In neun „Generationen", also Zeitabschnitten von 25 Jahren, wird die Entstehung des modernen Bayern dokumentiert. In acht „Kulturkabinetten" mit Themen wie Dialekt, FC Bayern und Religion wird der Frage nachgegangen, was denn eigentlich typisch bayerisch ist. Das Ganze ist gut aufbereitet, gerade für Kinder sind die vielen multimedialen Angebote spannend. Auch wenn hier und da ein paar kritische Töne eingestreut sind, im Wesentlichen ist es eine Selbstdarstellung Bayerns, so wie es sich selbst am liebsten sieht. Mit Regensburg selbst hat das Museum nur am Rande zu tun, da die Entstehung des heutigen Bayern mit dem Ende der Eigenständigkeit der Stadt zusammenfällt. Nicht zufällig zeigt das Wandbild des ersten Saales die Erstürmung Regensburgs durch französisch-bayerische Truppen 1809. Die historische Bedeutung der Stadt zeigt nur das sehenswerte einleitende Filmchen im Erdgeschoss, das unabhängig von einem Museumsbesuch kostenlos angeschaut werden kann.

Di–So 9–18 Uhr, Mo geschl. (außer es ist ein Feiertag). Eintritt 7 €, erm. 5 €, bis 18 J. frei. Führungen Dauerausstellung: Sa/So, Feiertag 14 Uhr, 4 €. Donaumarkt 1, ✆ 0941-598510, www.museum.bayern.

Die Römermauer entlang

Wenn man jetzt abkürzen möchte, folgt man der Römermauer bis zum Historischen Museum am Dachauplatz. Immer an den deutlich sichtbaren römischen Quadern entlang und unter dem Kolpinghaus und der ehemaligen Peter-und-Paul-Kirche hindurch.

Stadtwehr und Königsschloss

Ostengasse und Ostentor

Gegenüber dem romanischen Doppelfenster der ehemaligen Kapelle St. Georg und Afra beginnt die Ostengasse. An deren Beginn stand bis ins 19. Jh. das Hallertor, das zweite, zusätzliche Osttor der Arnulfinischen Stadtmauer von 920. Die Ostengasse war geprägt von Wirtshäusern und Brauereien, die Stichstraßen zur Donau von Speicherhäusern; dazwischen gab es auch einfachere Häuser von Handwerkern. Die Gasse war schon im 13. Jh. geschlossen bebaut, lange bevor sie von der Stadtmauer eingeschlossen wurde. Im 19. und frühen 20. Jh. hat die Straße ihren mittelalterlichen Charakter ein bisschen verloren, Fassaden wurden purifiziert, Erdgeschosse in Läden umgewandelt.

Der kurze Weg zum Ostentor hat dennoch viel zu bieten. So zum Beispiel die Nummer 13, die **Lehrsche Behausung**, das Privathaus des Braumeisters Lehr. Im Kern romanisch, wurde es 1789 umgebaut, aus dieser Zeit stammt die Empire-Stuckfassade. Hausnummer 16,

Schul-Palast

das historische **Gasthaus „Zum Bär an der Kette"**, ist ein hervorragend erhaltenes Beispiel einer Vorstadtschänke. Von den Umbauten des frühgotischen Hauses zeugen die Ausstattung der Gastraumes (1595) und das geschnitzte Tor (1777). Nicht nur der Bär liegt übrigens „an der Kette", sondern das Haus: Die Seitenstraßen der großen Einfallsrouten wurden bei großem Gedränge mit eisernen Ketten abgesperrt – eine frühe Form von Verkehrsleitung.

Gegenüber folgt nach dem großen Neorenaissancebau des **Ostenschulhauses** (1865/66), heute ein Mehrgenerationenhaus der Stadt, der Komplex des ehemaligen **Kapuzinerklosters St. Matthias.** Um ehrlich zu sein: Die Geschichte ist interessanter als die Gebäude. 1615 auf Wunsch von Kaiser Matthias erbaut – das Niedermünster, das nicht der Stadt unterstand, musste den Baugrund hergeben, damit die Stadt nicht einschreiten konnte –, wurde das Kloster 1810 aufgelöst und als **St. Klara** den Klarissinnen übergeben, deren Kloster am heutigen Dachauplatz 1809 zerstört worden war. Da die Klarissinnen die Schulausbildung der Mädchen übernommen hatten, blieb der Orden bestehen. 1974 zog der Orden aus, bis 2012 war hier das Ostkirchliche Institut zu Hause. Der ganze Komplex wurde in den Folgejahren renoviert und umgebaut und bietet heute unter der Führung der Katholischen Jugendfürsorge inklusives Wohnen. Die schlichte Kirche an dem kleinen Vorplatz dient der rumänisch-orthodoxen Gemeinde als Zentrum. Sie ist das Ergebnis vieler Umbauten und nicht unbedingt attraktiv.

Umso mehr das **Ostentor** wenige Schritte weiter. Der quadratische fünfstöckige Turm mit seinen achteckigen, etwa halb so hohen Seitentürmen ist das einzige völlig erhaltene Stadttor Regensburgs und eines der schönsten mittelalterlichen Stadttore Bayerns. Der um 1300 erbaute, 37 m hohe Turm ist von beeindruckender Strenge: Er sollte nie etwas anderes sein als ein wehrhafter Empfang der stolzen Freien und Reichsstadt Regensburg.

Königliche Aussicht

Villapark

Gleich nach dem Ostentor liegt links der Villapark. Er wurde Mitte des 19. Jh. auf der Ostenbastei, dem davor liegenden Graben und Teilen des Zwingers für die **Königliche Villa** angelegt, die Planung lag beim bayerischen Hofgärtner Carl Effner. Der Eingang vor dem neugotischen Wachhäuschen führt zur Königlichen Villa, 1854/56 als Sommerschloss im Stil der englischen Gotik erbaut, Architekt war Ludwig Foltz. Die Könige waren selten zu Gast, nach 1919 fungierte sie lange Jahre als Notunterkunft. Seit Anfang der 1980er residiert hier der Bayerische Denkmalschutz.

Königliche Villa: würdiger Amtssitz für den Denkmalschutz

Besichtigen kann man die Villa nicht, während der Amtsstunden ist ein Blick ins Treppenhaus mit der Vorhalle im ersten Stock möglich. Der Turm links, der Anatomie- oder Pulverturm, ist noch Teil der alten Stadtmauer.

Wenn man noch den unteren, östlichen Teil des Parks erkunden will, muss man zum Eingang zurück und nach dem Wachhäuschen wieder in den Park: Der Niveauunterschied zwischen Bastion und Graben ist zu groß. Bei gutem Wetter ist der Park mit dem schönen Blick auf die Donau, der nur von der Nibelungenbrücke etwas getrübt wird, ein idealer Platz für ein Päuschen – wenn man nicht ein paar Hundert Meter weiter im Garten des Café Pernsteiner (→ S. 35) einkehrt.

Der Park ist von 7 Uhr bis zur Dämmerung geöffnet, die Villa während der Amtsstunden.

Ein erster Blick auf die Donau

Städtische Galerie und Tourist-Info

Auf dem Weg zum Minoritenkloster

Nach Verlassen des Parks geht man geradeaus unter Kastanien die Gabelsbergerstraße entlang und biegt nach rechts in den Minoritenweg, hier liegt das besagte Café Pernsteiner (→ S. 35). Hundert Meter weiter biegt man bei der Buchhandlung des Regensburger Sozialmagazins „Donaustrudl“ (Di–Fr 10–16, Sa 10–13 Uhr) nach rechts in den Prinzenweg ein und anschließend links in die Heiliggeistgasse, die in die Bertoldstraße übergeht. Schon steht man vor dem **Leeren Beutel**, einst Getreidespeicher der Stadt. Ob der Name wirklich daher kommt, dass man den vollen (Getreide-)Sack hintrug und mit „leerem Beutel“ wieder ging? Er wurde 1597/98 erbaut und schon zehn Jahre später vergrößert: Die ständige Blockadepolitik des bayerischen Herzogs machte Vorratshaltung nötig. Der mächtige Bau mit seinem viergeschossigen Dach wurde um 1980 gründlich renoviert, die gewaltige Konstruktion des Dachstuhles ist wirklich beeindruckend. Heute beherbergt der Leere Beutel die **Städtische Galerie** mit zeitgenössischer ostbayerischer Malerei, das Programmkino Filmgalerie, den Regensburger Jazzclub und ein Restaurant.

Städtische Galerie: Di–So und Feiertag 10–16 Uhr. Eintritt frei. Bertoldstr. 9, ✆ 0941-5072440, www.museen-in-bayern.de.

Das Ende der Bertoldstraße weitet sich rechts zum **Schwanenplatz**, dessen heutige Größe die Folge eines Stadtautobahnplans ist. Er gewinnt nur langsam wieder an Charme – die Bäume helfen, der Touristenbus-Halteplatz eher nicht. Die linke Ecke nimmt bereits das Minoritenkloster ein.

Ein paar Schritte weiter befindet sich in der rechten Häuserzeile des Platzes eine **Touristeninformation** mit Broschü-

Zu Herzogshof und Römertor → Karte S. 18/19

ren und Angeboten sowie auskunftsfreudigen Mitarbeiterinnen. Davor kommt man an einem besonderen Laden vorbei, dem **Geigenbauer Goldfuss.** Wo sonst bekommt man einen Einblick in dieses Handwerk? Der ganze Laden präsentiert sich hinter einer Fensterfront (Mo/Di und Do/Fr 9–17, Mi bis 16 Uhr, Sa bis 12 Uhr, www.goldfuss-geigenbau.de).

Auf der gegenüberliegenden Seite entdeckt man einen für Regensburger Verhältnisse stark verfallenen gotischen Bau mit zugemauerten Maßwerkfenstern: St. Peter und Paul, die ehemalige Pfarrkirche des Niedermünsters. Heute ist hier der Nachtclub „WaschBar".

Von der Antike bis zur Neuzeit

Minoritenkloster St. Salvator / Historisches Museum

Das Minoritenkloster St. Salvator wurde 1221 als eines der ersten Franziskanerklöster in Deutschland gegründet (Minorit ist eine andere Bezeichnung für Franziskaner). 1255–1275 wurde die flach gedeckte gotische Pfeilerbasilika gebaut, der Chor um 1350 in der heutigen Form erneuert. St. Salvator war die größte Franziskanerkirche in Süddeutschland und ist mit 75 m Innenlänge sogar noch 2 m länger als die Dominikanerkirche im Westen der Stadt (→ Tour 4). Die weitere Geschichte der Kirche ist wie so häufig: 1803 Auflösung des Klosters, die Ausstattung verschwand im Lauf der Jahre. Eine Karriere als Mauthalle, Militärlager, Baustoffhalle und Garage. Die Umgestaltung in ein Museum wurde schon in den 1930ern geplant, aber erst 1945 umgesetzt, nachdem man die Kriegsschäden beseitigt hatte. Ab 1975 wurde das Kirchengebäude aufwendig generalsaniert. Heute wird hier der größte Teil der mittelalterlichen Sammlung präsentiert.

Das Museum in den Räumen des Minoritenklosters und angrenzenden

Regensburger Geschichte in klösterlichen Gemäuern: die Minoritenkirche

Gebäuden zeigt in drei Abteilungen die Geschichte Regensburgs von der Antike bis in die frühe Neuzeit.

Wer in der Abteilung **Römisches Regensburg** nur alte Scherben befürchtet, wird angenehm überrascht: Nicht nur die beeindruckenden Fundstücke, sondern auch Modelle und Rekonstruktionen lassen das römische Leben lebendig werden. **Regensburg im Mittelalter:** Einen passenderen Rahmen als Kirche und Kreuzgang kann man sich nicht vorstellen. Hier kommt die richtige Stimmung auf, um in die Blütezeit der Stadt einzutauchen. Die dritte Abteilung zu **Regensburg im 16. Jh.** zeigt schließlich eine Zeit des Umbruchs, in der die Stadt ihren größten Künstler hatte: Albrecht Altdorfer. Hier hängt auch mit „Die beiden Johannes" sein größtes in Regensburg verbliebenes Werk.

Di–So und Feiertag 10–16 Uhr. Eintritt 5 €, erm. 2,50 €, bis 18 J. frei, 1. Sonntag im Monat frei. Führungen: Sa 13 Uhr (römische Abteilung), So und Feiertag 11 Uhr (Mittelalter). Dachauplatz 2–4, ✆ 0941-5072448, www.regensburg.de.

Unter dem Parkhaus, da liegt ...

Dachauplatz und document Legionslagermauer

Eigentlich steht man beim Verlassen der Minoritenkirche bereits auf dem lang gestreckten, funktionalen Platz. Dominiert wird er von Bushaltestelle und Parkhaus, im Osten ist er begrenzt vom Historischen Museum und vom Neuen Rathaus aus den 1930ern. Er entstand erst 1809 durch die Zerstörung des Klarissenklosters, war Exerzierplatz und wurde 1971 zum Teil mit einem Parkhaus überbaut.

Am Beginn der Drei-Kronen-Gasse stand das Schwarze Burgtor, der mittelalterliche Nachfolger der Porta Principalis Dextra, also des östlichen Eingangs ins Legionslager. Hier wurden 1873 nicht nur die Fundamente des römischen Tores gefunden, sondern die „Geburtsurkunde" der Stadt: das 3 m lange und 3 t schwere Fragment einer Steintafel, die dokumentiert, dass Castra Regina, Lager der III. Italischen Legion, im Jahr 179 n. Chr. unter Kaiser Marc Aurel erbaut wurde(zu sehen im Historischen Museum).

Ab in den Keller

Aber hier ist auch der Ort eines der dunkelsten Tage der Stadt: Vor dem Zentrum der „braunen" Stadtverwaltung fand am 27. April 1945 eine Demonstration statt, die die kampflose Übergabe der Stadt an die Amerikaner forderte. Die Machthaber lösten die Versammlung auf, zwei Männer wurden verhaftet und hingerichtet, einer kam auf der Polizeiwache zu Tode. Sie waren die letzten Opfer dieses Regimes in Regensburg (→ Geschichte). Eine etwas unscheinbare Stele erinnert seit 1975 daran.

Im Keller des erwähnten Parkhauses befindet sich die multimediale Ausstellung **document Legionslagermauer.** Der Eingang liegt zwischen dem Supermarkt und der Einfahrt des Parkhauses. Ein etwa 70 m langes Teilstück der Mauer des römischen Legionslagers Castra Regina, von den Fundamenten bis zu einigen Metern Höhe, kann hier hautnah entdeckt werden – ungestört vom Autoverkehr. Eine Monitorwand und ein Bildschirm erklären Bau und Aussehen der Legionslagermauer, ihre Funktion und Veränderungen bis weit ins Mittelalter hinein. Bis etwa 1300 war nämlich dieser Abschnitt der Mauer noch Teil der Stadtmauer. Also nicht von dem „Schacht" abschrecken lassen – es lohnt sich.

Das document Legionslagermauer hat tagsüber geöffnet. Eintritt frei. D.-Martin-Luther-Str. 2, www.regensburg.de (Kultur/Museen).

Nicht weit entfernt kann die **Südostecke des Legionslagers** besichtigt werden. Dazu verlässt man die Ausstellung am Ende des Tunnels im Parkhaus (falls geschlossen, über den Eingang und ums Parkhaus herum). Links geht man die Dr.-Wunderle-Straße entlang und kreuzt bei dem grünen Neorenaissancebau, der ehemaligen Klarenangerschule, die Königsstraße. Wenige Meter nach der Schule weist das Schild „Römermauer" schräg links in eine schmale Gasse. Man kommt an der „Alten Kuchl" vorbei und erreicht in zwei Minuten das letzte Teilstück der Legionslagermauer. Die jüdische Familie Schwarzhaupt war 1935 enteignet und die gleichnamige Villa zur Parteizentrale der NSDAP umfunktioniert worden. 1955 wurde die neoklassizistische Schwarzhauptvilla von 1868 abgerissen. Bei der Gelegenheit wurde die Südostecke des römischen Lagers entdeckt, freigelegt und zugänglich gemacht. Hier sieht man die antike Mauer bis zu einer Höhe von 3 bis 4 m. Deutlich sichtbar sind die mittelalterlichen Veränderungen: Der römische Eckturm wurde abgerissen, die Lücke mit einem völlig anderen Mauerwerk geflickt. Wenige Meter davor ist noch die mittelalterliche Zwingermauer erhalten. Eine Schautafel erläutert die Zusammenhänge.

Und damit ist man auch schon fast wieder in Sichtweite des Parkhotels Maximilian: Von der Schautafel aus geht man um das Hochhaus herum und steht auf der Maximilianstraße.

Praktische Infos

→ Karte S. 18/19

Restaurants, Biergärten, Imbisse ...

Taverna Stefanos 4, im „Bär an der Kette", Gasthaus seit mindestens 1500: Bis in die 1960er war's der „Brandlbräu", jetzt ist Stefanos eingezogen, unter der historischen Balkendecke mit dem Goethe-Spruch gibt es nun also klassische griechische Küche. Nichts Extravagantes, aber solide und gut. Die Bedienung ist aufmerksam und freundlich, der Tisch am Kachelofen gehört der Familie, sehr griechisch. Di–So 17–22 Uhr, Sa/So auch 11–14 Uhr. Ostengasse 16, ✆ 0941-85009031, www.taverna-stefanos.de. **€/€€**

Cafés

Pernsteiner 7, Konditorei, Café, Confiserie. Wem bei dieser Aufzählung noch nicht das Wasser im Mund zusammenläuft ... Ein Traditionsunternehmen in der 4. Generation und jede Generation hat das Angebot weiter verfeinert. Ein kleiner Raum, nur ein paar Tischchen, dazu ein großer, schöner Garten. Großes Angebot an Kaffee, Tee, Kakao, Kuchen und Torten, lauter schwere Entscheidungen. Und erst die Schokoladen und Pralinen! Exotische Geschmacksrichtungen und schließlich zwei Regensburger Besonderheiten: der Karmeliten-Trüffel (Heilkräutergeist und weiße Schokolade) und der „Domspatz" (Vollmilch und Nougat), logischerweise in Spatzenform. Ach ja: Frühstück gibt's auch (5–20 €) und mittags unter der Woche kleine Speisen zum Mitnehmen. Di–Fr 7.30–18 Uhr, Sa/So 9–18 Uhr. Von-der-Tann-Str. 40 (5 Min. vom Historischen Museum), www.pernsteiner.net.

Zu den **Cafés am Römerturm 2** → S. 25.

Einkaufen

Carakess. Laden & Café 1, schwer einzuordnen: Es gibt Antiquitäten, Möbel, Geschirr, alles Mögliche aus den 1950ern und 70ern, alles, was die Dachböden so hergeben; und es gibt Kaffee, selbst gemachten Kuchen und kleine Gerichte, daneben Kunsthandwerk von verschiedenen Künstlern wie z. B. den „Schnürlkasperl". Und es gibt eine Besonderheit: Perlstickerei. Die Inhaberin Claudia Flügel-Eber hat das alte Kunsthandwerk für sich entdeckt, sie restauriert und stickt Perlbeutel. Einige alte Prachtstücke finden sich an der Rückwand des Ladens. Was es nicht gibt, ist Platz. Trotzdem, wenn Sie an der Porta Praetoria stehen: umdrehen und rein. Di–Fr 10–18 Uhr, Sa bis 16 Uhr. Unter den Schwibbögen 11, www.carakess.de.

Regensburg Arcaden 8, großes Einkaufszentrum direkt am Bahnhof mit Apollo-Optik, Deichmann, DM, Foot Locker und Co. Friedenstraße 23, www.regensburg-arcaden.de.

Im geistlichen Zentrum

Tour 2

Geschichtsträchtig und kirchenorientiert, aber garantiert abwechslungsreich, so geht es in dieser Tour in zwei großen Bögen durch die Altstadt.

Neupfarrplatz, trubeliges Zentrum mit viel Geschichte, → S. 41

Jüdisches Gemeindezentrum, modernes Zeichen der Versöhnung, → S. 45

Dom St. Peter, Wahrzeichen der Stadt, → S. 46

Zu Besuch bei St. Peter

Verschlungene Wege zum Dom

Dieser Spaziergang führt in das kirchliche Zentrum Regensburgs. Durch das ehemalige Peterstor kommt man in die Altstadt und biegt gleich links ab ins lebendige Obermünsterviertel. Der dortige Jesuitenplatz hat etwas für Freunde des Jugendstils, am Obermünsterplatz steht man vor den Resten der im Zweiten Weltkrieg zerstörten gleichnamigen Kirche. Die Bachgasse, auf der buntes Treiben herrscht, führt uns dann an einer Mischung aus Häusern aller Epochen vorbei zum Neupfarrplatz mit der gleichnamigen Kirche, einem strengen Bau aus dem frühen 16. Jh. Wenige Schritte weiter steht das Gegenteil: St. Kassian, eine der ältesten Kirchen der Stadt, heute in dezentem Rokoko. Es folgen das moderne jüdische Gemeindezentrum mit der Synagoge und schließlich – der Dom. Den Abschluss bilden die Diözesanmuseen mit Domschatz, Kreuzgang, der bischöflichen Hauskapelle St. Stefan und der frühgotischen Ulrichskirche.

Spaziergang

Ausgangspunkt der Tour ist das Parkhotel Maximilian am Rande der Altstadt, etwa 500 m nördlich des Bahnhofs. Man folgt dem Weg an der weithin sichtbaren Predigtsäule (→ Tour 1, S. 17) vorbei und kommt gleich nach der Rechtskurve an den Platz, an dem das **Peterstor** stand. Nach seiner Zerstörung im Jahr 1809 ist allerdings nicht mehr viel davon zu sehen. Es wurde einst an der Stelle des Südtors des römischen Legionslagers Castra Regina errichtet und bestand aus einem äußeren und einem inneren Tor sowie zwei Türmen. Eine vage Vorstellung von der ursprünglichen Anlage vermitteln heute nur noch der tiefe Stadtgraben zwischen dem Park und den ersten Häusern, Teile der Bogenbrücke und das rechts isoliert stehende Haus (Am Peterstor 3), in dem der östliche Torturm steckt.

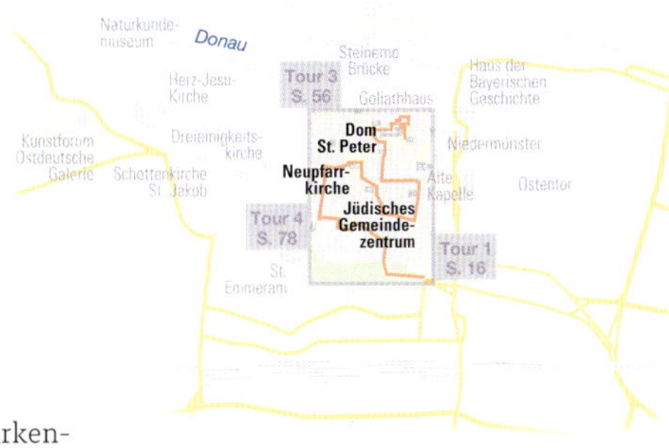

Geradeaus, auf der Fröhliche-Türken-Straße, käme man direkt ins Zentrum. Dieser Spaziergang verläuft aber nach wenigen Metern links durch die Obermünsterstraße, die durch das lebendige, aber weniger touristische **Obermünsterviertel** führt. Durch Kriegszerstörungen hat es seine zwei Hauptsehenswürdigkeiten verloren, 1809 das Jesuitenkloster St. Paul, das ehemalige Mittelmünster, und 1945 die Kirche des Obermünsters. Das gleicht der Stadtteil durch Lebendigkeit aus, es gibt originelle Cafés wie den „Katzentempel" am Jesuitenplatz, Restaurants und Imbisse aller möglichen Geschmacksrichtungen, viele kleine Läden und Hotels, und hinter dem Parkhaus am Jesuitenplatz verstecken sich drei Nachtclubs.

Platz auf Ruinen

Jesuitenplatz

Der Platz, den man 50 m nach der Abzweigung erreicht, hat seinen Namen von dem 1809 zerstörten Jesuitenkolleg St. Paul. Die Jesuiten hatten 1588 das kurz zuvor aufgelöste Damenstift Mittelmünster übernommen und im Lauf der Jahre komplett erneuert. Nach der Auflösung des Ordens 1773 wurde das Kloster ein bischöfliches Kolleg, die Mönche blieben dieselben, nannten sich nur jetzt Paulaner. Die Ruine wurde nach 1809 abgerissen, so entstand der Platz.

Das Mittelmünster war 983 vom hl. Wolfgang (Bischof von Regensburg) als Benediktinerinnenkloster gegründet worden – als Gegenprogramm zu den weltlichen Stiften Ober- und Niedermünster. Der Schuss ging gewissermaßen nach hinten los: 1497 wurde das Mittelmünster seinerseits zum weltlichen Stift und schließlich sogar (1588) wegen mangelnder Beachtung der Klosterregeln aufgelöst.

Neben dem Parkhaus dominiert heute das **Städtische Mädchenlyzeum** den

Jugendstil macht Schule

Platz, erbaut 1903, Architekt war Adolf Schmetzer. Das stattliche Schulgebäude, heute Teil der Berufsschule, hat seine originale Jugendstilausstattung erhalten, so etwas findet man nur noch selten. Es lohnt sich, im Treppenhaus ganz hochzusteigen und auch in den Innenhof zu gehen.

Weiter auf der Obermünsterstraße biegt man vis-à-vis von einem großen, grünen Neorenaissancebau (das ehemalige Hotel „Grünes Kreuz") auf den Obermünsterplatz ein, der frei stehende romanische Kirchturm weist den Weg.

Damenstift oder Frauenkloster?

Beide waren religiöse Gemeinschaften von Frauen, beide weit über das Mittelalter hinaus gängige Unterbringung für nicht verheiratete Frauen. Der Hauptunterschied: Die Stiftsdamen durften wieder raus! Zwar sollten auch sie nach einer Ordensregel in Keuschheit und Gehorsam leben, aber sie leisteten kein Gelübde. Sie behielten ihren Besitz, durften sogar außerhalb wohnen und das Stift ganz verlassen, um zu heiraten. Da sie meist aus dem Adel stammten, waren die Damen reich und gebildet, ihr Leben im Stift glich eher dem in einem Hotel – mit gewissen Einschränkungen natürlich. Kein Wunder also, dass die relativ laxe „Geschäftsordnung" der Damenstifte der Kirche ein Dorn im Auge war.

Reste einer Kirche

Obermünsterplatz

Am Turm vorbei führt geradeaus eine kurze Stichstraße zur **Ruine der Obermünsterkirche.** Sie ist der einzige Totalverlust einer Kirche in der Altstadt, nachdem sie 1945 durch eine Bombe stark beschädigt und in den Folgejahren bis auf wenige Reste abgebrochen wurde.

Erbaut wurde sie kurz nach 1002 unter Kaiser Heinrich II. als flach gedeckte dreischiffige Pfeilerbasilika mit halbrundem Chor und Westquerhaus. Im Lauf der Jahrhunderte erfuhr sie immer wieder bauliche Veränderungen, bis sie 1709 barockisiert und dabei „umgedreht wurde": Nun lag der neue Hauptchor im Westen. Wenn man am gotischen Nordportal der Ruine steht, sieht man rechts die Reste dieses Westchores – neben einigen romanischen Arkaden. Links liegen die **Mercherdachkapelle** und die hölzerne Eremitage von 1712, die 1975 aus dem aufgelösten Kloster St. Klara hierhergebracht wurde. Das Gelände ist für die Öffentlichkeit nicht zugänglich, von Mai bis Oktober gibt es jedoch einmal im Monat eine einstündige Führung (leider ohne die Eremitage), Infos und genaue Termine im Infozentrum am Domplatz 5 (✆ 0941-5971662, https://domplatz-5.de).

Zurück auf dem Obermünsterplatz, wendet man sich nach links. Alle Gebäude auf dem Platz gehörten zum **Obermünster,** wie das Niedermünster ein adliges, reichsfreies Damenstift und in 1000-jähriger Konkurrenz zu diesem. Schon im 8. Jh. in der Südwestecke des Römerlagers gegründet, wurde es 833 königlicher Besitz, 1002 reichsunmittelbar und 1810 säkularisiert. Die ehemaligen Stiftsgebäude aus den Jahren 1784–1799 liegen um einen Innenhof, der durch ein repräsentatives Gitter vom Platz getrennt ist. Sie sind nicht zu besichtigen, heute ist hier die Verwaltung der Diözese Regensburg untergebracht.

Von hier geht man zurück in die Obermünsterstraße, folgt dieser nach links und erreicht so nach dem letzten, sehr schmalen Stück die Obere Bachgasse.

Buntes Treiben

Obere Bachgasse

Diese Gasse, die dem Verlauf der westlichen Mauer des römischen Legionslagers folgt und die Grenze zwischen Oberstadt im Westen und der Unterstadt im Osten bildete, hat ihren Namen vom

Vitusbach, einst eine Lebensader der Stadt: zur Wasserversorgung, zur Abfallbeseitigung und als Reservoir für Löschwasser. In den 1840ern hatte er ausgedient und verschwand unter der Erde. Am Südende der Bachgasse, außerhalb der Mauer, gab es einen eingefassten Teich, eine sog. Pferdeschwemme, in der die Arbeitspferde ins Wasser geführt, gesäubert und getränkt werden konnten (die Verlängerung der Bachgasse, die der Kurve der Römermauer folgt, heißt „An der Hülling", und das wiederum ist die oberdeutsche Bezeichnung für eben jene Pferdeschwemmen).

Aus der Obermünsterstraße kommend, geht man einige Schritte nach links und steht vor dem bunt dekorierten **Zacharias-Haus.** Die Zacharias waren seit Mitte des 19. Jh. eine Regensburger Dekorationsmalerfamilie. Von Otto sen. stammen die Malereien im Südflügel des Emmeramer Schlosses (1888), von Otto jun. die Neuausmalung des Alten Rathauses und die Dekoration des Cafés Fürstenhof (1911). Das Chörlein schräg gegenüber im ersten Stock gehört zur evangelischen Bruderhauskirche. Die Dependance der Diözesanmuseen, die am Beginn der Straße „An der Hülling" liegt, ist nur zu Sonderschauen geöffnet.

Nach dem kurzen Abstecher geht's zurück Richtung Zentrum. Die belebte Gasse hat viel von ihrem mittelalterlichen Charakter bewahrt: die vor- und zurückspringenden Fassaden, die unterschiedlichen Größen der Häuser, Erker und Türmchen geben ein bewegtes Bild. Schon an der nächsten Ecke findet sich ein typisches Ensemble: rechts die romanische **Kreuzkapelle** (um 1190), eine der ältesten Hauskapellen (inzwischen ein Friseurladen), links die mächtige, elegant nach hinten gelehnte Giebelwand des gotischen **Landolthauses.** Wenige Meter weiter, das große Eckhaus auf der rechten Seite, ist das **Wohnhaus** des Regensburger Malers **Albrecht Altdorfer,** der hier von 1513 bis zu seinem Tod 1538 lebte. Es ist im Kern ein hochgotischer Wohnturm, der 1700 barock umgestaltet wurde. Direkt gegenüber auf der gleichen Straßenseite steht die ehemalige **Salvatorkapelle** von 1854. Der sechseckige Bau war Ersatz für die hier abgerissene Kreuzkapelle des ebenfalls verschwundenen Augustinerklosters, das zwischen Bachgasse und Neupfarrplatz stand. Heute ist sie Teil einer Bar. Man kann zwischen den beiden Gebäuden zu einem kleinen Biergarten gehen, durch den man zum Neupfarrplatz kommt, oder der Oberen Bachgasse folgen und rechts in die Gesandtenstraße einbiegen.

Festliche Bachgasse

Regensburg im Kasten

Jüdisches Leben in Regensburg

981 wird zum ersten Mal eine jüdische Gemeinde in Regensburg erwähnt, 30 Jahre später ein eigenes Wohnviertel von 40 Häusern innerhalb der römischen Mauer. 1096, bei der Vorbereitung des 1. Kreuzzuges, kommt es zum ersten Mal zu Vertreibung und Zwangstaufen. Ein Jahr später wird den Juden von Heinrich IV. die Rückkehr in die Stadt und zu ihrem Glauben gestattet – gegen Gebühr natürlich. Dann beginnt eine über hundertjährige Periode relativ friedlicher Koexistenz, die jüdische Gemeinde blüht wie die ganze Stadt. Die Juden werden zwar mehr und mehr aus dem Handel gedrängt und auf Geldgeschäfte reduziert, aber sie sind überregional erfolgreich: Zu ihren Kunden zählen etwa die Hanse und der Erzbischof von Salzburg. Die Talmudschule des Rabbi Efraim ben Isaak ist führend im Reich, ebenso die 1196 gegründete Jeschiwa des Rabbi Jehuda. Als Zeugnis von Reichtum und Bedeutung der Gemeinde wird ab 1227 die neue, zweischiffige Synagoge gebaut. Aber es droht Unheil. 1215 wird auf dem 4. Laterankonzil eine Liste von Beschränkungen für Juden erlassen: Verbot von „Wucher", keine öffentlichen Ämter, das Tragen von Kennzeichnung. 1233 werden die Vorschriften auch in Regensburg umgesetzt. Trotzdem findet man zu einer Art Normalität zurück.

Im 14. Jh., als es in vielen Städten wegen der Pest zu Pogromen kommt, bleibt es in Regensburg ruhig, man nimmt sogar vertriebene Juden anderer Städte auf. Aber der wirtschaftliche Niedergang führt zu immer mehr Spannungen. Wieder sind es Wanderprediger, die mit den bekannten Vorwürfen gegen die Juden hetzen. Im späten 15. Jh. kommt es zu einzelnen Hinrichtungen, 1476 werden sechs Mitglieder der jüdischen Gemeinde wegen Ritualmords an christlichen Kindern angeklagt und jahrelang ohne Urteil eingesperrt. 1480 greifen Kaiser Friedrich III. und sein Sohn Maximilian I. ein. Sie bewirken die Freilassung und verhängen ein Bußgeld gegen die Stadt. Das kann die Stadt nicht zahlen – ein Grund, warum sie sich 1486 dem bayerischen Herzog unterstellt. Als Maximilian die Stadt in die Reichsfreiheit zurückzwingt, richtet sich der Zorn der kaiserfeindlichen Partei gegen dessen Schützlinge. Diesmal ist der Domprediger, Balthasar Hubmaier, der hetzt, und als Maximilian 1519 stirbt, schlägt der Rat zu: 600 Juden müssen die Stadt verlassen, Ghetto und Synagoge werden zerstört, der Friedhof geplündert.

Erst 1669 sind die ersten Juden wieder in der Stadt, eine kleine Gemeinde bildet sich. 1803 bekommen die Juden im Fürstentum Regensburg das „kleine" Bürgerrecht, 1813 das bayerische, 1871 werden sie im Deutschen Reich gleichgestellt. Als 1912 die Neue Synagoge gebaut wird – die alte war 1907 wegen Baufälligkeit geschlossen worden –, ist die Gemeinde auf etwa 500 Mitglieder angewachsen.

Was folgt, ist bekannt: Nach ersten Ausschreitungen in den 1920ern folgt nach 1933 die systematische Unterdrückung, 1938 wird die Synagoge abgebrannt, die Juden werden durch die Stadt getrieben. Etwa 230 können emigrieren, die anderen werden im Laufe des Krieges deportiert, etwa 250 werden in den KZs ermordet.

Nach 1945 ist Regensburg Sammelplatz vieler aus den KZs befreiter Juden, die größtenteils nach Israel auswandern. Langsam entsteht wieder eine kleine Gemeinde (zurzeit etwa 1000 Mitglieder), die stetig wächst und sich auch wieder mit der Stadt versöhnt. 2019 schließlich wird das neue Gemeindezentrum mit Synagoge geweiht.

Zentrum mit Leerständen

Neupfarrplatz

Am Schnittpunkt von Oberer Bachgasse und Gesandtenstraße stand das Westtor des römischen Legionslagers, das aber schon bei der ersten Stadterweiterung 920 verschwand. Der Platz weitet sich nach Osten, im Zentrum dominiert von der Neupfarrkirche auf ihrem Sockel, im Osten vom Block des Kaufhauses aus den 1970ern.

Der quirlige Neupfarrplatz ist einer der größten Plätze der Stadt. Er entstand erst nach 1519 über den Ruinen des jüdischen Ghettos und hat deshalb keine mittelalterliche Bebauung.

Schon vorher Geschäftszentrum, wurde der Neupfarrplatz in den 1950ern ein Verkehrszentrum der Stadt und dann in den 70ern mit einem großen Kaufhausneubau „geadelt“: 1972 mussten zwei Blöcke alter Bebauung und die „Alte Wache“ dem Kaufhaus weichen. In den 90ern verkehrberuhigt, ist der Neupfarrplatz heute ein belebter Ort zum Verweilen mit vielen Cafés und Läden.

Mahnmal und Begegnungsstätte

Ehemalige Synagoge

Bei der Neugestaltung des Platzes 1995–1997 wurde durch ausführliche Grabungen das alte Ghetto erforscht. Dabei fand man auch die Grundmauern der zerstörten Synagoge, überraschenderweise, denn man hatte sie unter der Neupfarrkirche vermutet. Aber da es zwei sehr detaillierte Stiche der Synagoge von Albrecht Altdorfer gibt, war die Zuordnung eindeutig. Der israelische Künstler **Dani Karavan** bildete 2005 den Grundriss mit einem begehbaren Bodenrelief aus weißem Beton nach. Es ist ein Mahnmal, aber auch eine Begegnungsstätte: MISRACH, „Ort der Ausstrahlung“, in der Hoffnung auf friedliches Zusammenleben von Menschen und Religionen. Darum sind die darin herumtobenden oder Eis schleckenden Kinder durchaus Programm.

Der achteckige **Brunnen**, der hier stand, musste nach Westen ausweichen. Er war seit dem 16. Jh. eine der fünf öffentlichen Wasserstellen in der Stadt. Seine heutige Form mit Eisengitter und Reichsadler stammt von 1730.

Kurzes Glück in Barock

Löschenkohl-Palais

Direkt südlich des Synagogengrundrisses liegt das Löschenkohl-Palais, der bedeutendste Barockpalast der Stadt. Er wurde auf mittelalterlichen Kellern 1733 im Auftrag des Bankiers Löschenkohl durch Johann Michael Prunner aus Linz erbaut. Lange konnte sich der Herr Bankier nicht an seinem Palast erfreuen, 1743 war er bankrott, sein Palast

Bankiersprung

Verschlungene Wege zum Dom → Karte S. 53

wurde bis 1806 Sitz der Kursächsischen Gesandtschaft. Die gleichmäßige Fassade ist in der Mitte aufgesprengt, der Mittelrisalit durch das Tor mit Säulen, dem Balkon und dem geschweiften Giebel stark betont. 1985 bis 1987 zu einer Bank umgebaut, konnte man die Eingangsräume und den Innenhof, der durch eine Glasdecke zur Schalterhalle geworden war, anschauen. Heute steht der Palast leer und ist nicht zugänglich (Stand: April 2023).

Beliebter Treffpunkt

Neupfarrkirche

Die Geschichte der Neupfarrkirche (übrigens die einzige Kirche Regensburgs, die in der Mitte eines Platzes liegt) begann 1519, als beim Abbruch der Synagoge ein Arbeiter schwer verunglückte. Seine wundersame Genesung am nächsten Tag schrieb man dem Eingreifen der Jungfrau Maria zu und sah es als Bestätigung für das gottgefällige Tun an. Es kam zu einer fast hysterischen Marienverehrung an dieser Stelle, zu einer Wallfahrt zur „Schönen Maria", die viel Volk und Geld in die Stadt brachte. Eine erste Holzkapelle war schnell zu klein, die Stadt plante noch 1519 einen Neubau. Der Augsburger Architekt Hans Hieber legte einen Plan und ein Modell vor: Wäre das umgesetzt worden, wäre die Neupfarrkirche eine der originellsten Kirchen zwischen Spätgotik und Renaissance geworden (das Modell, eines der ersten Architekturmodelle überhaupt, können Sie im Historischen Museum betrachten). Es kam anders: Aus Geldmangel – die Wallfahrt war schnell wieder eingeschlafen – wurde der lange Ostchor in vereinfachten Formen gebaut, nur ein Turm vollendet. 1542 wurde der Bau zur ersten evangelischen Kirche der Stadt. Um 1590 wurden die Arbeiten eingestellt, zwischen den Türmen eine provisorische Westwand errichtet. Erst 1860–1863 wurde die Neupfarrkirche durch Ludwig Foltz, den Architekten der Königlichen Villa (→ Tour 1), um einen schlichten Westchor ergänzt, der die Formen der Osthälfte aufnahm. Die Türme wurden vollendet und angeglichen.

Auf hohem Sockel

Die kleine Kirche, keine 40 m lang, steht auf einem etwas über 2 m hohen Sockel: beliebter Treffpunkt an Sonnentagen. Man betritt die Kirche von Süden und gelangt in den halbrunden Westchor unter der großen Holzempore, die fast die halbe Kirche überspannt. Was der Chor hätte werden sollen, ist nun das ganze Kirchenschiff: ein heller, strenger einschiffiger Raum in schlichten Frührenaissanceformen. Links und rechts ist je ein niedriger, ebenfalls kreuzgratgewölbter Anbau. Wie originell der Bau hätte werden können, zeigt noch die Doppeltreppe im Südturm. Am interessantesten von der sparsamen Ausstattung ist im rechten Anbau die Reproduktion des ursprünglichen Altarbildes von Michael Ostendorfer, einem Zeitgenossen Albrecht Altdorfers. Das Original ist im Historischen Museum.

Okt.–März 10–17 Uhr, April–Sept. 10–18 Uhr. Neupfarrplatz 1.

Jüdisches Ghetto

document Neupfarrplatz

Der **erste Teil** des document Neupfarrplatz befindet sich unter der Empore in der Neupfarrkirche: Auf vielen Schautafeln wird in die Geschichte des Platzes, des jüdischen Ghettos und seine Zerstörung eingeführt.

Der Eingang zum **zweiten Teil**, dem archäologischen, also unterirdischen, liegt gleich rechts, wenn man die Kirche zum Nordausgang verlässt. Man steigt 6 m in die Tiefe, zu römischen Wohnhäusern, Kellern des Ghettos aus dem 13. Jh. und einem Luftschutzbunker des Zweiten Weltkriegs. Eine multimediale Show erweckt Teile des jüdischen Ghettos zum Leben. Während oben der Grundriss von Dani Karavan den Eindruck erweckt, die Synagoge sei ähnlich isoliert dagestanden wie die Neupfarrkirche, wird hier klar, dass sie dicht umbaut war vom Gewirr der Häuser.

Das document Neupfarrplatz ist nur mit Führung zugänglich: Do–Sa 14.30 Uhr, Juli/Aug. auch So/Mo 14.30 Uhr. Eintritt 5 €, erm. 2,50 €, Tickets bei Tabak Götz, Domplatz 6 (Residenzstraße). www.regensburg.de (Kultur/Museen).

Wieder an der frischen Luft, vielleicht sogar von einem „Knacker mit allem" gestärkt (die Wurstbraterei Reisinger hat ihren Stand direkt neben dem Ausgang), entdeckt man in dem Betonkonglomerat des Kaufhauses die rote Fassade der **Alten Wache** von 1818, sichtbares Zeichen bayerischer Herrschaft. Jeglicher Funktion beraubt, wirkt sie etwas verloren. Nach rechts am Kaufhaus entlang, biegt man an dessen Ende nach links und steht schon vor St. Kassian.

Ganz Rokoko

St. Kassian

Der Platz vor der Kirche entstand 1965, als der Häuserblock abgerissen wurde, der sich bis fast vor das Nordportal geschoben und so die Kirche gegen den Neupfarrplatz völlig abgeschirmt hatte. Neben der Alten Kapelle ist St. Kassian die älteste Kirche der Stadt. Sie war Teil der karolingischen Pfalz und Pfarrkirche der Alten Kapelle. Von diesem ersten Bau existieren nur Fundamente, die heutige Kirche wurde im 13. Jh. errichtet und im 15. Jh. verlängert. Im 17. Jh. wurden die Seitenschiffe aufgestockt, sodass das Mittelschiff seine Fenster verlor, und der Turm wurde durch einen Dachreiter ersetzt. 1749 bis 1760 erfolgte dann der Umbau zu der Rokokokirche, die wir heute, nach der Totalsanierung der Jahre 2007–2015, wieder im alten Glanz vorfinden.

Rundgang: Man betritt St. Kassian durch das Rokokoportal an der Nordseite und hat ein völlig ungewöhnliches Raumempfinden. Das Seitenschiff, in das man einige Stufen hinuntergeht, ist genauso breit wie das Hauptschiff. Das Fußbodenniveau ist höher als das ursprüngliche der gotischen Kirche, dadurch wirken die extrem weiten Arkadenbögen eigentümlich gedrückt. So entsteht der Eindruck eines weiten, niedrigen Raumes. Obwohl die Stuckaturen und Malereien genauso üppig und verspielt sind wie die in der Alten Kapelle und bis auf das große Fresko im Mittelschiff von den gleichen Künstlern, dem Wessobrunner Anton Landes und dem Augsburger Maler Gottfried Bernhard Göz, gestaltet wurden, haben sie hier eine ganz andere Wirkung, da dem Hauptschiff die strahlende Helligkeit fehlt und das Gold viel sparsamer eingesetzt ist.

Das große Deckenfresko im Hauptschiff zeigt die Dreieinigkeit und den Sieg des Christentums über die Welt.

Verschlungene Wege zum Dom → Karte S. 53

Nur hier ist auch St. Kassian, der Patron der Kirche, vertreten, die anderen Malereien haben ein Marienprogramm. Das hat mit dem Wiederbeleben der Wallfahrt zur „Schönen Maria" zu tun, die 1519 nach der Zerstörung der Synagoge aufgeflammt war. 1747 hatte man die „Schöne Maria" des Landshuters Hans Leinberger (heute auf dem südlichen Seitenaltar) aus dem Minoritenkloster geholt und ganz bewusst auf das Marienwunder nach der Zerstörung des Ghettos 1519 gesetzt. Das zeigen die zwei westlichen Deckenfreskos im südlichen Seitenschiff: Das eine zeigt Maria als Siegerin über die Juden, die über die Steinerne Brücke fliehen, im anderen bietet St. Kassian der „Schönen Maria" seine Kirche als neue Wirkungsstätte an. Man sieht, auf dem Gebiet hat sich nichts verändert. Apropos St. Kassian: Im südlichen Seitenschiff steht der alte Hauptaltar mit St. Kassian. Die virtuose Schnitzfigur von 1498 zeigt den Heiligen im pompösen Bischofsgewand und mit sehr individuellen Gesichtszügen. Mit Verlaub: Die Kaskade von Doppelkinnen ist beeindruckend.

St. Kassian ist tägl. von 7 Uhr bis zur Dämmerung geöffnet. Führungen: Mai–Okt. 1-mal pro Monat (Dauer: 1 Std.). Eintritt 8 €, erm. 5 €, Tickets und Treffpunkt vor Ort. Infos und Termine: Infozentrum Domplatz 5, ✆ 0941-5971662, https://domplatz-5.de.

Man verlässt die Kirche wieder über den Nordeingang und geht nach rechts. Schon steht man auf dem **St.-Kassians-Platz.** Man sieht jetzt deutlich die drei gotischen Chöre der Kirche. St. Kassian steckt bis zum Dachfirst im benachbarten Gebäude, heute Pfarrhof, früher Kanonikalhof der Alten Kapelle. Der auffällige, stark dekorierte Neorenaissancebau ist von 1888.

Durch Königsstraße und Brixener Hof

Auf dem Weg zur Synagoge

Um zum jüdischen Gemeindezentrum zu kommen, überquert man den geschäftigen **St.-Kassians-Platz,** geht links vorbei an dem großen Haus mit der „Tempelfront" (1840), dann durch die Viereimergasse und biegt bei erster Gelegenheit links in die **Königsstraße** ein. Das monumentale Gebäude rechts war bis 1971 das Verlagshaus der Regensburger Zeitungen, erbaut 1893/94 nach Pariser Vorbildern, ungewöhnlich für Regensburg.

Vertreibung der Juden als Deckenschmuck

Regensburg im Kasten

Straßennamen

Viereimergasse? Am Anfang der Tour die Fröhliche-Türken-Straße, eben hat man die Weiße-Lilien-Straße überquert. Sehr eigentümlich. Natürlich gibt es in Regensburg auch einfache Straßennamen, z. B. nach der jeweiligen Nutzung (Fischmarkt oder Alter Kornmarkt), nach Berufsständen, die sich an einem Ort versammelten wie die Weißgerber am Wasser (Weißgerbergraben) oder die Händler (Tändlergasse), nach Kirchen, nach mehr oder weniger berühmten Frauen und Männern (das sind eher die modernen Namen).

Aber weiße oder blaue Lilien, goldene oder schwarze Bären, rote oder blaue Sterne, ein silberner Fisch, ein roter Herzfleck? Oder fröhliche Türken? Hier wurden die Straßen nach den dort stehenden Wirtshäusern benannt. Wie es scheint, waren diese bei allen Regensburgern so bekannt, dass jeder Einwohner mit dem Wirtshausnamen einem Fremden den Weg weisen konnte. Eigentlich ein sympathischer Zug.

Ach ja, die „Vier Eimer" waren kein Wirtshaus, so schlimm war's dann doch nicht: Hier stand ein Ziehbrunnen mit zwei gegenläufigen Eimerpaaren.

Wenige Meter weiter biegt man links in die Straße Am Brixener Hof ab. Die Straße heißt nach der Nr. 6, einem auffälligen roten Haus auf der Linken, dem ehemaligen **Brixener Hof.** Dieser letzte existierende Bischofshof in der Stadt ist im Kern aus dem 11./12. Jh. Er wurde spätgotisch umgebaut. Heute beherbergt er, nach weiteren Umbauten, einen Delikatessenladen und ein Café. Das Haus nebenan ist die nächste Station.

80 Jahre nach der Zerstörung

Jüdisches Gemeindezentrum mit Synagoge

Seit Februar 2019, 80 Jahre nach der Zerstörung des Vorgängerbaus in der Reichspogromnacht, hat Regensburg wieder eine Synagoge. Nach dem Entwurf des Stararchitekten Volker Staab entstand ein hochmoderner Komplex aus Gemeindesaal, Bibliothek und Synagoge. Keine leichte Aufgabe im mittelalterlichen Kontext des Weltkulturerbes, aber genial gelöst, indem sich der weiße Bau als Akzent in die Umgebung einfügt und sie nicht dominiert. Verständlicherweise gibt es eine Sicherheitsschleuse, und die Synagoge ist nur nach Anmeldung zu besichtigen. Der Innenhof ist jedoch frei zugänglich. Hoch über den Köpfen ist eine 53 m lange Spirale aus vergoldeter Bronze, gestaltet von Tom Kristen – darauf in stilisierter Handschrift das Gedicht „Gemeinsam" von Rose Ausländer als Mahnung:

Vergesset nicht / Freunde / wir reisen gemeinsam

Besteigen Berge / pflücken Himbeeren / lassen uns tragen von den vier Winden

Vergesset nicht / es ist unsere / gemeinsame Welt / die ungeteilte / ach, die geteilte

Die uns aufblühen lässt / die uns vernichtet / diese zerrissene / ungeteilte Erde

Auf der wir / gemeinsam reisen

1904 erwarb die jüdische Gemeinde dieses Grundstück, aber der Bau einer neuen Synagoge zog sich hin, da sämtliche Entwürfe von der einen oder der anderen Seite abgelehnt wurden.

Erst den Architekten Josef Koch und Franz Spiegel gelang es, mit ihrem Entwurf praktische und stilistische Probleme zu lösen: Ein repräsentativer ovaler Kuppelbau mit zwei Fassadentürmen wurde gebilligt, neobarock mit Jugendstilelementen. 1912 wurde die Synagoge feierlich eröffnet. Westlich davon wurde ein Gemeindehaus gebaut mit Dienstwohnungen und dem Ritualbad. Dieses Gebäude überstand die Reichspogromnacht 1938 und ist in die neue Anlage integriert. Die Synagoge dagegen brannte aus, die Ruine wurde abgerissen und das Grundstück als Sammelplatz für die Deportationen missbraucht.

Nach 1945 nutzte die kleine Gemeinde einen Saal im Gemeindehaus, Ende der 60er wurde ein Flachbau als Betsaal errichtet. Aber der wachsenden Gemeinde fehlte ein würdiges Zentrum. Den Bemühungen der jüdischen Gemeinde und des 2013 gegründeten Fördervereins ist es zu verdanken, dass 2017 mit dem Neubau begonnen werden konnte. November 2018 fertiggestellt und Februar 2019 eingeweiht, erinnert der Bau an zwei Jahrestage: 80 Jahre Reichspogromnacht und 500 Jahre Vertreibung der Juden 1519 (→ Kasten S. 40).

Führungsanfragen bitte per E-Mail an info@jg-regensburg.de.

Nur noch ein paar Schritte

Auf dem Weg zum Dom

Wenige Meter weiter, am Ende der Straße Am Brixener Hof, bietet sich ein wundervolles Ensemble: drei prachtvolle Häuser, überragt vom Turm der Alten Kapelle. Aber halt, Regensburg ist zu Recht berühmt für seine erhaltene mittelalterliche Altstadt, aber es ist nicht alles so alt, wie es aussieht. Der Bau links mit dem schönen Erker, ein Bankgebäude im Stil der Spätgotik und der deutschen Renaissance, ist von 1905/07, der hohe Fachwerkbau gegenüber, die **Alte Dechantei**, ist im Kern spätgotisch, das Fachwerk aber von 1906, das Gebäude rechts in der Drei-Kronen-Gasse 1, die Neue Dechantei (= Verwaltung), gehört zum Stift der Alten Kapelle und wurde um 1860 erbaut, das markante Jugendstilportal mit den Stifterfiguren Heinrich II. und Kunigunde stammt von 1909. Mittelalterlich ist tatsächlich nur der Turm der Alten Kapelle.

Weiter geht es links durch die Schwarze-Bären-Straße Richtung Kaufhaus, am Ende biegt man rechts in die Pfauengasse, mit Blick auf die Domtürme.

Ein letzter Stopp auf dem Weg zum Dom bietet sich bei der kleinen **Kapelle Maria Läng** an, die im vorletzten Haus links nur an den zwei Rundbogenfenstern in einer Wand mit rechteckigen Fenstern zu erkennen ist. Der Eingang ist erst im Nebenhaus (7 Uhr bis Dämmerung, Pfauengasse 2). Maria Läng ist die letzte öffentlich zugängliche Privatkapelle der Stadt, 1675 erbaut, angeblich über römischen Katakomben mit Märtyrergräbern. Sie ist keine Vorzeigesensation, sie ist ein intimer Ort der Stille und der Alltagsfrömmigkeit. Aber gerade deshalb sehenswert.

Ensemble Dom St. Peter

Regensburgs Allerheiligstes

Dom St. Peter

Am besten stellt man sich zunächst links auf den **Domplatz**, von hier hat man den besten Blick auf die Westfassade. Ein paar Superlative und Maße vorneweg. St. Peter ist die einzige Kathedrale im Stil der französischen Kathedralgotik östlich des Rheins und wurde noch im Mittelalter (fast) fertig.

St. Peter würde fast in das Querschiff des Kölner Doms passen: Länge innen 85,40 m, Breite im Querschiff 34,80 m, Höhe des Mittelschiffs 31,85 m. Und die beiden Türme messen 105 m.

Am Südturm, über dem Fenster des zweiten Obergeschosses auf etwa 50 m Höhe, entdeckt man die Zahl 1860. Bis hierhin reichten die mittelalterlichen Türme, das Türmchen auf dem Mittelgiebel war der Abschluss der Arbeiten, um 1520. Etwa 200 Jahre wurde an der Fassade gebaut, von 1325 bis ca. 1520, von rechts unten nach links oben, was man auch sieht: Die Untergeschosse des Südturms haben deutlich schlichtere Formen als der Nordturm oder der spätgotische Giebel. Das überreiche Hauptportal ist einzigartig, es springt in einer Dreieckskonstruktion aus der Fassade hervor. Es entstand zwischen 1385 und 1410/20. Etwa 170 Figuren und Figürchen schmücken es, das Hauptportal hat ein Marienprogramm, am Pfeiler des Tores steht der hl. Petrus, an dem vorgezogenen Pfeiler die Apostel. Etwa 50 original mittelalterliche Figuren sind noch an der Fassade zu sehen, die anderen sind inzwischen Kopien. Die Statuen neben den Seitenportalen sind aus dem 17. Jh. und stellen Kirchenväter der römischen Kirche (links) und der griechischen (rechts) dar.

Bauphasen: 1273 war der karolingisch-ottonische Bau bei einem Brand schwer beschädigt worden. Leo Tundorfer, Sohn einer Regensburger Patrizierfamilie und gerade Bischof geworden, beschließt einen Neubau im Stil der Gotik, die er in Paris kennengelernt hatte. 1275 wird begonnen, so weit nach Südwesten verschoben, dass der alte Fassadenturm, der „Eselsturm", am nördlichen Querhausarm steht. Es ist ein konservativer Plan: ein Staffelchor und ein Querhaus, das nicht über die Flucht der Seitenschiffe vorspringt. Dafür wird der ganze Bau auf einen – damals – über 3 m hohen Sockel gestellt (das ursprüngliche Bodenniveau sieht man,

Der Dom: seit 100 Jahren nur einmal ohne Gerüst!

wenn man im Schiff in die Grablege der Bischöfe hinabsteigt).

Um 1290 übernimmt Meister Ludwig, eigentlich Bildhauer, die Bauleitung. Er integriert die bestehenden Teile in einen Plan nach modernstem französischem Vorbild. Sein Entwurf ist so überzeugend, dass man sich 200 Jahre daran hält. Nur aus dem Turm über der Vierung wird nichts werden. Der Wechsel ist sichtbar: Die unteren Partien von Querschiff und südlichem Nebenchor mit dem Kapellenanbau zeigen noch sehr viel Wand, im Langhaus und den oberen Partien ist die Wand fast völlig aufgelöst.1335 stehen bereits Chor, Querschiff und die ersten zwei Joche des Langhauses, dann kommt die Sache ins Stocken. Die Stiftskirche St. Johann (→ Tour 3) steht dort, wo die Westfassade geplant ist. Es beginnen zähe Verhandlungen, inzwischen baut man die Südseite weiter. St. Johann wird abgerissen und, um 90 Grad gedreht, etwas nach Nordwesten verschoben. 1380 kann es weitergehen, inzwischen hat der Südturm schon das zweite Obergeschoss erreicht. 1447 hat die Nordseite gleichgezogen, das Schiff erhält seinen Dachstuhl. Die nächsten 50–60 Jahre wird noch die Westwand mit Giebel vollendet und der Nordturm auf die Höhe des südlichen gebracht. Dann ist Schluss: Stadt und Bistum sind finanziell ruiniert, der letzte Dombaumeister Wolfgang Roritzer wird als Rädelsführer der Unruhen von 1513 hingerichtet. Die Reformation tut ein Übriges.

Im 17. und 18. Jh. wird der Dom dem Zeitgeschmack angepasst, die letzten Gewölbe im Westen werden geschlossen, der gotische Lettner vor dem Chor wird durch ein Gitter ersetzt, der weiße Innenraum in hellem Ocker gestrichen. Um 1700 wird die Ausstattung zunehmend barock, über der Vierung entsteht eine flache Kuppel, im Mittelschiff werden die mittelalterlichen Glasmalereien durch weißes Glas ersetzt. Die Wandfarbe wird dunkelgrau. Im 19. Jh. – Regensburg ist inzwischen bayerisch – will König Ludwig I., dass der Dom zu einem Nationaldenkmal für Bayern wird, so wie der Kölner Dom eines für Deutschland sein sollte. Er beschließt, den Dom zu vollenden. Zuerst wird auf Befehl von Ludwig fast die gesamte barocke Ausstattung entfernt, die Kuppel durch ein „gotisches" Kreuzrippengewölbe ersetzt. Nur die Farbe belässt man: Man hält sie für die originale Steinfarbe. Der König persönlich stiftet die ersten neuen Buntglasfenster. 1859–1869 werden die Türme hochgezogen, 1872 der Giebel über dem Südportal und der Dachreiter aufgesetzt – der Dom ist vollendet.

Leuchtender Schmuck

Im 20. Jh. muss hauptsächlich restauriert werden: Der schon im Spätmittelalter, vor allem aber dann im 19. Jh. verwendete Regensburger Grünsandstein verwittert extrem schnell, gerade die neugotischen Teile müssen ersetzt werden. 1923 wird die Dombauhütte gegründet, seitdem war der Dom nur noch einmal ohne Gerüst zu sehen: beim Papstbesuch 2006. 1967–1989 werden die letzten weißen Fensterscheiben im Obergaden durch modernes Buntglas ersetzt. Und im 21. Jh. bekommt der Dom einen neuen Superlativ: die schwerste Hängeorgel der Welt.

Rundgang: Durch das linke Seitenportal kommt man ins Innere (barrierefreier Zugang über das nördliche Querschiff). Der dämmerige Raum nimmt einen sofort gefangen. St. Peter ist eine dreischiffige Basilika mit dem klassischen Aufbau des Mittelschiffs: Arkaden, Triforium (eine kleine Bogenreihe) und Obergaden mit Fenstern. Quer durch das Schiff leuchten die Fenster des Chores. Da es keinen Chorumgang gibt und auch das Triforium verglast ist, ist der Osten eine einzige gläserne Wand. Über 1000 mittelalterliche Scheiben sind der Schatz des Domes, die meisten sind aus der ersten Hälfte des 14. Jh. In den Türmen sind Fenster aus dem 19. Jh., im Obergaden moderne.

Bevor man sich auf einen Rundgang macht, sollte man noch dem Teufel und seiner Großmutter guten Tag sagen, den kleinen Nischenfiguren links und rechts des Hauptportals. Die ganze innere Westwand ist aufwendig mit Wendeltreppen und Balustraden gegliedert, links und rechts stehen als Reiterfiguren St. Martin und St. Georg. Eines der drei nachmittelalterlichen Ausstattungsstücke, die das 19. Jh. überstanden haben, ist das Grabdenkmal für Philip Wilhelm, Herzog von Bayern, Bischof von Regensburg und Kardinal (1579–1598). Der junge Mann war mit gerade drei Jahren Bischof geworden, um den Einfluss der Wittelsbacher auf das Bistum zu sichern. Das 7 m hohe Denkmal wurde 1611 von seinem Bruder, Kurfürst Maximilian von Bayern, gestiftet. Das Kreuz ist eine Replik des Kreuzes von Giovanni da Bologna aus der Münchener Jesuitenkirche, die Figur des Bischofs vom Münchener Hofbildhauer Hans Krumper. Verständlich, dass Ludwig I. seinen Vorfahren hier stehen ließ.

Der Rundgang führt ins nördliche Seitenschiff: Von den fünf gotischen **Baldachinaltären**, die zu den bedeutendsten Stücken des Doms zählen, stehen hier drei, zuerst der älteste von 1320, der Heinrich-und-Kunigunden-Altar, im Querschiff der Albertus-Magnus-Altar von 1474 und im Nebenchor der übermäßig verzierte, spätgotische Ursula-Altar.

Im Hauptchor steht unter den Glasfenstern des 14. Jh. der prächtige silberne **Hochaltar.** Er ist Ende des 18. Jh. entstanden, unter Verwendung älterer Teile, alle Augsburger Goldschmiedearbeiten. Neben diesem Prunk kommt das gotische Sakramentshäuschen von 1493 links daneben kaum zur Geltung. Umso mehr dagegen das gewaltige Fenster des Südquerschiffs: Der die gesamte Fläche einnehmende obere Teil ist von 1320, im Triforium, der Fensterreihe darunter, befinden sich die ältesten Fenster des Domes von 1230,

Der Chor: am Morgen eine Wand aus Licht

Teile einer „Wurzel Jesse", des Stammbaums Christi. Sie stammen noch aus der Vorgängerkirche. Rechts neben dem Südeingang steht ein 12 m tiefer **Ziehbrunnen** mit einem sehr aufwendigen spätgotischen Baldachin. Auf dem Weg zurück in die Vierung sollte man die kunstvoll mit Maßwerk und Ranken geschmückte **Kanzel** von 1482 nicht links liegen lassen. Jetzt aber zum berühmtesten Paar des Doms, zu Maria und dem Engel in der **Verkündigung,** an den westlichen Vierungspfeilern. Die beiden überlebensgroßen Figuren, Meisterwerke von höchstem Rang, wurden um 1280 vom Meister Ludwig geschaffen, demselben, der wenig später die Bauleitung übernahm. Es ist wirklich anrührend, wie die beiden die große Distanz zwischen sich durch ihr Lächeln überwinden und so eine intime Szene schaffen. Dass das strahlende Lächeln des Engels das beliebteste Postkartenmotiv ist, versteht sich.

Verschlungene Wege zum Dom → Karte S. 53

Wenn man sich nun nach Norden, zum Domschatz und dem Ausgang zum Domkreuzgang, wendet, fällt der Blick auf die jüngste Attraktion. Seit 2009 schmückt sich der Regensburger Dom mit der größten und schwersten **Hängeorgel** der Welt. Beeindruckende Fakten: 5871 Pfeifen, 80 Register und 36 Tonnen hängen an vier Stahlseilen unter dem Gewölbe des nördlichen Querschiffsarms (auf Nachfragen bekommt man versichert, dass schon eines der Seile reichen würde). Weil an dieser Stelle außen der „Eselsturm" steht, war hier die einzige freie Wand. Der Organist sitzt mittendrin und wird mit einem schwankenden Lift an seinen Arbeitsplatz gebracht. Aber es gibt auch noch einen zweiten Spieltisch im Chor. So wie es auch noch eine zweite Orgel gibt: eine kleine, hinter dem Altar.

Auf dem Weg zum **Domschatzmuseum** kommt man noch am klassizistischen Grabdenkmal für den Fürstbischof Carl von Dalberg vorbei. Auch das hat Ludwig I. im Dom belassen, allerdings arg an den Rand geschoben. Das Museum befindet sich nicht im Dom, sondern in den historischen Räumen des ehemaligen Bischofshofs, ist also auch von dort zugänglich (→ Tour 3). Es zeigt liturgische Gewänder und Goldschmiedearbeiten aus 1000 Jahren.

Dom: Juni–Sept. tägl. 6.30–19 Uhr, Nov.–März bis 17 Uhr, sonst bis 18 Uhr. Führungen: Dom Mo–Fr 12.30 Uhr, Eintritt 8 €, erm. 5 €, bis 16 J. frei. Dom mit Domkreuzgang April–Okt. tägl. 14.30 Uhr, Eintritt 10 €, erm. 5 €, bis 16 J. frei. Tickets und Treffpunkt: Infozentrum Domplatz 5, Mo–Sa 10–16 Uhr, So 13.30–14.30 Uhr, ✆ 0941-5971662, https://domplatz-5.de.

Domschatzmuseum: Mo–Sa 11–17 Uhr, So u. Feiertag 12–17 Uhr. Eintritt 3 €, erm. 1,50 €, bis 16 J. frei. Führungen: 1-mal im Monat montags, Mai–Okt. zusätzlich 1-mal Sa 15 Uhr, Eintritt 8 €, erm. 5 €, bis 16 J. frei. Krauterermarkt 3, Tickets: ✆ 0941-5762575, www.domschatz-regensburg.de.

Regensburg im Kasten

Die Domspatzen

Selbst wenn man nichts von Regensburg weiß, von den Regensburger Domspatzen hat man schon gehört. Hier am Dom ist einer der ältesten und berühmtesten Knabenchöre der Welt zu Hause. Sein Repertoire reicht von Gregorianischen Gesängen bis zur Moderne. Auch ohne Eintrittskarten können Sie ihn hier erleben. Jeden Sonn- und Feiertag singt der Chor im Dom bei der Messe – außer in den Schulferien.

Chor, Internat und Schule gehören zusammen – zusammen lernen, zusammen leben, zusammen singen. 975 wurde eine Domschule von Bischof Wolfgang gegründet, Grundlage des heutigen Chores. Aber erst mit den Reformen des 19. Jh. wurde er zu dem, was er heute ist. 1910 kam es zu einer ersten Konzertreise, damals kam auch die Bezeichnung „Domspatzen" auf. In den 1920ern war der Chor berühmt genug, um sich durch Konzertreisen mitzufinanzieren. Heute ist der Erfolg des Chores ungebrochen, es gibt einen Konzertchor und zwei Nachwuchschöre mit insgesamt über 200 Sängern und Auftritten in fast 150 Konzerten und Gottesdiensten. 2022 wurde ein neues Kapitel aufgeschlagen: Seit dem Schuljahr 2022/23 werden auch Mädchen und junge Frauen in die Schule aufgenommen, parallel zu den Spatzen wurde ein Mädchen- und Frauenchor gegründet.

Der Erfolg hatte auch Schattenseiten: In den 1930ern wurde auch der Chor gleichgeschaltet und vom Dritten Reich als kulturelles Aushängeschild missbraucht, durchaus mit Einverständnis der Kirche. 2010 kamen Vorwürfe wegen Gewalt und Missbrauch auf, über 500 Fälle mussten aufgearbeitet werden, was im Laufe der folgenden Jahre gründlich geschah.

Noch lange hinter Brettern: das Hauptportal

Wieder hübsch herausgeputzt

Domkreuzgang

Nach siebenjähriger Sanierung wurde der Domkreuzgang im April 2023 wiedereröffnet. Er ist nur im Rahmen von Führungen zu besichtigen. Nach dem Rundgang durch den Dom geht es statt zum Domschatzmuseum rechts durch den Ausgang. Hier steht man unter dem „Eselsturm", Teil des romanischen Doms des 11. Jh. Er hatte als Glockenturm und Zugang zur Baustelle gedient. Ein Provisorium von Dauer.

Der schmale Bau vor uns, der mit einem Schwibbogen von 1502 mit dem Dom verbunden ist, ist das **Domkapitelhaus.** Der gotische Dom war ja nach Südwesten gerückt worden und hatte so den Kontakt zum Kreuzgang verloren. Das Domkapitelhaus steht auf den Fundamenten und Resten des nördlichen Seitenschiffes des karolingischen Doms und wurde Anfang des 14. Jh. nach dessen Abbruch erbaut. Das heutige Erscheinungsbild geht auf den Umbau des frühen 16. Jh. zurück.

Man betritt das sehenswerte Ensemble durch eine überwölbte Halle, die als **Lapidarium** genutzt wird. Hier sind viele originale Bauteile des Doms ausgestellt, die ersetzt werden mussten. Sie bildet den Übergang zum westlichen Kreuzgang Die beiden **Kreuzgänge** sind in ihrer heutigen Form um 1410–1430 überwölbt worden. In der Mitte verbindet sie eine breite gewölbte Halle, das **Mortuarium,** die Grablege. Die Rundbogenfenster von 1517 zeigen schon Frührenaissanceformen. Die Ausstattung und die Grabplatten sind weitgehend original. Durch das Mortuarium kommt man auch zu zwei Kapellen: St. Stephan und Allerheiligenkapelle. **St. Stephan** wurde auch „Alter Dom" (war er nie) genannt. Die bischöfliche Hauskapelle, eingeklemmt zwischen Kreuzgang und Römermauer, ist ein archaisch wirkender rechteckiger Bau mit wandhohen Nischen. Die Kapelle wurde im späten 11. Jh. erbaut und bei der Renovierung 1866 verändert. Das interessante Stück ist der Kastenaltar, ein zur Hälfte ausgehöhlter Kalksteinblock, der wahrscheinlich der Altar des alten Doms war. Der kleine Zentralbau der **Allerheiligenkapelle** wurde Mitte des 12. Jh. als Grabkapelle von lombardischen

Baumeistern errichtet und ist wirklich ein verborgenes architektonisches Juwel. Innen wie außen herrschen strenge geometrische Formen: Quadrat, Achteck, Halbkreis. Von der Ausmalung ist leider nicht mehr viel übrig. Man hatte sie im 19. Jh. „ergänzt", im 20. Jh. alles wieder abgebürstet, leider auch zum Teil die originale Farbigkeit.

Man geht links unter dem Schwibbogen, der sehr deutlich die Anfälligkeit des Grünsandsteins zeigt, hindurch in den **Domgarten.** Auf dieser Fläche stand der karolingische Dom, hier war später der Domfriedhof und ist heute die Dombauhütte. Man umrundet den Chor des Doms, verlässt das Gelände und steht vor der letzten Etappe dieser Tour, der Kirche St. Ulrich.

Führungen Domkreuzgang: Mai–Okt. jeden zweiten Samstag 16.30 Uhr, Eintritt 8 €, erm. 5 €, bis 16 J. frei. Führungen Domkreuzgang und Dom: April–Okt. tägl. 14.30 Uhr, Eintritt 10 €, erm. 5 €, bis 16 J. frei. Tickets und Treffpunkt am Infozentrum Domplatz 5, Mo–Sa 10–16 Uhr, So 13.30–14.30 Uhr, ✆ 0941-5971662, https://domplatz-5.de.

Nur Sonderausstellungen

St. Ulrich

St. Ulrich ist eine der frühen gotischen Kirchen Deutschlands und eine der interessantesten Kirchen Regensburgs. Heute ist sie Teil der Diözesanmuseen und leider nur zu Sonderausstellungen geöffnet.

Frühe Versuche in Gotik

Wahrscheinlich wurde die Kirche 1225 im Auftrag des bayerischen Herzogs Ludwig I. als neue Pfalzkapelle begonnen. Doch die Macht des Herzogs verfiel rapide und so wurde St. Ulrich 20–25 Jahre später als erstes Großprojekt der frischgebackenen Freien Reichsstadt als **Dompfarrkirche** vollendet.

1688 wurden die „Ochsenaugen" (die querovalen Fenster) eingebaut, eine barocke Vorhalle entstand und der Innenraum wurde überstrichen. 1824 wurde St. Ulrich profaniert und entkam nur knapp dem Abbruch. Turm und Vorhalle verschwanden, die Fassade wurde frei regotisiert, 1880 wurde der Bau Museum. Die statischen Probleme machten eine sich über die Jahre 1975–1984 hinziehende Generalsanierung nötig, bei der die Wandmalereien wiederentdeckt wurden. In den Jahren nach 2000 bekam der schwarz gewordene Bau seine warme Steinfarbe wieder.

Schon von außen ist St. Ulrich ungewöhnlich: eine drei- oder fünfschiffige Basilika ohne sichtbaren Chor. Nichts bereitet den Besucher auf den Raum vor, der ihn erwartet. Fast kryptenartig niedrige Gewölbe umgeben einen hohen, hellen, flach gedeckten Raum, zu dem sich rundherum die sehr viel eleganteren Emporen öffnen. Es ist ein Wald von Säulen und Bögen, ein einzigartiger Raum. Er ist das Ergebnis einer Planänderung: Aus einer doppelstöckigen, durchgehend gewölbten Pfalzkapelle wurde eine Pfarrkirche, die beide Stockwerke zum heutigen Raumbild verband. Der ganze Raum ist über und über ausgemalt, im Osten mit Fresken aus der Erbauungszeit, die anderen Dekorationen sind von 1571.

2021 hat der Bildhauer und Maler Markus Lüpertz farbige Fenster für St. Ulrich entworfen, die in einer Sondershow präsentiert wurden. Sie würden St. Ulrich in wilde Farbigkeit tauchen, aber noch sind sie nur ein Vorhaben.

St. Ulrich ist nur zu Sonderausstellungen geöffnet.

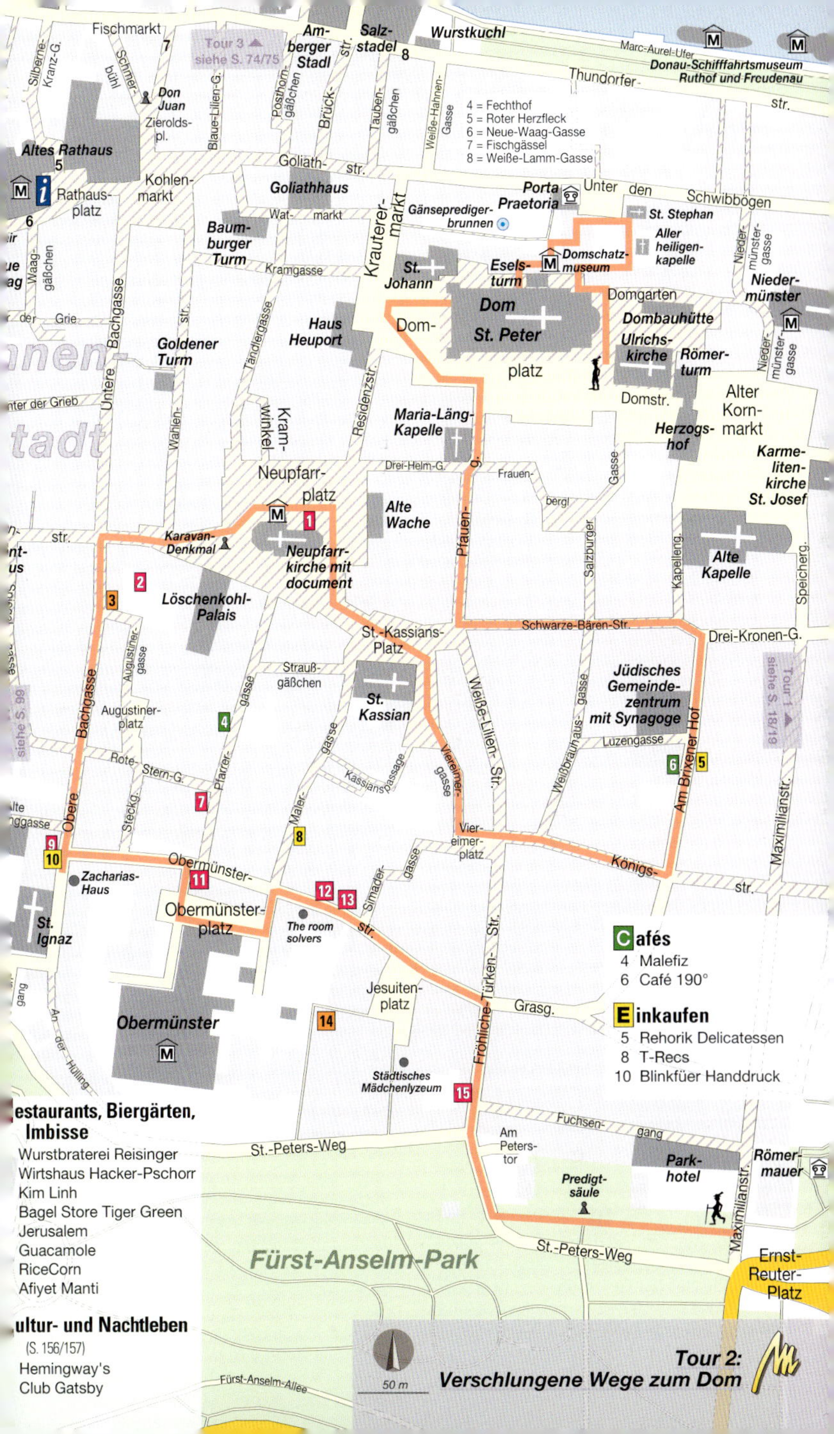

Restaurants, Biergärten, Imbisse
Wurstbraterei Reisinger
Wirtshaus Hacker-Pschorr
Kim Linh
Bagel Store Tiger Green
Jerusalem
Guacamole
RiceCorn
Afiyet Manti

Kultur- und Nachtleben
(S. 156/157)
Hemingway's
Club Gatsby

Cafés
4 Malefiz
6 Café 190°

Einkaufen
5 Rehorik Delicatessen
8 T-Recs
10 Blinkfüer Handdruck

Tour 2: Verschlungene Wege zum Dom

Praktische Infos

→ Karte S. 53

Restaurants, Biergärten, Imbisse ...

Wirtshaus Hacker-Pschorr im alten Augustinerkloster 2, etwas sperriger Name, aber „Augustiner" kann er halt nicht heißen, da wäre die Münchner Augustiner-Brauerei dagegen. Ein Durchgang führt vom belebten Neupfarrplatz in den kleinen, baumbestandenen Hof – sehr überraschend, plötzlich Stille und Schatten. Gute bayerische Küche – und Münchner Bier! Mo–Sa 11–23 Uhr, So und Feiertag bis 22 Uhr. Neupfarrplatz 15, ✆ 0941-5840456, https://hacker-pschorr-regensburg.de. €€

Afiyet Manti 15, Manti sind kleine, mit Rindfleisch gefüllte Teigtaschen, die türkische Version der Maultaschen. Es gibt sie klassisch mit Tomatensoße, Joghurt und einer Butter-Paprika-Soße (mit Knoblauch oder ohne). Dazu 12 Toppings zum Aufpeppen, z. B. Jalapeños, Oliven, Walnüsse. Groß oder klein, alles auch vegan (Spinatfüllung). Sehr fein, sehr wärmend. Afiyet heißt übrigens „guten Appetit". Ein paar Tischchen drin, leider keine draußen. Gleich beim Peterstor. Mo–Sa 11–20 Uhr. Fröhliche-Türken-Str. 14.

Bagel Store Tiger Green 9, das Lädchen hat viel zu bieten: 8 verschiedene Bagels (auch vegane), 24 verschiedene Aufstriche (von süß bis feurig-scharf), dazu Kaffee und kalte Getränke: zum Speisekarte-Durchessen! Die Basis für die Bagels bildet Frischkäse bzw. Hummus (bei den veganen). Es gibt einen Tresen und 4–5 Sitzplätze, zwei davon zum Rausgucken, draußen sitzen geht auch. Einfach angenehm. Mi–Fr 10–18 Uhr, Sa bis 16 Uhr. Obere Bachgasse 20, www.tigergreen.de.

Guacamole 12, mexikanisches Streetfood in großer Auswahl. Offene Küche, schlichte Möblierung (fast wie in einem Imbiss). Gut für ein schnelles Abendessen, wenn man noch was vorhat, schließlich ist der Club-Hotspot im Petersweg 15 nicht weit. Draußen sitzen kann man auch. Di–Sa 11.30–21.30 Uhr, So 14–21.30 Uhr. Obermünsterstr. 11, ✆ 0941-20908700, https://guacamole-deutschland.de. €/€€

Jerusalem Imbiss 11, nicht etwa koschere Küche, wie man vermuten könnte, sondern orientalische Spezialitäten: Falafel, arabische Pizza, Teigtaschen, Tellergerichte ... Geht schnell und schmeckt. Vier Tische draußen, drei Stehtische drinnen. Die Öffnungszeiten sind unschlagbar: tägl. 9–23 Uhr, geliefert wird bis 22 Uhr. Obermünstergasse 1, www.jerusalemimbiss-regensburg.de. €

Kim Linh 7, die Tische erinnern ein wenig an Jugendherbergen, sonst ist der Raum aber nett. Eine übersichtliche, aber breit gefächerte Mittagskarte, alles gut gemacht, die Portionen sind reichlich. Spezialität des Hauses ist der vietnamesische Suppenklassiker Pho. Abends eine sehr viel üppigere Karte, ohne zu überdimensioniert zu sein. Probieren Sie mal die „Heiße Kuh" oder das „Gewitter des Ozeans"! Tägl. (außer Di) 11.30–14.30 u. 17.30–22 Uhr (Küche bis 14 bzw. 21 Uhr). Rote-Stern-Gasse 6 (Eingang Pfarrergasse), ✆ 0941-59988942, https://kim-linh.eatbu.com. €€

RiceCorn 13, schlichter, offener Raum, schöner sitzt man draußen. Auch die Öffnungszeiten (bis 21 Uhr) sprechen gegen ein romantisches Abendessen, aber das vietnamesische und japanische Essen schmeckt, kommt schnell und sieht gut aus. Die Portionen reichen auch hungrigen Teens. Sehr viel Vegetarisches und Veganes. Einen Platz zu bekommen, kann schwierig werden. Mo–Sa 11–21 Uhr, So und Feiertag 16–21 Uhr. Obermünsterstr. 13, ✆ 0941-89976935, https://ricecorn-regensburg.de. €/€€

Wurstbraterei Reisinger 1, hier gibt's ihn, den Knacker mit allem. Und das heißt was? Eine knusprige Semmel, ein der Länge nach halbierter Knacker vom Grill, ein paar Scheiben Essiggurke, Senf, süß und/oder scharf, Meerrettich, fertig. Ein bisschen in der Nase brennen darf es. Mo–Fr 8.30–16 Uhr, Sa 10–16 Uhr. Neupfarrplatz, gleich neben der Kirche, www.wurstbraterei-reisinger.de.

Cafés

Malefiz Café & Bar 4, nur wenige Schritte vom Neupfarrplatz entfernt bietet das Malefiz „3 in 1": üppiges Frühstück und Lunch bis 14 Uhr, Kuchen am Nachmittag, Bar bis um 1 Uhr, Kaffee gibt's immer. Drinnen Bartresen, hohe Tische in der Mitte und Sessel an den Seiten, witzige Beleuchtung, zwei/drei Sitzplätze draußen vorm Fenster und ein paar Tischchen gegenüber. Nicht nur die Namen der Gerichte sind originell, auch die Zutaten. Gemischtes, eher junges Publikum, flotter, aber lockerer Service, sehr entspannt. Ach ja, der Name.

Regensburger Ensemble mit Turm der Alten Kapelle

„Malefiz“ drückt im Bayerischen Wut oder Ärger aus – fragen Sie die Jungs selbst, warum sie ihre Kneipe so genannt haben! Di–Fr 9–1 Uhr, Sa bis 2 Uhr, So bis 19 Uhr, Mo geschl. Pfarrergasse 6, www.malefiz-regensburg.de.

Café 190° **6**, ein Café, das zu einer Kaffeerösterei gehört, die nebenbei ein paar Delikatessläden betreibt (→ Einkaufen) – da kann nichts schiefgehen. Groß ist es nicht, das 190°, eher ein Schlauch, aber man sitzt gut, hört nette Musik – und erst dieser Kaffeeduft! Ganz hinten kann man durch große Fenster in die Rösterei gucken. Die Kaffeeauswahl ist groß und exotisch. Schöne Frühstückauswahl, besonders für Käsefreunde (kein Wunder: der dazugehörende Käseladen liegt gleich gegenüber). Kleine Speisen, Weine, Schnäpse – die Speisekarte ist ein Animationsprogramm zum Besuch der Delikatessenläden. Wieso 190°? Bei dieser Temperatur beginnen die Kaffeebohnen aufzuplatzen und zu riechen. Im Sommer kleiner Garten. Tägl. 9–18 Uhr, Küche bis 16 Uhr. Am Brixener Hof 6, www.rehorik.de.

Einkaufen

Rehorik Delicatessen **5**, der Regensburger Platzhirsch. Als Kaffeerösterei 1945 (neu) gegründet, steht der Name heute für vieles: Hier im Stammhaus, Tür an Tür mit dem Café 190°, stehen Kaffee, Wein und Pralinen auf dem Programm, im Delikatessenladen gegenüber auf der anderen Straßenseite sind Käse, Wurst und andere Leckereien die Schwerpunkte, in der Gesandtenstraße schließlich gehaltvolle Getränke jeder Art (→ S. 101). Im Café 190° nebenan kann man alles probieren (→ Cafés). Mo–Mi 9–13 u. 14–18 Uhr, Do/Fr 9–18.30 Uhr, Sa 9–16 Uhr. Am Brixener Hof 11, www.rehorik.de.

T-Recs **8**, ganz old-fashioned: ein Plattenladen. Große Auswahl, Schwerpunkt ist Hip-Hop, die Beratung ist kompetent. Ein paar Sitzgelegenheiten, Hörstationen, ein Käffchen gibt's auch. Di–Sa 12–18 Uhr. Malergasse 13, ✆ 0941-58651109.

Blinkfüer Handdruck **10**, ein Paradies für alles Bedruckte: Postkarten, Schachteln, Notizbücher, Rucksäcke, T-Shirts ... Alles von der Künstlerin und Inhaberin Susanne Kauth selbst entworfen und von Hand bedruckt. Nur die Donaukiesel, die sind bemalt. Eine bunte Künstlerstube zum Stöbern und Entdecken. Ach ja: Blinkfüer heißt Leuchtturm, Leuchtturmwärterin war der erste Berufswunsch der Künstlerin. Hat zum Glück für uns nicht geklappt. Mi–Fr 11–13 u. 14–18 Uhr, Sa 11–16 Uhr. Obere Bachgasse 20, www.blinkfuer-handdruck.de.

Die Stadt der Kaufleute

Tour 3

Prachtvolle Plätze demonstrieren den Reichtum der ehemaligen Kaufmannschaft, heute sind sie die perfekte Kulisse für einen Café-Besuch. Die Steinerne Brücke, eines der Wahrzeichen Regensburgs, führt über die Donau ins ehemals selbstständige Stadtamhof. In den Grünanlagen auf den Wöhrd-Inseln mitten im Fluss kann man es sich beim Picknick gut gehen lassen. Oder doch lieber eine Bratwurst in der Wurstkuchl?

Altes Rathaus, Tagungsort des Immerwährenden Reichstags, → S. 61

Haidplatz, gute Stube der Stadt mit italienischem Flair, → S. 63

Steinerne Brücke, eine Brücke der Superlative und das Aushängeschild der Stadt, → S. 69

Zentren der Bürgermacht

Vom Dom zur Donau

Vom Domplatz aus, dem Zentrum der klerikalen Macht, steuert man die Zentren der Bürgermacht an: den Kohlenmarkt, den ältesten Markt der Stadt; den Rathausplatz mit dem Ensemble des Alten Rathauses, ehemals Sitz der Stadtoberen und des Immerwährenden Reichstags; und schließlich den Haidplatz, den größten und prächtigsten mittelalterlichen Platz der Stadt. Durch schmale Gassen geht's danach bergab zur Donau. Man passiert das Kepler-Haus und erreicht schließlich das „Portal zum Fluss“: das Brücktor, hinter dem sich die berühmte Steinerne Brücke gut 300 m über die Donau spannt.

Nach dem Brückenparcours und dem schönsten Blick auf Regensburg besucht man Stadtamhof am anderen Ufer der Donau, einst Stadtrivale, heute Stadtteil – falls man nicht im Biergarten auf dem Oberen Wöhrd hängen bleibt. Der Rückweg führt über den Unteren Wöhrd und die Eiserne Brücke zum Schifffahrtsmuseum und endet, eventuell nach einem Abstecher zum Dackelmuseum (!), an der historischen Wurstkuchl – guten Appetit!

Spaziergang

Die Tour beginnt vor der ehemaligen Dompfarrkirche St. Ulrich neben dem Chor des Doms. Dieser südliche Teil des Domplatzes (mit dem einstigen Landesvater Ludwig I. hoch zu Ross) ist erst im späten 19. Jh. aus der Domstraße entstanden, als man wegen des Baus der Dompost einige mittelalterliche Gebäude abriss und dabei die Häuserflucht weit vom Dom weg verlegte. Es war Mode, gotische Kathedralen frei stehen zu lassen, also tat man das auch hier in Regensburg. Die **Dompost** wurde 1895 als dreigeschossiger Palast mit üppiger Neorenaissance-Dekoration erbaut. Letztere fiel Umbaumaßnahmen in den 1930er-Jahren zum Opfer, der Stil der Zeit forderte seinen Tribut. In der inzwischen leer stehenden Post befinden sich nur noch die Schließfächer (links) und der Club NOX (rechts).

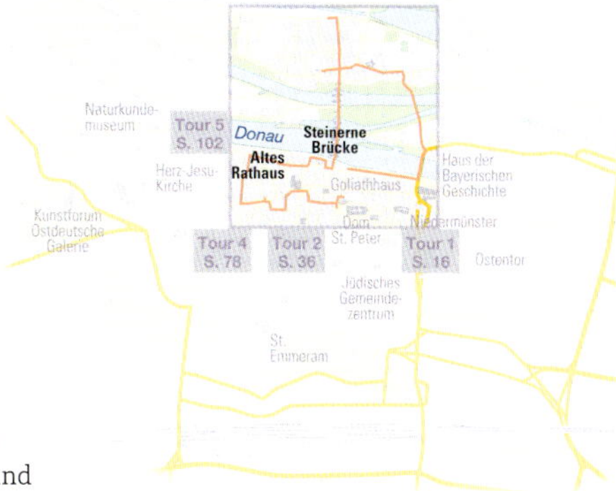

An der Westfassade des Doms angekommen, hat man den ursprünglichen Domplatz vor sich: links die klassizistische **Residenz**, geradeaus die mittelalterliche Anlage des **Hauses Heuport** und rechts die **Stiftskirche St. Johann**. Die Kirche liegt bereits am Übergang zum Krauterermarkt (= Gemüsemarkt), der zur Donau hin abfällt. Hier befindet sich der Eingang zum Bischofshof, dem ehemaligen Sitz der Bischöfe.

Erst der Fürst, dann Napoleon

Residenz

Die auffällige klassizistische Fassade mit ihrem Dreiecksgiebel schiebt sich weit dem Dom entgegen. Um 1800 als Domprobstei an der Stelle von Vorgängerbauten errichtet, diente sie dem Fürsten von Regensburg, Karl Theodor von Dalberg, ab 1802 als Residenz (und wurde fortan auch so genannt). Kein Wunder: Die vormalige Domprobstei war das modernste und repräsentativste Gebäude der Stadt und deswegen wie geschaffen für hohe Personen in hohen Ämtern. Das fand 1809 offenbar auch Napoleon. Nach der Erstürmung Regensburgs durch seine Truppen residierte der Kaiser und Feldherr hier zwei Tage lang. Er hatte selbst an dem Feldzug teilgenommen und war dabei von einer Kugel am Fuß getroffen worden – angeblich die einzige Verwundung, die er in all seinen Kriegen davongetragen hat. Für die Verwüstungen, die seine Soldaten angerichtet hatten, stellte er der Stadt eine Million Gulden Entschädigung in Aussicht – leider eine leere Versprechung.

Einen Hingucker wert ist das der Residenz gegenüberliegende Gebäude von 1910 (Residenzstraße 2) mit aufwendig und üppig dekorierter Jugendstilfassade.

Teufel und Jungfrau

Haus Heuport

Das Haus Heuport bildet mit den beiden großen Spitzbogenloggien und der gotischen Fensterreihe, hinter der der große Festsaal liegt, den Gegenpol zum Dom. Das heutige Aussehen ist das Ergebnis einer Restaurierung in den 1930er-Jahren. Ursprünglich gehörte der ganze gotische Block von der Residenzstraße bis zur Kramgasse zusammen. Der Turmstumpf, also das Hotel Kaiserhof, ist der älteste Teil (um 1200), das Café links daneben war die Andreaskapelle (um 1300). Heute wird nur noch der linke Teil als „Haus Heuport" bezeichnet. Die Anfänge des zweiflügeligen Baus mit großem Innenhof liegen um 1300.

Sehenswert sind die Gewölbe in der Buchhandlung links und der Innenhof. In Letzterem führt ein steiles, überwölbtes Treppenhaus, das sich in hohen Bögen zum Hof öffnet, zu den Festsälen (nur zu Veranstaltungen zu besichtigen). Unten an der Treppe finden sich zwei Figürchen aus dem 14. Jh. (in Regensburg ebenso berühmt wie der „Teufel" und dessen „Großmutter" gegenüber im Dom): der „Fürst der Welt" und die „Törichte Jungfrau". Ersterer, als eleganter Herr dargestellt, macht Letzterer offenbar erfolgversprechend den Hof. Aber wehe, wenn man den Herrn von hinten sieht: ekliges Gewürm. Er ist der Teufel und die Jungfrau täte gut daran, nicht auf ihn hereinzufallen. Eine Allegorie der weltlichen Verführung.

Apropos: Ein Haus weiter, im Eckhaus von 1743 mit dem eleganten Ecktürmchen mit Zwiebelhaube, ist weltliche Verführung ganz anderer Art zu Hause: der **Hutkönig**, Regensburgs berühmter Hutmacher.

Haus Heuport:
Treppenaufgang im Innenhof

Der 1566 errichtete **Adlerbrunnen** auf dem Platz ist einer der fünf öffentlichen Brunnen der Stadt. In seinem Gitter von 1592 gibt es einen aus einem Stück geschmiedeten Ring wie beim berühmten Schönen Brunnen in Nürnberg.

Fast ein Opfer des Doms

Stiftskirche St. Johann

Die schlichte neobarocke Saalkirche steht im rechten Winkel zur Domfassade und begrenzt den Domplatz im Norden. Sie beherbergt ein 1290 gegründetes und bis heute bestehendes Kollegiatsstift, das zweitälteste nach der Alten Kapelle. Das Attraktivste an St. Johann ist heute das Glockenspiel, das viermal täglich den Platz unterhält.

Die Stiftskirche wurde – nachdem ein Vorgängerbau zugunsten der Erweiterung des Domes abgerissen worden war – Ende des 14 Jh. erbaut und zwischen 1765 bis 1769 zum heutigen Saalbau umgestaltet. 1887 beim Brand des Bischofshofs (s. u.) schwer beschädigt, wäre St. Johann beinahe zum zweiten Mal dem Dom zum Opfer gefallen: Um dem Dom auch im Norden mehr „Beinfreiheit" zu verschaffen, wollte man die Ruine abreißen. Weil dem Plan „Mehr Freiheit für den Dom" auch große Teile des Bischofshofs und des Kreuzgangs im Wege standen, ließ man es sein, und St. Johann wurde wiederaufgebaut.

Heute Biergarten mit Domblick

Bischofshof

Etwas bergab von St. Johann liegt die ehemalige Residenz der Bischöfe, eine lange Vierflügelanlage – länger als der Dom. Man betritt den Innenhof durch ein Portal aus dem 13. Jh. Heute ist der Bischofshof ein Hotel mit Restaurant und lohnendem Biergarten.

Der Ostflügel ist der älteste Teil der Anlage, er stammt im Kern aus dem 12. Jh. Leider wurde er, wie der Südflügel, 1887 bei einem Brand stark zerstört. Dabei verlor er auch seine Hauptattraktion, die von Albrecht Altdorfer 1530 ausgemalten „Kaiserbäder" – der Bischofshof diente im Laufe seiner Geschichte immer wieder auch als kaiserliche Unterkunft. Reste der Wandmalereien finden sich im Historischen Museum (→ S. 33).

Rechts hinten im Innenhof befindet sich das **Domschatzmuseum** (→ Tour 2) mit der ehemaligen bischöflichen Hauskapelle. Ganz im Nordosten, bei der Ausfahrt, kann man einen Blick in den Turm der **Porta Praetoria** (→ Tour 1) werfen – die nördliche Begrenzung des Bischofshofs entspricht der nördlichen Mauer des römischen Legionslagers Castra Regina. Die dreigeschossigen Arkaden des Nordflügels machen den Charme des Hofes aus (etwa 1530, wahrscheinlich von Hans Hieber, von dem auch der Plan zum Bau der Neupfarrkirche, → S. 42, stammt).

Wenn man den 1980 von Josef Michael Neustifter gestalteten **Bronzebrunnen „Gänsepredigt"** beim Betreten des Innenhofes ignoriert hat, sollte man ihm beim Verlassen Beachtung schenken: Vorn lauschen die Gänse andächtig den Worten des Predigers, hinten frisst sie der Fuchs – eine Warnung vor falschen Propheten aller Art.

Arkaden im Bischofshof

Alles gebraucht

Kramgasse

Zurück auf dem Krauterermarkt, geht man, um zum Alten Rathaus zu kommen, wenige Schritte nach links über den Platz und biegt rechts zwischen dem Hotel und dem Hutmacher in die Kramgasse ab. Hier taucht man sofort in die mittelalterliche Welt der Kramer und Tandler ein. Die kleinteiligen, verwinkelten Häuser stehen, wenn auch später verändert, auf Kellern aus dem 12. Jh. Hier saßen die „Altwarenhändler", heute würde man „secondhand" und „refurbed" sagen. Abnehmer waren die kleinen Leute, die die sich neue Sachen vom Handwerker nicht leisten konnten.

Auch heute werden in den kleinen Läden der dunklen, stimmungsvollen Gasse oft gebrauchte Dinge verkauft, aber auf deutlich anderem (Preis-)Niveau: Die Dichte der Antiquitätenhändler ist hier extrem. Einer von ihnen, das Antikhaus Insam an der Ecke zur Tändlergasse, hat in seinen Kellergewölben noch etwas ganz Besonderes zu bieten: das **Golfmuseum Regensburg.** Es präsentiert über 1000 Raritäten aus der bis ins 15. Jh. zurückreichenden Geschichte des Golfsports, darunter den ältesten Golfball der Welt. Der Sammler Peter Insam ist ausgewiesener Kenner und veranstaltet kundige Führungen. Für Golfer und Englandfans ein Muss.

Das Golfmuseum Regensburg ist Mo–Sa 10–18 Uhr geöffnet. 7,50 € (mit Führung), erm. 5 €, bis 14 J. Tändlergasse 3, ✆ 0941-51074, www.golf-museum.de.

Vom Dom zur Donau → Karte S. 74/75

Am Ende der Gasse tritt man beim **Enslin-Haus** in der Wahlenstraße wieder ins Licht. Dieses Haus gleich linker Hand, ein gotisches Eckhaus aus dem 14. Jh., wurde im späten 18. Jh. umgebaut und erhielt dabei seine originelle Fassade im „Zopfmuster-Stil". An der Ecke im ersten Stock zeigt ein Familienwappen das wahre Alter des Hauses. Zur Rechten weitet sich die Wahlenstraße zum Kohlenmarkt.

Platz mit Flair

Kohlenmarkt

Der offene Platz war Ursprung der Kaufmannsstadt, direkt vor der Nordwestecke des römischen Legionslagers Castra Regina gelegen. Bereits 934 belegt, wurde er 1245 der Markt der Stadt schlechthin, als der städtische Markt weg vom Herzog (Alter Kornmarkt) hierher verlegt wurde. Erst seit dem 18. Jh. trägt er den Namen „Kohlenmarkt".

Früher war hier der Schnittpunkt des alten Ost-West-Handelswegs entlang der Römermauer mit den wichtigen Stadtstraßen Wahlenstraße und Bachgasse. Heute zeigt sich der Kohlenmarkt sehr unmittelalterlich: Er ist gerahmt vom barocken Ostflügel des Rathauses und einigen barocken Bürgerhäusern, der Turm im Süden ist im Kern zwar gotisch, seine Zinnen stammen aber aus dem 19. Jh. Was dem Platz an „Altertümern" fehlt, gleicht er durch Flair wieder aus. Die Bäume, der Brunnen von 1984 und die vielen Cafés machen ihn zu einem idealen Ort zum Leute-Gucken.

Bevor man weiter zum Alten Rathaus geht, ein kurzer Abstecher auf den nördlich angrenzenden **Zieroldsplatz.** Unübersehbar steht hier die **Statue von Don Juan d'Austria,** illegitimer, aber anerkannter Sohn Kaiser Karls V. und der Regensburgerin Barbara Blomberg. Er war der Held der Seeschlacht von Lepanto (1571), bei der die vereinigte christliche Flotte die Ausdehnung des Osmanenreiches nach Westen stoppte. Es handelt sich um eine Kopie der zeitgenössischen Statue aus Messina, die hier 1978 aufgestellt wurde.

Stadt und Reich

Altes Rathaus

Nach dem geschäftigen Kohlenmarkt ist der westlich anschließende **Rathausplatz** der Vorhof der Macht. Das Rathaus war Mittelpunkt des Selbstverständnisses jeder freien Reichsstadt und wurde entsprechend repräsentativ gestaltet. In Regensburg wurde es durch die immer häufiger und schließlich ständig stattfindenden Reichstage noch einmal aufgewertet.

Die fast 500-jährige Baugeschichte des Alten Rathauses beginnt um 1250 mit dem zentralen Turm und dem links anschließenden vierstöckigen Bau, möglicherweise ein Geschlechterturm, der zum Rathaus umfunktioniert wurde. Der heutige, 55 m hohe Turm wurde nach einem Brand 1356 neu gebaut. Ab etwa 1330 wurde im rechten Winkel dazu über einem Vorgängergebäude ein Saalbau errichtet: im Erdgeschoss vorne Läden, nach hinten die „Fragstatt" (Folterkammer) und die Kerker, oben der große Saal mit den aufwendigen Maßwerkfenstern und dem Erker. Um 1410/20 folgte als Verbindung mit Schwibbogen zum Turm die steinerne Prachttreppe mit **„Schutz und Trutz"**, den Halbfiguren zweier gepanzerter Stadtsoldaten über dem Wappen der Stadt, zwei gekreuzten Schlüsseln.

1447 schließlich erhielt der Saalbau einen neuen Dachstuhl: Der nun stützenlose Saal wurde zum **Reichssaal,** wie man ihn heute sieht. Er war nunmehr der größte profane Raum der Stadt (22,5 mal 15 m), der sein Vorbild, den Saal in der Herzogspfalz (→ Tour 1), übertraf – was für ein Zufall! Östlich des Turms standen zum Kohlenmarkt hin der Marktturm, dazwischen eine Kirche und Bürgerhäuser, die nach und nach ins Rathaus integriert wurden. Da der Reichstag immer mehr Platz beanspruchte, wurde um 1660 mit dem Nord- und Ostflügel des barocken Neubaus mit mehreren Innenhöfen begonnen. Nachdem der Marktturm 1709 abgebrannt war und die Mittel für einen Neubau fehlten, wurde der Südflügel zum Kohlenmarkt hin in gleichen Formen geschlossen. Die Reste des Marktturms sind in der Südostecke des Rathauses aufgegangen.

In einer einstündigen informativen Führung unter dem Label **document Reichstag im Alten Rathaus** kann man den prachtvollen Reichssaal und einige kunstvoll ausgeschmückte Beratungszimmer der Fürsten und Kurfürsten besichtigen und dabei auch viel über die Geschichte der Stadt und des Reichstags erfahren. Fürs jüngere Publikum ist erfahrungsgemäß das Erdgeschoss mit Kanonenhalle, Kerkern und Folterkammer interessanter.

Den barocken Teil des Rathauses kann man nur besichtigen, indem man in den „Ratskeller" geht, der Neptunhof mit dem Brunnen von 1662 ist Teil des Lokals. Hinter dem Lokal und nur über dieses zugänglich liegt noch ein besonderes Schmuckstück: der **Dollingersaal.** Er stammt aus einem 1889 vis-à-vis des Rathauses abgerissenen Haus und wurde nach einigen Umwegen hier wieder aufgebaut. Der Saal von 1290 zeigt in überlebensgroßen Figuren den Reiterkampf des Regensburgers Dollinger mit dem heidnischen Hunnen Draco. Auch wenn es nur Kopien sind: sehr beeindruckend.

Altes Rathaus: Führungen tägl. 10, 11.30, 13.30 und 15 Uhr. Tickets in der Touristeninformation. 7,50 €, erm. 4 €. ✆ 0941-5074410.

Dollingersaal: Der Gasthof „Ratskeller" ist derzeit geschlossen (Stand: April 2023). Ob und wie der Saal wieder zu besichtigen ist, ist unklar.

Die Südseite des Rathausplatzes bietet fast nur Kulinarisches, also weiter zum Haidplatz. Man kann einfach die Neue Waaggasse geradeaus weitergehen, aber es empfiehlt sich, gleich links ins Waaggässchen abzubiegen. Den ersten Grund sieht man sofort, wenn man in der Gasse „Vor der Grieb" angekommen ist und in den Hof der **Tapas-Bar „Bodega"** spaziert. Wer Entspannung nach all der „hehren" Kunst sucht, ist hier richtig: Die Wandgemälde und Graffitis sind grell, frech und immer wieder neu. Zurück in der Gasse, wird der zweite Grund klar, wenn man am Ende der Gasse „Vor der Grieb" den Haidplatz betritt.

Altes Rathaus, neuer Teil

Regensburg im Kasten

Der Immerwährende Reichstag (1663–1803)

Das Alte Rathaus (→ S. 60) von Regensburg war ab 1663 Sitz des Immerwährenden Reichstags. Aber was war der Reichstag überhaupt, wie funktionierte er und was hat es mit dem Zusatz „immerwährend" auf sich? Zunächst einmal: Der Reichstag war kein Parlament, keine demokratisch legitimierte Volksvertretung, sondern eine Vertretung der Reichsstände, der Fürsten und Städte. Seit dem Reichstag in Worms 1495 war er ein fester Bestandteil der Reichspolitik. Ab 1594 fand er (fast) nur noch in Regensburg statt, davor tagte er in wechselnden Städten. Der Reichstag musste vom Kaiser einberufen werden, und der Kaiser war es auch, der ihn – nach getaner Arbeit – für beendet erklärte. Auf dem Reichstag wurden innere und äußere Angelegenheiten des Reiches verhandelt mit dem Ziel einen Ausgleich zwischen den verschiedenen Interessen zu erzielen. Insofern war der Reichstag auch ein Organ, das die kaiserliche Zentralgewalt einschränkte. Der Reichstag bestand aus drei Kollegien, dem der Kurfürsten (8/9 Sitze), dem der restlichen geistlichen und weltlichen Fürsten (100 Sitze) und dem der Reichsstädte (51 Sitze). Die Kollegien berieten die Angelegenheiten getrennt. Wenn sie sich auf eine Entscheidung geeinigt hatten – hier genügte die einfache Mehrheit –, wurden die Ergebnisse im Plenum vorgestellt. Hier musste die Abstimmung einstimmig sein. Hatte man sich tatsächlich geeinigt, musste der Kaiser zustimmen, dann konnte die Sache als „Reichsabschied" veröffentlicht werden. Stimmte der Kaiser nicht zu, ging das Ganze von vorne los – was wohl auch ziemlich häufig geschah.

Schon im Westfälischen Frieden von 1648 gab es Ansätze, den Reichstag zur Dauereinrichtung zu machen. Als er dann aber 1663 tatsächlich „immerwährend" wurde, war das nicht geplant, es ergab sich einfach: Als die Reichsstände am 20. Januar 1663 auf Geheiß Kaiser Leopolds I. wieder einmal zusammenkamen, war die Themenliste gewichtig: Es ging um die Modalitäten der Königswahl und es ging um die Gefahr einer drohenden Invasion durch die Türken, die bereits an der östlichen Reichsgrenze standen. Um sie einzudämmen, brauchte der Kaiser Geld, viel Geld. Und wenn es ums Zahlen ging, bremsten alle! Außerdem waren da noch die vielen Detailfragen, die nach der Beendigung des Dreißigjährigen Krieges unerledigt liegen geblieben waren. Man verstrickte sich Mal um Mal. Weil aber der Kaiser und die anderen Würdenträger unmöglich so lange bleiben konnten, bis alles gelöst war, ging man dazu über, Gesandte zu schicken – der Anfang vom Ende des geordneten Verfahrens mit einem fixierten Schlusspunkt. Die Gesandten blieben und holten – weil auch sie keine Ende finden konnten – nach und nach ihre Familien nach Regensburg. Der Reichstag währte und währte, bis er schließlich „immerwährte" – bis 1806, als das Reich selbst aufgelöst wurde.

Und was taten die ca. 70 permanent anwesenden Gesandten, die mit ihrem jeweiligen „Hofstaat" so knapp 1000 Mann „diplomatisches Corps" zusammenbrachten (und das in einer Stadt wie Regensburg von vielleicht 15.000 Einwohnern!), außer reden und verhandeln? Was man so liest, klingt nach Operette: Vergnügungen aller Art, ausschweifende Feste, repräsentatives Wohlleben … Aber vielleicht tut dieses Bild dem Reichstag Unrecht, denn gearbeitet wurde viel. Das belegen die Unmengen an Akten, die aufzuarbeiten die Historiker viel Zeit gekostet hat und noch kostet.

Der „italienische“ Haidplatz

Prachtvollster Platz der Stadt

Haidplatz

Da die enge Gasse „Vor der Grieb“ den Platz nicht erahnen lässt, trifft einen der Anblick mit Wucht. Direkt gegenüber liegt die Schauseite: links die zinnenbewehrte ehemalige Kaiserherberge „Goldenes Kreuz“ wie eine mittelalterliche Burg, rechts der beeindruckende Block des Thon-Dittmer-Palais mit seiner klassizistischen Fassade, der barocke Giebel geht dazwischen fast unter. Das Ensemble aller Gebäude macht den Haidplatz zum prachtvollsten Platz der Stadt, der größte – mittelalterliche! – ist er nebenbei auch.

In den Anfängen immer unbebaut, eben eine „Heide“, bekam er im Mittelalter seine Größe und die typische Dreiecksform, wann genau, ist unklar. Noch im 12. Jh. schloss ihn ein Gebäuderiegel in Höhe der Rote-Hahnen-Gasse nach Westen ab. Er war Markt, Jahrmarkt und Festplatz, städtischer Turnierplatz, kurz der Platz für Besonderes, auch heute noch. Wegen der vielen Cafés und seiner fast schon mediterranen Wuseligkeit wird er als der „italienischste“ aller Regensburger Plätze bezeichnet.

Rechter Hand, zwischen Vor-der-Grieb- und der Neuen-Waag-Gasse, liegt die **Neue Waag**, einst städtische Waage (die Waage steht heute in der Kanonenhalle des Rathauses). Der Turm mit dem Nordteil entstand um 1300, die Anbauten im 16. Jh. Schön ist der kleine renaissancezeitliche Arkadenhof. In diesem Haus, das damals „Herrentrinkstube“ war – das Lokal für die gehobene Gesellschaft – fand 1541 das berühmte Religionsgespräch zwischen Johannes Eck und dem Reformator Philipp Melanchthon statt. Ein eher karikaturhaftes Wandgemälde im Hof erinnert daran.

Die Familie Thon-Dittmer, durch Handel zu Geld gekommen und 1800 geadelt, ließ 1809 zwei mittelalterliche Stadtpaläste zum schlossartigen **Thon-Dittmer-Palais** zusammenfassen. Für die prächtige, 15-achsige Fassade mit Mittelrisalit, Giebel und Altan zeichnete der fürstliche Baumeister Emanuel d’Herigoyen verantwortlich. Durch den linken Torbogen gelangt man durch

Vom Dom zur Donau → Karte S. 74/75

eine Vorhalle in den großen Innenhof, der auch für Theaterveranstaltungen genutzt wird. Hier wird deutlich, dass nur die Fassade klassizistisch ist: Der Hof ist an zwei Seiten von dreigeschossigen Arkaden aus dem 16. Jh. umgeben. Nicht ganz: Die Nordseite ist eine Ergänzung aus den späten 1970ern, aber der schönen Wirkung wegen ignorieren wir das. Die kleine kreuzrippengewölbte Sigismundkapelle von 1380 ist meistens geschlossen. Erst beim Verlassen des Hofs fällt die Gestaltung der Eingangsseite auf: oben ein gotischer Uhrenerker (ca. 1380), darunter die Figur einer jungen, rosengeschmückten Frau mit Stundenglas und Totenschädel (ca. 1650) – ein schönes barockes Memento mori („Bedenke, dass du sterben musst!").

Auf dem Haidplatz kann man sich in einem der vielen Cafés stärken oder zum **Justitia-Brunnen** (1656) gehen, dem schönsten Brunnen der Stadt und bei schönem Wetter immer umlagert. Im Süden schließt die **Arch** den Platz ab, die sich wie ein Schiffsbug zwischen Haidplatz und Rote-Hahnen-Gasse schiebt. Im Kern aus dem 13. Jh., wurde das Gebäude immer wieder umgebaut. Ob der Name des Hauses von der Schiffsform kommt? Der Bug ist jedenfalls die stark geschmückte Hauptfassade. Kleiner Stilwechsel: Die 1950er-Jahre-Verzierungen über dem Geschäft des Friseurs nebenan sind eine witzige Rarität.

Der fast schon monolithisch wirkende Block der ehemaligen **Kaiserherberge „Goldenes Kreuz"** ist eines der ältesten und, was die Liste der Gäste angeht, renommiertesten Hotels der Stadt. Seinen Ursprung hatte es in dem Turm (31 m) und dem links anschließenden Wohnhaus, einer um 1250 entstandenen Patrizierburg. Seit dem 16. Jh. befand sich hier das Hotel „Goldenes Kreuz". 1863 wurde das westliche Nachbarhaus mit Erker um zwei Stockwerke erhöht und beide Anwesen mit dem Zinnenkranz zusammengefasst. Die Gästeliste war von Anfang an hochrangig, Kaiser Karl V. war der berühmteste, hier wurde ihm die 18-jährige (?) Barbara Blomberg „zugeführt". Aber auch das 19. Jh. war gut vertreten: Kaiser Franz Josef von Österreich, Ludwig I. von Bayern, Wilhelm I. von Preußen, Letzterer 1871 noch mal als deutscher Kaiser. Da war auch Ludwig II. von Bayern dabei – ganz kurz, zwei Stunden, länger war er nie in Regensburg.

Das „Goldene Kreuz" ist auch heute Hotel und nicht zu besichtigen. Den prachtvollen, über 100 m² großen „Kaisersaal" mit seiner barocken Stuckdecke kann man für Events mieten. Derzeit ist hier eine Yogaschule untergebracht,

Regensburg im Kasten

Emanuel Joseph d'Herigoyen (1746–1817)

Der Hausarchitekt Karl Theodor von Dalbergs im Fürstentum Regensburg war ein echter Europäer: der Vater französischer Baske, die Mutter Österreicherin, geboren und aufgewachsen in Portugal. Nach einem Architekturstudium in Paris und Wien kam er 1776 als Architekt und Bauingenieur des Kurfürsten nach Mainz, dem Vorgänger von Dalbergs. 1804 holte der ihn nach Regensburg, hier prägte er in sechs Jahren das Gesicht der Stadt, vor allem der Bismarckplatz ist sein Kind. Württembergisches Palais, Dörnberg-Palais, Kepler-Denkmal, die Fassade des Thon-Dittmer-Palais am Haidplatz – markante Zeichen. Und d'Herigoyen ist bei den Zeitgenossen gut angekommen – er wurde 1810 von Bayern übernommen und machte Karriere in München. Sein Auftraggeber wurde Graf von Montgelas, der Gründer des modernen Bayern.

ein so schöner Raum dafür ist selten. Beim Ballsaal im Rückgebäude, der eine schöne Jugendstildecke hat, kann man Glück haben: Wenn das Auktionshaus geöffnet ist, kann man hinein.

Berühmter Sohn der Stadt

Keplerstraße und document Keplerhaus

Nach einem kurzen Stück westwärts auf der Ludwigstraße geht es rechts in die Gasse „Am Römling". Früher hieß sie nach den Auer, dem Stadtadelsgeschlecht, dessen Stadtpalast hier lag. Daran erinnert nur noch die **Thomaskapelle im Auerhaus,** deren Chor man links sieht. Die etwa 10 mal 10 m große und ursprünglich 11 m hohe Kapelle aus dem 14. Jh. war eine der bedeutendsten Hauskapellen der Stadt. Im 16. Jh. profaniert und in zwei Geschosse geteilt, ist sie heute ein Lokal, den oberen Teil mit dem schönen Gewölbe kann man für Feste mieten.

Römling heißt die Gasse nach dem langen, schmalen Haus am Ende, einem „Riemen". Rechts durch die St.-Albans-Gasse geht's bergab und an deren Ende biegt man rechts in die **Keplerstraße** ein.

Diese Straße war und ist eine wichtige Verkehrsachse entlang der Donau vom Weinmarkt bis zum Fischmarkt. Obwohl sie viel ihrer alten Bebauung und damit von ihrem Charakter bewahrt hat, ist sie wegen des starken Verkehrs und häufiger Baustellen eine eingeschränkte Freude für Spaziergänger. Aber es ist nicht weit bis zur Steinernen Brücke.

Es geht vorbei an einigen prächtigen Häusern: Das **Haus zum Pelikan** (Nr. 11) auf der rechten Seite ist im Kern romanisch, den Turm im Süden sieht man nicht von der Straße. Es war der Sitz einer Nebenlinie der Zant, einer bedeutenden Patrizierfamilie. Im 16. Jh. gehörte das Haus den Schierlingern,

Eine Straße, viele Namen.
Hier: der Fischmarkt

deren Wappentier dem Haus seinen Namen gab. Aus dieser Zeit stammt auch das wuchtige Renaissanceportal mit dem Kaiserbild. Etwas weiter das **Haus zum blauen Hecht** (Nr. 7), ein sechsstöckiger Hausturm aus dem 13. Jh. mit links anschließendem Wohnhaus, ein Musterbeispiel eines Regensburger Stadtpalastes. In den späten 1950ern wurde der Turm restauriert und dabei verändert. Damals ging man mit der historischen Bausubstanz noch großzügig um, wie auch das Haus rechts daneben zeigt, der erste Restaurierungsversuch 1958: Die Fassade wurde erhalten, der Rest ist neu. Gegenüber steht das spätgotische **Haus zum Sauseneck** (Nr. 8) mit barockem Erker. Der Name des kleinen Platzes hängt mit dem Vitusbach zusammen, der hier mit lautem „Sausen" zur Donau abbog.

Das Haus Nr. 5 schließlich ist das **document Keplerhaus.** Johannes Kepler (1571–1630), Mathematiker, Astronom und Astrologe, lebte und starb in dieser

Vom Dom zur Donau → Karte S. 74/75

Straße. Nun, „lebte" ist übertrieben: 1626–1628 hatte er seine Familie schräg gegenüber in dem bunten Eckhaus Nr. 2 untergebracht, er selbst war ständig unterwegs. Auch 1630 war er nur nach Regensburg gekommen, um beim Kaiser ausstehendes Gehalt einzutreiben, erfolglos – er starb vorher in Haus Nr. 5. Aber Regensburg betrachtet ihn als Sohn der Stadt. In den 1950ern erwarb die Stadt das Haus und versetzte es wieder in den Zustand des späten 17. Jh. Das 1962 eröffnete Museum zeigt Wohnkultur aus Keplers Zeit, Dokumente und persönliche Erinnerungsstücke sowie astronomische Instrumente aus späteren Jahrhunderten. 1807 stiftete die Stadt ihm zu Ehren ein Denkmal (→ Tour 1).

Seit 2021 wird das Keplerhaus grundsaniert und komplett neu gestaltet. Die Wiedereröffnung des document Keplerhaus ist für den Herbst 2023 geplant.

Etwas weiter auf der rechten Seite beeindruckt das mächtige **Runtinger-Haus** (Nr. 1), das nur am Tag des offenen Denkmals frei zugänglich ist (immer am 2. Sonntag im September). Den Kern bildet der westliche Teil mit dem später hinzugefügten Treppengiebel: ein Turm von 1200. Im 13. und 14. Jh. kaufte und erweiterte die Familie Runtinger den Bau, vor allem der Saal im 1. OG wuchs von Zukauf zu Zukauf auf seine heutige Größe von 200 m^2 an. Das Schicksal des Hauses ist typisch für Regensburg: Patrizierburg, später Wirtshaus („Goldene Krone"), im 19. Jh. Arme-Leute-Unterkunft, nach 1945 Flüchtlingsunterkunft. Die Renovierung der 1960/70er-Jahre war darum bemüht, das ursprüngliche gotische Handelshaus wiederherzustellen – ohne allzu viel Sorgfalt allerdings. Heute sitzt hier das Stadtarchiv, viele Räume werden für Veranstaltungen genutzt. Im Stadtarchiv wird auch das Runtingerbuch aufbewahrt. Das Geschäftsbuch der Familie (1383–1407) gilt als aufschlussreichstes Dokument zum Leben und Arbeitsalltag einer Kaufmannsfamilie im Mittelalter.

Es geht weiter über den Fischmarkt, dann links in die Gasse „Am Wiedfang" (= Holzlager).

Mittelalterlicher Hafen

Am Wiedfang

Die kleinen Häuser links, ehemalige Lagerhäuser, sind direkt an die Stadtmauer gebaut. Am Ende der Gasse „Am Wiedfang" ein Durchgang: ein erster Blick auf Donau und Brücke. Man sollte sich hier etwas Zeit nehmen, bevor man sich ins Gewühl auf der Brücke stürzt.

In dieser Gasse begann der mittelalterliche Hafen der Stadt, jawohl, Hafen!

Endlich ... die Steinerne Brücke

Das Brücktor stand damals auf dem ersten Brückenpfeiler. Der etwa 3 m breite Kanal war notwendig geworden, weil die Steinerne Brücke zwar den Landweg begünstigt, aber die Schifffahrt gestört hatte. Die „Beschlächte" – so heißen die breiten Sockel der Brückenpfeiler (und sie waren früher noch wesentlich breiter als heute) – hatten den Fluss sehr eingeengt, was zu starker Strömung und zu Wirbeln im Bereich der Brücke führte. Also baute man – wahrscheinlich schon bald nach Fertigstellung der Brücke – den Kanal vom Wiedfang unter dem ersten Bogen der Brücke hindurch. 50 m weiter östlich, noch vor der Brücke zum Unteren Wöhrd, trat der Kanal wieder aus, wie die Stadtansicht in der Schedel'schen Weltchronik von 1493 zeigt. Um 1500 wurde der Kanal nach und nach mitsamt dem Brückenbogen zugeschüttet und später überbaut. Wie eine Schautafel zeigt, bestand das Problem mit der Strömung bis ins frühe 20. Jh. Erst mit Pferden, dann mit einer elektrischen Seilwinde mussten die Schiffe unter der Brücke hindurchgezogen werden. Die immer größeren, motorisierten Schiffe konnten die Brücke endgültig nicht mehr passieren.

Über einen kleinen Platz – rechts steht die ehemalige romanische Georgskapelle – kommt man zur Goldene-Bären-Straße und biegt gleich wieder links in die Brückstraße. Nach Süden führt sie zum Goliathhaus (→ Tour 4), der Goliath grüßt von Weitem.

Mit Besucherzentrum Welterbe

Brückstraße und Weiße-Lamm-Gasse

Hier an ihrem nördlichen Ende, dem breiten Vorplatz zur Brücke, ist die Brückstraße gerahmt von zwei großen Speichern und den zwei Torbögen. Diese Situation gibt es erst seit 1903, als die Straßenbahn (ja, die Steinerne

Verdoppelt für die Straßenbahn

Brücke musste von 1903 bis 1964 auch das ertragen) über die Donau geführt werden sollte. Durch den bestehenden Torbogen des Brückturms ging das nicht. Anstatt den Torturm abzureißen, fand der damalige Stadtbaurat eine elegantere Lösung: Zwei kleine Anbauten am Amberger Stadel (links) wurden abgerissen, der Stadel mit einem Schwibbogen mit dem Turm verbunden, die Brücke trichterförmig verbreitert – ein gelungenes Ensemble.

Der **Amberger Salzstadel** wurde 1487 während der kurzen bayerischen Episode erbaut, 1551 erneuert, heute wird er privat genutzt. Sein Pendant, der **Regensburger Salzstadel**, entstand Anfang des 17. Jh., als Regensburg den wichtigen Salzhandel wieder an sich gezogen hatte. Der riesige Speicher mit seinem beeindruckenden Dachstuhl wurde in den 1990ern renoviert und birgt heute das **Besucherzentrum Welterbe Regensburg** (→ S. 29). Auf zwei Etagen bietet es, medial hervorragend aufbereitet, eine Einführung in die Geschichte der Stadt, eine wechselnde Sonderausstellung und eine Übersicht über das Programm der UNESCO und die Welterbestätten rund um den Globus.

Das Besucherzentrum Welterbe ist tägl. 10–18 Uhr geöffnet. Eintritt frei. Im Salzstadel, Weiße-Lamm-Gasse 1, ✆ 0941-5075410, www.regensburg.de (Kultur/Welterbe/Besucherzentrum).

Der **Brückturm,** der einzige erhaltene der drei Tortürme (→ Kasten unten), ist mit seinen 28 m für Regensburger Verhältnisse bescheiden. Erbaut wurde er Anfang des 14. Jh., sein heutiges Aussehen hat er seit dem Wiederaufbau nach dem Dreißigjährigen Krieg. Die Skulpturen an der Nordwand, Kaiser Friedrich II. (oder doch der hl. Oswald?) und König Philipp von Schwaben mit Gemahlin stammen von den zerstörten Türmen. Das kleine Museum bietet von oben zwar schöne Blicke über Brücke und Stadt, ist aber kein Muss.

Das Brückturm-Museum ist von April bis Okt. tägl. 10–18 Uhr geöffnet. Eintritt 2 €, erm. 1,50 €. Tickets im Besucherzentrum Welterbe (siehe dort). Weiße-Lamm-Gasse 1, www.regensburg.de (Kultur/Museen).

Regensburg im Kasten

Die Steinerne Brücke – fast 900 Jahre Geschichte

Das Wahrzeichen der Stadt – das zweite Wappen der Stadt zeigt die turmbewehrte Brücke – ist die älteste erhaltene Steinbrücke in Deutschland. Auf Initiative und auf Kosten der reichen Kaufmannschaft wurde sie in den Jahren 1135–1146 erbaut. Für Jahrhunderte war sie die einzige Donaubrücke zwischen Ulm und Wien, und bis 1938, als im Osten der Stadt die damalige Hitlerbrücke, heute Nibelungenbrücke, gebaut wurde, war sie die einzige Brücke der Stadt über die gesamte Donau – auch heute gibt es nur eine weitere: die Autobahnbrücke der A 93 im Westen.

Dokumente zum Bau gibt es nicht, man wundert sich. Immerhin war es eine bautechnische Meisterleistung, die noch über Jahrhunderte bestaunt wurde. 16 Bögen und eine Gesamtlänge von 330 m waren es ursprünglich, heute sind es noch knapp 309 m. Der erste Bogen wurde verschüttet, der 16. Bogen drüben in Stadtamhof ist kaum mehr sichtbar. Die Bögen über den mächtigen Pfeilern sind unterschiedlich weit, von 10 bis fast 17 m Spannweite. Die Brücke steigt stark an, 11 m liegt der Scheitel über dem Pfeilerfuß, über 5 m Höhenunterschied sind es zum Brückenkopf. Da kam so manches Pferdegespann ins Rutschen.

Die Brücke war nicht nur für den Handel, sondern auch strategisch wichtig, darum wurde sie bald befestigt: im Norden, in Stadtamhof, mit dem Schwarzen Turm, der endgültig bei der Belagerung 1809 zerstört wurde; mit dem Mittelturm, der den Zugang zum Oberen Wöhrd schützen sollte und der 1784 einem Eisstoß zum Opfer fiel; im Süden mit dem Brück- oder Schuldturm, dem einzigen erhaltenen der drei Tortürme.

Jahrhundertelang erfüllte die Brücke ihren Zweck, aber im 19. Jh. kam sie an ihre Grenzen. Den zunehmenden Straßenverkehr (1876 zählte man bereits im Schnitt ca. 22.000 Personen und fast 700 Fahrzeuge täglich) konnte sie kaum mehr bewältigen und für die aufkommende Dampfschifffahrt war sie unpassierbar. Sie sollte weg, hauptsächlich der Geldmangel hat sie gerettet. Die Lücken, die die Sprengungen der Wehrmacht gerissen hatten, wurden erst 1967 endgültig geschlossen. So lange war der Gedanke, dass sie weg muss, präsent, schließlich waren auch die Probleme geblieben. An der Wende zum 21. Jh. schließlich war sie am Ende: Von der Überlastung „zermürbt“, vom Streusalz zerfressen, wurde sie 1997 für Pkws und 2008 für den gesamten motorisierten Verkehr gesperrt, von 2010 bis 2018 wurde die Brücke schließlich komplett saniert und erneuert. Die Neugestaltung des Straßenbelags und der Brüstungen wurde heiß diskutiert und hat nicht alle Regensburger glücklich gemacht, ebenso wenig die endgültige Sperrung für Motorfahrzeuge. Für Spaziergänger aber ein Traum.

Panoramablick de luxe

Auf der Steinernen Brücke

Dass auf der Steinernen Brücke, dem Besuchermagneten der Stadt schlechthin, Jahrmarktstimmung herrscht, ist klar. Reisende aus aller Herren Länder sind hier unterwegs, einzeln oder in Gruppen, dazu jede Menge Einheimische, Radler, spielende Kinder, Straßenmusikanten – allein ist man nie. Man weiß aber auch, warum: Die Brücke, der Fluss, die grünen Inseln, der Blick auf die Stadt, der mit jeden Schritt großartiger wird – das ist Lebensqualität über jedes touristische Interesse hinaus. Oben am „Bruckmandl" überschaut man das Stadtpanorama und es wird klar, dass dies der Haupteingang in die Stadt war und ist, dass man selbst, mit Auto oder Bahn angereist, den Dienstboteneingang genommen hat. Der Einzug von Königen und Kaisern, von geistlichen und weltlichen Herren zu den Reichstagen fand hier statt.

Das **Bruckmandl** sitzt schon lange auf der Brücke, nicht mehr dieselbe Figur natürlich (die aktuelle ist von 1854), nicht immer an der gleichen Stelle. Seine ursprüngliche Bedeutung kennt man nicht mehr. Im 16. Jh. kam die Legende auf, es handele sich um den Brückenbaumeister, der ängstlich die Fortschritte beim Bau der Domtürme beobachtete. Er hatte nämlich mit dem Dombaumeister gewettet, mit der Brücke schneller fertig zu sein als Letzterer mit den Türmen. Als es am Schluss eng wurde, musste er den Teufel um Hilfe bitten. Als Lohn für seine Dienste versprach er dem Teufel die ersten drei Lebewesen, die die Brücke betreten würden. Und was tat er? Er überließ ihm drei Tiere! In großem Zorn machte sich der Teufel über einen Brückenbogen her und verursachte so den „Buckel" in der Brücke. Dass zwischen dem Bau der Brücke und dem der Domtürme ein paar Hundert Jahre lagen, geschenkt ...

Flussromantik

Während man über die Steinerne Brücke schlendert, sieht man unten die beiden Wöhrd-Inseln, die die Donau in zwei Arme teilen. Lange floss die Naab nördlich von Regensburg parallel zur Donau bis zum Regen, dazwischen eine lange Landzunge. Zur Zeit der Gründung des römischen Legionslagers im Jahr 179 n. Chr. entstand der östliche **Untere Wöhrd**, 1304 durch ein Hochwasser der westliche **Obere Wöhrd**, wodurch das Bett der Naab zum Nordarm der Donau wurde. Damals gab es schon die Konkurrenz der Freien Reichsstadt Regensburg mit dem bayerischen Stadtamhof, es begann der Kampf ums Wasser. Die Regensburger gruben mit allen Tricks den Bayern das Wasser ab. So entstand um 1388 die breite Mauer zwischen den Inseln, das „Hammerbeschlächt" (die Beschlächte sind die breiten Sockel der Brückenpfeiler, der Name kommt von den Hammermühlen): Es sollte das Wasser im Südarm halten. So sind heute die Inseln nur noch vom Mühlkanal getrennt, der Obere Wöhrd ist längst mit der östlichen **Jahninsel** verbunden – außer bei Hochwasser.

Wer möchte, macht einen Abstecher zum Oberen Wöhrd über den Zugang

Vom Dom zur Donau → Karte S. 74/75

von der Brücke, ansonsten überquert man den schmalen Nordarm der Donau und erreicht Stadtamhof, das mittlerweile ein Stadtteil von Regensburg ist.

Der Regen

Der Fluss, dem die Stadt ihren Namen verdankt, verdient eine gesonderte Erwähnung. Er kommt ja sonst nicht vor, weil er auf der falschen Seite liegt – oder die Stadt, je nach Sichtweise. Das Legionslager Castra Regina (= Lager am Regen) wurde eben nicht am Regen gegründet, sondern ihm gegenüber. Für die Freie Reichsstadt Regensburg war der Fluss immer Ausland, Bayern eben.

Ein paar Fakten: 190 km lang, entwässert er große Teile des Bayerischen Waldes und ist der zweitlängste Fluss der Oberpfalz. Baden kann man auch: etwas nördlich der B 8.

Die verfeindete Schwester

Stadtamhof

Man betritt eine andere Welt: Statt verwinkelter, enger Gassen erstreckt sich vor einem eine breite, gerade Straße, fast 200 m lang, fast ein Platz. Auch wenn die Gebäude fast alle nach den Verwüstungen in Stadtamhof bei der „Schlacht um Regensburg" (1809) entstanden sind, entspricht der Platz dem alten Stadtbild.

Stadtamhofer „Boulevard"

Hier am Ende der Brücke gehörte ein schmaler Streifen Land noch zu Regensburg, hier stand der Schwarze Turm, die nördliche Befestigung der Brücke, immer wieder zerstört, immer wieder erweitert. Auch das links liegende Spital St. Katharina gehörte immer zur Reichsstadt.

Stadtamhof, die ewige Konkurrentin, ist seit dem 11. Jh. belegt und war immer bayerisch. 1496, Albrecht IV. hatte Regensburg gerade wieder hergeben müssen, wurde es Stadt, allein das Stadtwappen war eine Provokation: drei gekreuzte Schlüssel statt der zwei von Regensburg. Die Fehde endete erst 1810, als Regensburg bayerisch wurde. 1924 schließlich wurde Stadtamhof eingemeindet.

Der Reiz von Stadtamhof liegt im Kontrast des Ensembles zur Regensburger Altstadt, große Sehenswürdigkeiten fehlen, ausgenommen vielleicht die kleine Katharinenspitalkirche und die Pfarrkirche St. Andreas und St. Mang. An der Stelle des Schwarzen Turms steht heute der hübsche **Brückenbasar**, niedrige Bauten aus den 1820er-Jahren, die den Platz zur Brücke hin abgrenzen. Das **Katharinenspital**, gegründet um 1220, gibt es zwar noch, viel Sehenswertes ist ihm aber nicht geblieben. Die kleine Kapelle gleich links im Innenhof ist zwar ein bedeutender gewölbter Zentralbau zwischen Romanik und Gotik mit wunderschönen Kapitellen, aber etwas totrenoviert, eher was für Fans.

Am anderen Ende der breiten Straße liegt als nördlicher Abschluss das **Pylonentor** aus derselben Zeit wie der Brückenbasar. Der Spaziergang dorthin lohnt, auch wegen der abwechslungsreichen Gastronomie.

Seit den 1970er-Jahren ist auch Stadtamhof eine Insel: Gleich hinter dem Tor verläuft der **Europakanal**, ein Teil des Main-Donau-Kanals, einst Lieblingsprojekt von F.J.S, Franz-Josef Strauß. Ob man zur vergitterten Schleuse hochklettern muss – fraglich, denn zu sehen gibt es nicht viel, Schiffe kommen nur selten. Auch das „Walhalla-Bockerl", die Lok einer aufgelassenen Kleinspurbahn zur Walhalla, steht da etwas verloren.

Also zurück: An der Einmündung links zur Andreasstraße kurz vor dem Brückenbasar steht ein Gedenkstein. Gegenüber, im ehemaligen Kino „Coloseum", befand sich 1945 eine Außenstelle des KZ Flossenbürg. Deren Insassen wurden beim Abzug der deutschen Truppen auf einen Todesmarsch nach Süden getrieben, auf dem ein großer Teil starb. Die Andreasstraße führt nach rechts zur Pfarrkirche **St. Andreas und St. Mang**, einem Augustinerchorherrenstift, das die Zerstörung der Stadt 1809 überstanden hat, nicht aber die Säkularisation. Das Stift ist eine Gründung des 12. Jh., die Kirche wurde im Dreißigjährigen Krieg zerstört. Die hohe Kirche mit ihrer etwas steifen Barockfassade wurde 1697–1717 erbaut, der prachtvolle Innenraum 30 Jahre später im Stil des Rokoko stuckiert, wahrscheinlich durch Männer aus dem Umfeld von Anton Landes, der auch in der Alten Kapelle (→ Tour 1) gewirkt hat. Der Eingang befindet sich an der rechten Seite nach dem Kruzifix.

Um zur Altstadt zurückzukommen, folgt man weiter der Andreasstraße und biegt nach dem **Andreasstadel** rechts ab. Dieses ehemalige bayerische Salzlagerhaus von 1640 ist wie sein Regensburger Pendant neben der Brücke eine gewaltige Holzkonstruktion. 2004 wurde er komplett saniert. Heute befindet sich im westlichen Teil eine Dependance des Hotels Orphée (→ S. 166), im östlichen ein **Künstlerhaus** mit Programmkino und Restaurant. Ein privater Stifter unterhält das Haus und bietet 20 Künstlern mietfrei für jeweils zwei Jahre ein Atelier. Das Haus ist immer offen, es gibt Sonderausstellungen und „Tage des offenen Ateliers" (www.kuenstlerhaus-andreasstadel.de).

Rechts geht es durch Grünanlagen weiter zum **Grieser Steg**, der Stadtamhof über die Jahninsel (östliche Spitze des Oberen Wöhrd) hinweg mit dem Unteren Wöhrd verbindet. Dieser Steg ist ein Provisorium aus den Jahren 1947/48 und wurde mit überschüssigem Material einer LZ-Brücke (leicht, zerlegbar) gebaut, die die Stadt als Ersatz für den Eisernen Steg (→ Tour 5) gekauft hatte. Aber jetzt soll das Provisorium ein Ende haben: Die Stadt hat für 2025 einen Neubau beschlossen – breiter und höher. Aber noch gibt es Diskussionen, weil viele gegen einen klobigen Neubau sind.

Wer jetzt ein idyllisches Plätzchen für eine Pause sucht, kann zum Beispiel vor dem Grieser Steg nach links zur Grieser Spitz gehen, wo der nördliche Donauarm und der Regen zusammenfließen. Oder in der Mitte des Steges auf die Jahninsel hinuntersteigen. Oder am Ende nach links in Richtung des sog. Stadtstrands schlendern. Schattige und sonnige Plätzchen in freier Auswahl.

Olle Pötte

Schifffahrtsmuseum

Vom Grieser Steg geht es weiter geradeaus durch die Proskestraße und über die **Eiserne Brücke.** Sie verbindet den Unteren Wöhrd mit der Altstadt, hatte hölzerne Vorgänger seit dem Mittelalter, die immer wieder von Eis und Hochwasser zerstört wurden. Eine erste eiserne Brücke entstand 1863. Im April 1945 sprengten deutsche Soldaten die sowieso schon schwer mitgenommene Brücke. Die heutige von 1991 ersetzte ein Holz-Eisen-Provisorium von 1946.

Am anderen Ufer steht das Haus der Bayerischen Geschichte (→ Tour 1). Links auf dem Vorplatz zur Donau glänzt weithin sichtbar über den Stufen der **Goldene Waller,** ein stilisierter Wels des Künstlerduos STOEBO. Für alle, die es genau wissen wollen: 8,60 mal 2,12 mal 2 m, 780 kg, Aluminium, vergoldet. Ach ja: Ein Waller ist ein Wels.

Rechts von der Brücke die Stufen hinunter kommt man zum **Donau-Schifffahrts-Museum Regensburg**, das seit 2004 auf zwei Schiffen einen spannenden Einblick in die Donauschifffahrt gibt. Stolz des Museums sind der Raddampfer „Ruthof", 1922 in Regensburg gebaut, und der Motorzugschlepper „Freudenau" von 1942.

Das Donau-Schifffahrts-Museum ist von April bis Okt. Mi–So 10–17 Uhr geöffnet. 3 €, erm. 2 €, Kombikarten mit Brücktormuseum. Thundorferstraße / Marc-Aurel-Ufer, ✆ 0941-5075888, www.dsmr.de.

Oben an der Thundorferstraße gibt es noch eine „Sehenswürdigkeit" der ganz anderen Art. Mitten in der touristischen Verbindung zwischen Steinerner Brücke und Haus der Bayerischen Geschichte steht das „Adler-Haus", das wahrscheinlich mit Abstand verkommenste Haus der Altstadt. Herr Adler hatte ein Touristenbähnchen, eben den „Adler" nach der ersten Lokomotive in Deutschland. Irgendwie geriet man wegen Lizenzen aneinander. Seit fast 20 Jahren führt der Besitzer einen Streit mit der Stadt und kränkt sie mit dem Schandfleck, die Stadt scheint machtlos zu sein (Stand: Ende 2022).

Oller Pott mit Dom

Immer am Ufer der Donau entlang läuft man direkt auf die historische Wurstkuchl zu. Doch vor dem gemütlichen Ausklang der Tour bietet sich noch ein Abstecher zur jüngsten Attraktion der Regensburger Altstadt an, einem Museum über den Dackel.

Auf den Hund gekommen

Dackelmuseum Regensburg

In der Weiße-Hahnen-Gasse 3/5, die gegenüber der Wurstkuchl beginnt, hat das Museum seit April 2023 eine neue Heimat gefunden, nachdem es fünf Jahre lang in Passau Dackelliebhaber aus aller Welt glücklich gemacht hat. Auf 200 m² bietet das Haus mit ca. 5000 Exponaten Wissenswertes und Kurioses, kurz alles Denkbare – und auch Undenkbare – zum Lieblingshund (nicht nur) der Bayern. Zum Staunen und Kaufen – nur die drei lebenden Exemplare, Lieblinge der Gründer und Inhaber, stehen nicht zum Verkauf.

Tägl. 10–17 Uhr. 6 €, erm. 4 €, Kinder bis 12 J. frei. Führungen möglich. Weiße-Hahnen-Gasse 3/5, ✆ 0941-30771773, www.dackelmuseum.de.

Imbiss mit Geschichte

Historische Wurstkuchl

Zum Schluss der Tour noch eine alte Sehenswürdigkeit. Viel kleiner, aber genauso unübersehbar wie ihr Nachbar, der Regensburger Salzstadel, klebt die historische Wurstkuchl an Stadtmauer aus dem 14. Jh. Die Rauchwolken und der verlockende Geruch nach Bratwürsten weisen den Weg – meistens allerdings auch die Menschenmassen, denn dies ist ein touristischer Brennpunkt.

„Wurstkuchl" nennt sich die älteste Bratwurststube der Welt, sie hatte schon einen Vorgänger aus der Zeit des Brückenbaus, das jetzige Haus ist aus dem

17. Jh. Die Hochwassermarken illustrieren die bewegte Geschichte an diesem gefährlichen Standort. Wenn Sie also einen Platz finden, drinnen oder draußen: Wie wäre es zum Abschluss der Tour mit einer Portion Bratwürste mit Kraut und Senf? Alles hausgemacht – es gibt natürlich auch Vegetarisches.

Tägl. 10–19 Uhr. Thundorferstr. 3, ✆ 0941-466 210, www.wurstkuchl.de.

Praktische Infos

→ Karte S. 74/75

Restaurants, Biergärten, Imbisse ...

Alte Linde 10, von der Steinernen Brücke führt die Rampe zur Oberen Wöhrd nahezu direkt hinein. Und dann sitzt man in der ersten Reihe mit freiem Blick auf Fluss (okay, erst auf den Mühlkanal) und Stadt. Unter Bäumen, wie sich das gehört. Schöner kann man sein Bier kaum trinken. Essen kann man natürlich auch, üppige bayerische Küche in ansprechenden Portionen (vegetarisch na ja, vegan eher nicht). Immer gut was los. Drinnen sitzt man auch sehr schön. Tägl. 11–23 Uhr (je nach Andrang), im Winter Mo–Fr erst ab 15 Uhr. Müllerstr. 1, ✆ 0941-88080, www.altelinde-regensburg.de. €€

Spitalgarten 9, in der zweiten Reihe, aber nicht zweite Wahl. Alles anders – anderer Fluss (der nördliche, schmälere Donauarm), anderes Bier, andere Speisekarte (etwas fleischloser) –, aber genauso empfehlenswert. Gleich am Ende der Steinernen Brücke nach links unten (nicht die Treppe hoch, da ist das Katharinenspital), und schon ist man mittendrin. Die Aussicht ist nicht ganz so spektakulär, aber die Atmosphäre und alles andere stimmen. Mo–Do 11.30–22 Uhr, Fr bis 23 Uhr, Sa 11–23 Uhr, So 11–22 Uhr. St. Katharinenplatz 1, ✆ 0941-84774, www.spitalgarten.de. €€

Bischofshof 18, im ehemaligen Bischofspalast residiert ein Hotel, das Restaurant bietet gehobene bayerische und internationale Küche. Im Garten speist man mit Blick auf den Dom. Eher gepflegtes Gartenlokal als Biergarten. Restaurant tägl. 11–24 Uhr, Garten bei entsprechendem Wetter. Krauterermarkt 3, ✆ 0941-58460, www.hotel-bischofshof.de. €€/€€€

Weltenburger am Dom 31, wem das Regensburger Rokoko reicht, der muss nicht nach Weltenburg: Das Bier kann man auch hier genießen. Die Stuben innen sind bayerisch-rustikal, im gepflasterten Garten sitzt man unter Schirmen. Die Küche hat sich angepasst: Es gibt neben Schweinsbraten & Co. auch Burger und Vegetarisches. Aber das Bier ist halt schon was Besonderes. Di–Fr 17–23 Uhr, Sa/So und Feiertag 11.30–23 Uhr, Biergarten Mai–Okt. geöffnet. Domplatz 3, ✆ 0941-5861460, www.weltenburger-am-dom.de. €€

Bodega Vinos y Tapas 29, schon der Innenhof ist sehenswert, aber jetzt sind wir zum Essen und Trinken da. Der Laden ist ziemlich schräg aufgemacht, innen, außen, im Web. Gute und vielfältige Tapas, viel Wein, Bier auch. Interessant ist das Cerveza Bodega: ein Helles mit Tequila und Limetten. Laut, lebendig, eindeutig mehr Bar als Restaurant (Do ab 20 Uhr mit DJ), was der Qualität des Essens keinen Abbruch tut. So–Do 17.30–23 Uhr, Fr/Sa 17–24 Uhr. Vor der Grieb 1a, ✆ 0941-5840486, www.bodega-regensburg.de. €€

Kleine Bräustube Dicker Mann 30, selbst ohne Essen wäre das Lokal des Hotels zum Blauen Krebs einen Besuch wert, ziemlich einmalig. In der Gasse vor dem Haus schattige Bänke, eine holzgetäfelte gemütliche Gaststube, edle Nebenräume und ein Innenhof, der zu Regensburg als nördlichster Stadt Italiens passt. Aber es ist ja kein Museum, man will essen. Europäische Küche (auch Pasta) mit deutlicher Betonung des Österreichischen, echtes Wiener Schnitzel natürlich und eine Rarität: Salzburger Nockerln. Tägl. 7–1 Uhr. Krebsgasse 6, ✆ 0941-57370, www.dicker-mann.de. €€/€€€

Gänsbauer 12, jetzt wird's wild: bayerische Tapas! Elena und Michael Kreuzer haben es mit ihrem Küchenchef Johannes Gareis 2020 gewagt, das Traditionshaus wiederzubeleben und neue Wege zu gehen. Bayerisch angehaucht sind Namen und Zutaten, die Rezepte verbinden die ganze Welt, die Darbietung ist spanisch: als Tapas, Appetithäppchen, na ja, so klein sind sie gar nicht. Der Raum ist übrigens genauso „fusion" wie die Küche. Unbedingt rechtzeitig reservieren! Mi–So 17–24 Uhr. Keplerstr. 10, ✆ 0941-29021897, www.restaurant-gaensbauer.de. €€€/€€€€

Ha Tien 21, zwei Tische draußen (wenn der Nachbar geschlossen hat, drei mehr), ein paar mehr innen. Panasiatisch, viel frei kombinierbar, auch vegetarisch/vegan, auch zum Mitnehmen. Schnell, sättigend, gut. Bitte nicht auf dem Platz suchen: Trotz der Adresse liegt das

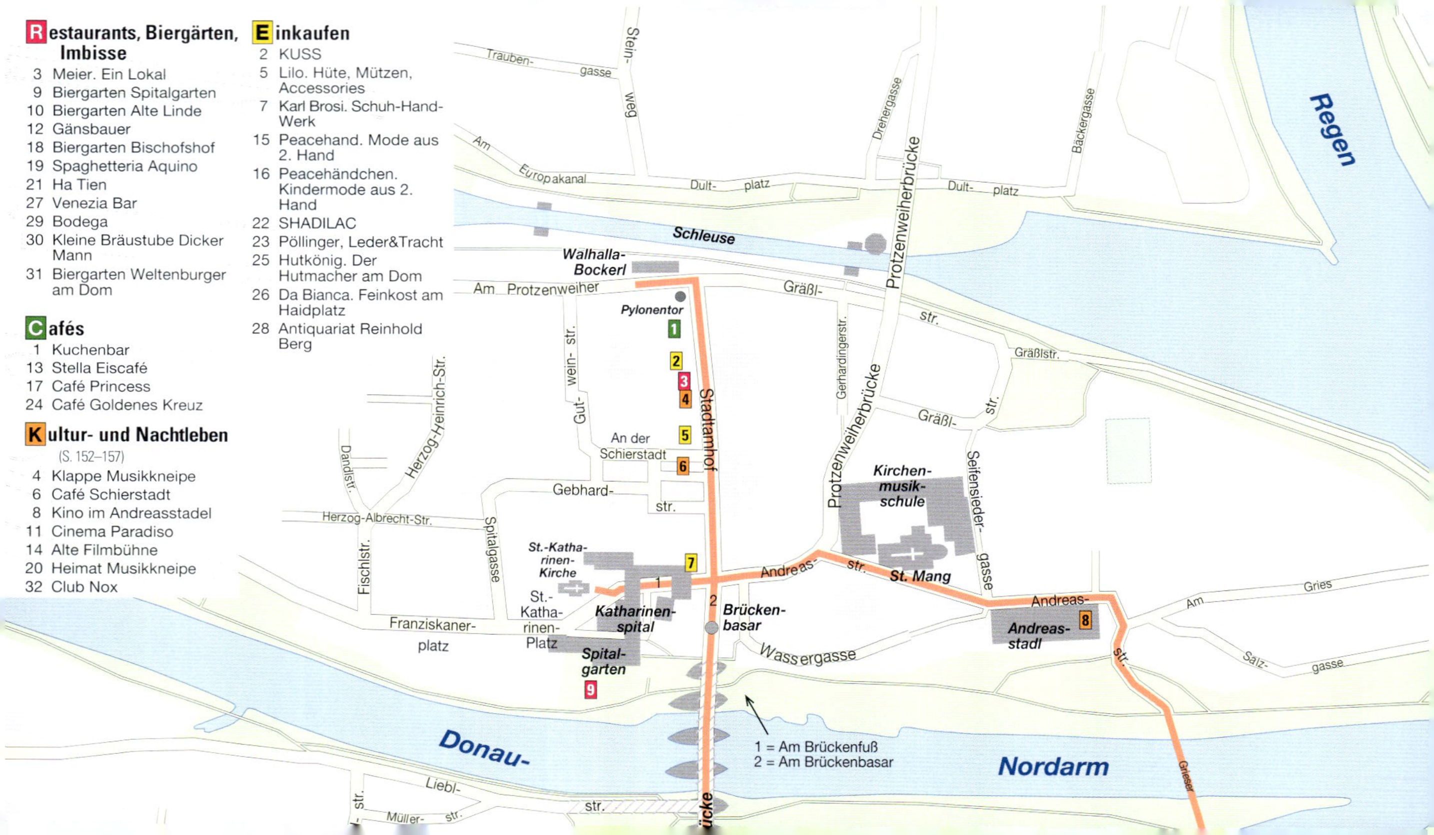

R estaurants, Biergärten, Imbisse

3 Meier. Ein Lokal
9 Biergarten Spitalgarten
10 Biergarten Alte Linde
12 Gänsbauer
18 Biergarten Bischofshof
19 Spaghetteria Aquino
21 Ha Tien
27 Venezia Bar
29 Bodega
30 Kleine Bräustube Dicker Mann
31 Biergarten Weltenburger am Dom

C afés

1 Kuchenbar
13 Stella Eiscafé
17 Café Princess
24 Café Goldenes Kreuz

K ultur- und Nachtleben

(S. 152–157)

4 Klappe Musikkneipe
6 Café Schierstadt
8 Kino im Andreasstadel
11 Cinema Paradiso
14 Alte Filmbühne
20 Heimat Musikkneipe
32 Club Nox

E inkaufen

2 KUSS
5 Lilo. Hüte, Mützen, Accessories
7 Karl Brosi. Schuh-Hand-Werk
15 Peacehand. Mode aus 2. Hand
16 Peacehändchen. Kindermode aus 2. Hand
22 SHADILAC
23 Pöllinger, Leder&Tracht
25 Hutkönig. Der Hutmacher am Dom
26 Da Bianca. Feinkost am Haidplatz
28 Antiquariat Reinhold Berg

Tour 3: Vom Dom zur Donau
50 m
3 = Zandtengasse
4 = Fechthof
5 = Roter Herzfleck
6 = Neue-Waag-Gasse
7 = Fischgässel
8 = Weiße-Lamm-Gasse
Donau-
Südarm
Am Beschlächt
Steinerne
Eiserne Brücke
Wöhrdstr.
Proske-str.
Küffner-str.
Wöhrd-str.
Personen-schifffahrt
Donau-Schifffahrtsmuseum Ruthof und Freudenau
Marc-Aurel-Ufer
Thundorfer-str.
Wurstkuchl
Salz-stadel
Brück-turm
Am-berger Stadl
St. Georg
Am Wiedfang
Goldene-Bären-Str.
Fischmarkt
Kepler-str.
Wein-lände
Wein-stadel
Kepler-Wohnhaus
Kepler Gedächtnis-haus
Runtinger-haus
Am Schallern
Schmer-bühl
Don Juan
Zierolds-pl.
Blaue-Lilien-G.
Posthorn-gäßchen
Brück-str.
Tauben-gäßchen
Weiße-Hahnen-Gasse
Dackel-museum
Goliath-str.
Goliath-haus
Baum-burger Turm
Wat-markt
Kohlen-markt
Rathaus-platz
Altes Rathaus
Silberne-Kranz-G.
Scheu-gäßchen
Baumhacker-gasse
Weingasse
Einhorn-gäßchen
Metgebergasse
St.-Albans-Gasse
Am Römling
Thomas-Kapelle im Auerhaus
Goldenes Kreuz
Thon-Dittmer-Palais
Art Affair
Neue Waag
Waag-gäßchen
Vor der Grieb
Haidplatz
Tour 5 siehe S. 113
Glocken-gasse
Krebsgasse
Rote-Hahnen-Gasse
Hinter der Grieb
Steinerg.
Pustetpassage
Gesandtenstr.
Gesandten-str.
Dreieinigkeits-kirche
Guten-berg-platz
Zant-haus
Spiegelgasse
Dänzergasse
Hinter d. Pfannen-schmiede
Untere Bachgasse
Enslin-Haus
Golfmuseum
Kramgasse
Wahlen-str.
Goldener Turm
Tändlergasse
Kram-winkel
Neupfarr-platz
Neupfarr-kirche
Karavan-Denkmal
Löschenkohl-Palais
St.-Kassians-Platz
Alte Wache
Drei-Helm-G.
Pfauen-g.
Frauen-bergl
Maria-Läng-Kapelle
Residenzstr.
Haus Heuport
Adler-brunnen
Krauterer-markt
St. Johann
Dom-platz
Dom St. Peter
Eselsturm
Bischofshof
Gänseprediger-brunnen
Unter den Schwibbögen
Porta Praetoria
Aller heiligen-kapelle
Dombauhütte
Domgarten
Ulrichs-kirche
Römer-turm
Domstr.
Herzogs-hof
Alter Korn-markt
Alte Kapelle
Karmeliten-kirche St. Josef
Pfluggasse
Nieder-münster-gasse
Nieder-münster
Erhardi-gasse
St.-Georg-und-Afra Kapelle
St.-Georgen-Platz
Haus der Bayerischen Geschichte
Donaumarkt
Trunzergasse
Klostermeyer-gasse
Osten-gasse
Adolph-Kolping-Str.
Kalmünzer-gasse
Schwanen-platz
Tour 1 siehe S. 18/19
Trothen-gasse
Leerer Beutel
11
12
13
14
15
16
17
18
19
20
21
22
23
24
25
26
27
28
29
30
31
32

Ha Tien in der Bachgasse. Mo–Sa 11.30–14.30 u. 17–21 Uhr. Kohlenmarkt 1, www.hatien-regensburg.de.

Meier. Ein Lokal **3**, eine ehemalige Brauereigaststätte mit der originalen Einrichtung, leicht gebrochen durch moderne Ergänzungen: ein Ambiente, in dem man gern nach dem Essen noch etwas sitzen bleibt. Die Küche? Saisonal, raffiniert und bodenständig, meist mediterran, manchmal asiatisch, dem Rest der Welt nicht abgeneigt (z. B. jamaikanisch mariniertes Putensteak mit fruchtigem Kräuterreis). Feine Küche, nicht zu abgehoben. Wöchentlich wechselnde Speisekarte, vegetarisch ja, vegan eher nein. Draußen sitzt man mit Postkartenblick auf den Dom. Mo–Sa 17–24 Uhr. Stadtamhof 15, ✆ 0941-85682, www.meiereinlokal.de. €€

Spaghetteria Aquino **19**, Speisen im Rittersaal? Na ja, nicht ganz: Es war eine Kapelle. Ganz genau ist es der untere Teil der ehemals 10 m hohen Thomaskapelle im Auerhaus. Also das Ambiente stimmt. Ein lange, gut sortierte Vorspeisentheke, ein gutes Dutzend feine Pizzen, bei den Nudelgerichten kann man die Soßen nach Wahl mit den Nudeln kombinieren. Fisch und Fleisch kommen nur in den Soßen und auf den Pizzen vor: ist eben eine Spaghetteria. Mo–Fr 17–23 Uhr, Sa 11.30–23 Uhr, So 17–22 Uhr. Am Römling 12, ✆ 0941-563 695, www.spaghetteria-regensburg.de. €€

Bar Venezia **27**, hier gibt's auch Kuchen und Eis (auch lecker), aber in erster Linie geht's im Venezia um Tramezzini und Antipasti, dazu ein Glas Wein. Bezogen vom Feinkostgeschäft nebenan (Da Bianca, → Einkaufen). Draußen mit Blick auf den Haidplatz. Tägl. 10–24 Uhr. Glockenstr. 1, Facebook.

Cafés

Goldenes Kreuz **24**, großes bürgerliches Café in einem der ältesten Hotels der Stadt, der gleichnamigen ehemaligen Kaiserherberge. Sieht nach jahrhundertelanger Tradition aus, gibt's aber erst seit 1968. Große Tortenauswahl, Frühstück bis 14 Uhr. Drinnen etwas plüschige Kaffeehaus-Atmosphäre mit Zeitung an der Stange, draußen sitzt man in der guten Stube der Stadt, dem Haidplatz. Tägl. 7–19 Uhr, Sa erst ab 7.30 Uhr, So ab 9 Uhr. Haidplatz 7.

Café Prinzess **17**, Tradition pur: Das „Prinzess" ist das älteste Kaffeehaus in Deutschland (seit 1686), die Pralinen gab es schon 10 Jahre früher. Im kleinen Erdgeschoss wählt man den Kuchen (riesige Auswahl, auch Pralinen), dann geht's rauf in der 1. (Café) oder 2. Stock (Salon de Thé). Das Café ist im ersten Bereich modern mit Bartresen, im zweiten Teil ein Jugendstilsalon. Der Salon de Thé ist mit breiten Sesselchen ausgestattet, sehr gediegen. Wem das zu ruhig ist, sitzt an schönen Tagen draußen vorm Haus. Hier gegenüber dem Alten Rathaus ist der größtmögliche Touristenauftrieb der Stadt zu bestaunen. Mo–Sa 10–18 Uhr, So und Feiertag 12–18 Uhr. Rathausplatz 2, www.cafe-prinzess.de.

Kuchenbar **1**, wer auf dem Weg durch Stadtamhof allen Versuchungen widerstanden hat, wird hier, am nördlichsten Punkt der Straße, reich belohnt. Die dreistufige Kuchentheke macht es einem wirklich schwer, sich zu entscheiden (ich bin in Beere-Mascarpone versunken). Kaffee und Tee gibt's immer, dazu eine Sommerkarte (Eiskaffee, Hugo, Frozen Yogurt) bzw. Winterkarte (Irish Coffee, Glühwein und Konsorten). Wechselnde Tageskarte mit kleinen Mahlzeiten, wie sich's gehört. Drinnen witziges Ambiente, draußen der weite Blick zu Brücke und Dom. Zu jeder Tageszeit angenehm. Tägl. 11–19 Uhr. Am Protzenweiher 1, www.kuchenbar-regensburg.de.

Stella Eiscafé, Crêpes **13**, die kleine Eisdiele müsste man nicht eigens erwähnen, man findet sie sowieso – direkt unterm Brückturm gegenüber dem Welterbezentrum. Warum also doch erwähnen? Weil die Schlange davor manchmal den Eindruck von Massenabfertigung macht. Aber keine Sorge: Das Eis ist klasse, die Waffel auch. Und die Crêpes ebenfalls. Ein bisschen warten lohnt also. Auch veganes Eis. Tägl. 10–20 Uhr, im Sommer auch länger, im Nov. geschl., Eis wieder ab März. Brückstr. 2, www.stella-eiscafe.de.

Einkaufen

Antiquariat Reinhold Berg **28**, gebrauchte Bücher? Damit tut man dem kleinen Laden wirklich unrecht. Auf kleinstem Raum gibt es eine unglaubliche Auswahl von historischen Karten, Stadtplänen und Stadtansichten, Drucken, Zeichnungen und Büchern. Bücher über Kunst, Geschichte, Botanik, Vogelkunde ..., Originale und Reprints. Das Antiquariat ist international im Geschäft, was man hier sieht, ist nur die Spitze. Nicht unbedingt für den kleinen Geldbeutel, aber auch. Der Inhaber ist sehr engagiert bei der Präsentation seiner Schätze, man könnte es „aktives Verkaufen" nennen, ich ziehe den Begriff „Leidenschaft" vor. Mo–Fr 9.30–18 Uhr, Sa 10–14 Uhr. Wahlengasse 8, www.bergbook.com.

Karl Brosi. Schuh-Hand-Werk **7**, zwei Generationen Schuhmachermeister, handwerkliche Qualität als Gegenpol zum „Turnschuh" in all seinen modischen Abarten. Mo–Fr 8–13 u. 14–18 Uhr, Sa 9–13.30 Uhr. Am Brückenfuß 5 (Stadtamhof), www.schuh-hand-werk.de.

Da Bianca. Feinkost am Haidplatz **26**, ein schmaler, kleiner, feiner Laden, der einmal quer durch die italienische Delikatessenlandschaft führt. An der Theke Käse, Wurst, Schinken und Eingelegtes, Nudeln von kleinen Herstellern, Soßen und, und, und. Und natürlich Wein, Aperitifs, Grappas. Und noch ein Plus: gute Beratung. Probieren kann man nebenan im Eiscafé Venezia. Mo–Fr 10–19 Uhr, Sa 10–18 Uhr. Instagram.

Hutkönig. Der Hutmacher am Dom **25**, das ist nicht etwa einfach ein Laden für Hüte, das ist ein Tempel! Traditionelles Handwerk und stilsicherer Geschmack, von alltagstauglich bis extravagant – unglaublich, was da zu sehen ist. Seit 1875 in Familienbesitz. Der Chef Andreas Nuslan ist Modist und Hutmacher, darf also Frauen wie Männer „behüten". Der „Playboy", eine Kreation des Chefs, ist ein Longseller (heißt übrigens so, weil ihn ebenjene Zeitschrift über 5 Seiten bejubelt hat; 2022, fast 20 Jahre später, hat „Penthouse" nachgezogen). Zuschauen, wie's gemacht wird, kann man übrigens auch. Mo–Fr 10–18 Uhr, Sa bis 16 Uhr. Krauterermarkt 1, www.hutkoenig.de.

Lilo. Hüte, Mützen, Accessories **5**, noch einmal Hüte, aber etwas ganz anderes. Nicht klassisch, nicht Tracht, nur jung, chic, frech, manchmal extravagant, aber immer tragbar. Die Modistin Lilo Kincaid herrscht über alle möglichen (und unmöglichen) Materialien, aus denen sie ihre Kreationen fertigt – auch nach Wunsch und Maß. Di–Fr 12–18 Uhr, Sa bis 16 Uhr. Stadtamhof 9, www.lilokincaid.de.

Kuss **2**, ob ein Erinnerungsstück jenseits des Üblichen oder einfach nur schöne Dinge, das „Kuss" ist eine gute Adresse. In dem kleinen, ansprechenden Laden gibt es Schöpfungen von vier Regensburger Künstlerinnen: Kunsthandwerk, nicht importierte Massenware. Und weil die Damen mit verschiedenen Materialien arbeiten, ist die Auswahl groß. Di–Fr 11–18 Uhr, Sa bis 16 Uhr. Stadtamhof 17, www.kuss-kuenstlerhaus.de.

Peacehand. Mode aus 2. Hand **15**, schöner Laden, große Auswahl. Vintage ist gefragt, hier passen Preis und Umweltbewusstsein zusammen. Mo–Sa 12–18 Uhr. Unter den Schwibbögen 3, www.peacehand.de.

Peacehändchen. Kindermode aus 2. Hand **16**, das Pendant für Kinderkleidung, ebenfalls aus zweiter Hand, Gr. 50–170. Außerdem Spielzeug, Bücher und Umstandsmode. Der Laden versteht sich als „Kommunikationszentrum": Für die Kinder gibt es Spielecken, für die Mütter und Väter Kaffee und Erfahrungsaustausch. Preiswert und entspannt. Mo–Sa 10–17 Uhr. Hackengäßchen 6 (Eingang: Unter den Schwibbögen), www.peacehaendchen.de.

Pöllinger. Leder & Tracht **23**, egal, ob man sich für die Dult herrichten will, ein Souvenir sucht oder nur so: Für „a Gwand" sind Sie hier richtig. Modisch, aber nicht modisch verkitscht, wertig und gediegen, aber bezahlbar (eine Frage der Definition: Hirschlederhosen für 1500 € gibt's auch) – eben klassische Tracht. Die Damen beraten liebevoll und kritisch, man sollte sich aber schon ein bisschen in die Sprache eingehört haben. Mo–Fr 9.30–18 Uhr, Sa bis 17 Uhr. Krauterermarkt 4, www.poellinger-tracht.de.

Shadilac **22**, Rock, Pop, Jazz, Blues auf LPs und CDs. 1980 gegründet, 2000 nach mehreren Umzügen hier im Antiquitätenviertel gelandet. Eher die älteren Musikstile, große Auswahl (neu und gebraucht) zum Stöbern, kompetente Leute zum Fragen. Di–Fr 12–17 Uhr, Sa 10–16 Uhr. Kramgasse 1, ✆ 0941-53512, http://shadilac.de.

Prominenter Imbiss

Hinein ins Mittelalter

Tour 4

Die Tour führt durch enge Gassen ins mittelalterliche Handelszentrum Stadt, vorbei an hoch aufragenden Geschlechtertürmen. Einen besonderen Blick wert sind die Dreieinigkeitskirche und natürlich St. Emmeram mit seiner prächtigen Basilika und dem fürstlichen Schloss der Thurn und Taxis.

Goliathhaus, eindrucksvolles Außenfresko und eines der Wahrzeichen der Stadt, → S. 80

Goldener Turm, der höchste Regensburger Geschlechterturm, → S. 84

St. Emmeram, Kloster, Kirche und Schloss, → S. 91

Patrizierburgen, Türme und ein Schloss

Von der Steinernen Brücke zum Bismarckplatz

Die Tour beginnt sehr entspannt: Man taucht ein in enge mittelalterliche Gassen, schlendert von Laden zu Laden, von Café zu Café und schnuppert viel Regensburg-Atmosphäre. Architektonischer Hingucker sind die Stadtpaläste mit ihren hoch in den Himmel ragenden Geschlechtertürmen: steinerne Statussymbole der reichen Patrizierfamilien, der politisch-wirtschaftlichen Oberschicht des Spätmittelalters. Fast jede bedeutende bayerische Stadt besaß solche Türme, in voller Pracht erhalten geblieben sind sie – besser gesagt: einige von ihnen – nur in Regensburg. Buchstäblich herausragendes Exemplar ist der Goldene Turm, mit 52 m der höchste der verbliebenen Regensburger Geschlechtertürme.

Der zweite Teil der Tour startet mit einem Museum, dessen Thema weitab vom üblichen Kanon (Kunst, Technik, Geschichte ...) liegt: einem Schnupftabakmuseum! Danach wird's wieder konventioneller, es geht um Kirchen. An der Gesandtenstraße wartet die Dreieinigkeitskirche mit ihren barocken Grabdenkmälern und einem schönen Blick über die Stadt. Dann wird's noch eine Nummer größer und bedeutender: St. Emmeram, altehrwürdiges Kloster mit prächtiger Kirche und der fürstlichen Residenz derer von Thurn und Taxis. Den Abschluss bildet der Bismarckplatz mit seinen spannenden Gegensätzen, strenge Architektur – Bettelordensgotik und Klassizismus – und viel Leben. Ideal für ein Tässchen in der Abendsonne.

Spaziergang

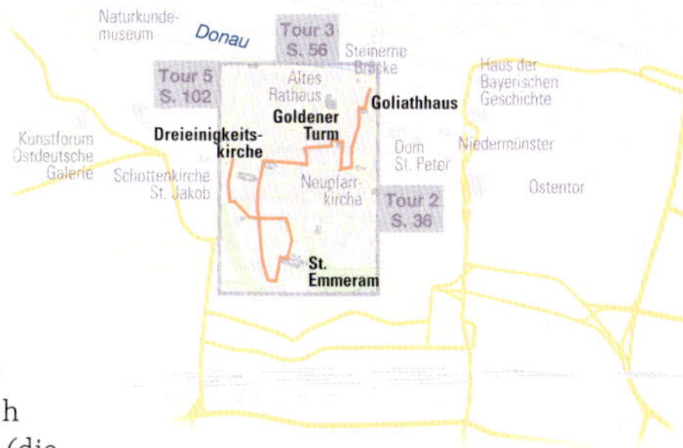

Vom Brücktor am südlichen Ende der Steinernen Brücke geht es geradeaus über die Straße und die schmale Brückstraße bergauf. Manche Häuser haben Auskragungen, springen also ab dem ersten oder zweiten Stock ein Stück in die Gasse hinein, was diese optisch noch schmaler, fast tunnelartig macht (die Technik des stockwerkeweisen Auskragens wurde im Mittelalter häufig angewendet, um Raum zu gewinnen, ohne die u. a. aus Brandschutzgründen streng regulierte Breite der Gasse einzuschränken).

Ein paar Schritte nur auf der Brückstraße und schon stößt man auf die querende Goliathstraße. Blickfang ist ein riesiges Fassadengemälde, das den Kampf zwischen David und Goliath darstellt. Es ist Schaufront des Goliathhauses, eines der Wahrzeichen Regensburgs.

Regensburg im Kasten

Herausragend: die Geschlechtertürme

Man kennt sie in erster Linie aus Norditalien: die Geschlechtertürme, die (einfluss)reiche Adels- und Handelsfamilien ab etwa dem 11./12. Jh. als Ansitze ihrer städtischen Wohngebäude errichteten. Ihr praktischer Wert war überschaubar (als Verteidigungstürme, wie oft behauptet, dienten sie eher nicht), in erster Linie waren sie bauliche Statussymbole: Mit der Höhe ihrer Türme dokumentierten die städtischen Eliten ihren Reichtum, wer am höchsten baute, lieferte den sichtbaren Nachweis für den größten wirtschaftlichen (und gesellschaftlichen) Erfolg.

Die Geschlechtertürme waren so etwas wie die Wolkenkratzer des Mittelalters (in der Regel 20 bis 50 m hoch) und prägten die Silhouette vieler norditalienischer Städte, eindrücklichstes Beispiel ist San Gimignano in der Toskana. Gegen Ende des 13. Jh. wurde die Idee nach Norden exportiert, aus naheliegenden Gründen besonders in Städte, die regen Handel mit Italien trieben: u. a. nach Nürnberg, Konstanz und eben auch nach Regensburg.

In deutschen Städten wurden die Geschlechtertürme im Laufe der Jahrhunderte zerstört oder abgetragen – mit einer Ausnahme: Regensburg, wo es noch an die zwanzig Türme zu bewundern gibt. Um 1200 ging es mit dem Turm im Runtingerhaus los, gedrungene 16 m, der Höhepunkt war der Goldene Turm mit schlanken 52 m. Zwar ist der ein oder andere mit einem Zinnenkranz ausgestattet, aber auch hier gilt: Ernsthaft verteidigen konnte man sich und die Seinen in diesen Türmen nicht. Auch zum Bewohnen waren sie kaum geeignet: keine Kamine! Und die offene Loggia im ersten Stock? Möglicherweise wurden hier Waren zur Schau gestellt. Alles in allem also das gleiche Spiel wie in Italien: Die Türme sollten von Macht und Reichtum der Familien, der Geschlechter, zeugen.

Wo David den Goliath trifft

Goliathhaus

Das Goliathhaus mit dem imposanten Außenfresko ist ein mächtiger, zinnengekrönter Stadtpalast mit Turm. Er wurde um 1220 erbaut und war u. a. Familiensitz des Patriziergeschlechts Tundorfer. Aus deren Reihen stammte auch Bischof Leo Tundorfer, der den Bau des gotischen Doms entscheidend vorangetrieben hat.

Turm und Südfassade des Goliathhauses liegen an der parallel zur Goliathstraße verlaufenden Straße Am Watmarkt (→ S. 81), besagtes Außenfresko „David und Goliath" ziert die Nordfassade zur Goliathstraße. Die Ursprungsversion des später mehrfach restaurierten und modifizierten Freskos stammt aus der Zeit um 1570, ausführender Fassadenmaler war ein gewisser Melchior Bocksberger. Was er mit der Darstellung des biblischen Motivs konkret zum Ausdruck bringen wollte und welcher Zusammenhang zwischen Bildmotiv und Gebäudename besteht, ist bis heute nicht geklärt: David als die kleine Stadt Regensburg, die über den Goliath Herzogtum Bayern triumphiert? Und warum eigentlich „Goliathhaus" und nicht „Davidhaus", wo doch eindeutig David der Triumphator ist? Wäre „Davidhaus" wegen des seinerzeit grassierenden Judenhasses ein Unwort gewesen? Oder war das Gebäude zum Zeitpunkt der Fassadengestaltung schon lange als „Goliathhaus" bekannt, weil ein Vorgängerbau als Herberge für umherziehende Kleriker, sog. „Goliarden", gedient hatte? Man weiß es nicht.

Vom „Goliath" zum Rathaus

Was man dagegen sicher weiß, ist, dass der aus dem Motiv fallende Frosch rechts unten auf dem Wandfresko eine Zutat aus dem 19. Jh. ist. Gemalt wurde er von Hans Kranzberger, der das Fresko 1841 erneuerte. Inspirationsquell war angeblich der im froschgrünen Frack gewandete Freiherr Anton von Quentel, der seinerzeit tagaus, tagein auf einem Schimmel durch die Goliathstraße geritten sein soll. Eine Geschichte, fast zu schön, um wahr zu sein …

Das Goliathhaus ist nicht nur eines der Wahrzeichen Regensburgs, sondern auch kulinarisch und kulturell eine feine Adresse. Es beherbergt zwei Sternerestaurants (→ S. 100) und das Turmtheater Regensburg (→ S. 153).

Vom Goliathhaus geht es ein kleines Stück in Richtung Altes Rathaus (→ Tour 3), dann biegt man am Ende des Häuserblocks links in die Straße Am Watmarkt ab. Einige Meter bergauf erhebt sich der Baumburger Turm.

Rot und aufwendig dekoriert

Baumburger Turm

Der etwa 28 m hohe, siebenstöckige und ursprünglich von einem Zinnenkranz gekrönte Baumburger Turm ist einer der schönsten Geschlechtertürme der Stadt. Seine Fassade ist auffällig rot und aufwendig dekoriert, jedes Geschoss hat ein individuell gestaltetes Fenster, die Loggia im ersten Stock war ursprünglich offen – möglicherweise wurden hier einst Waren zur Schau gestellt. Der Baumburger Turm wurde Ende des 13. Jh. von der Patrizierfamilie Ingolstetter erbaut. Im 14. Jh. ging er in den Besitz der Baumburger über, ab Mitte des 18. Jh. bis Mitte des 20. Jh. diente er als Spenglerwerkstatt. Unten im Turm war bis 2021 der „Dampfnudel-Uli" untergebracht, jahrzehntelang eine kulinarische Institution der Stadt. Was in Zukunft mit den Räumlichkeiten des Lokals passieren wird, stand bei Redaktionsschluss (Mai 2023) noch nicht fest.

Drei Türme in Sicht

Am Watmarkt

Der Watmarkt war der Kleidermarkt der mittelalterlichen Stadt (mhd. *wat* = Kleid, Gewand, Stoff). Am Baumburger Turm macht er bzw. die gleichnamige Gasse Am Watmarkt einen Knick nach links und verläuft parallel zur Goliathstraße. Wegen des unterschiedlichen Bodenniveaus (hat mit der Lage hinter bzw. vor der ehemaligen Mauer des römischen Kastells zu tun) haben die zwischen beiden Gassen errichteten Häuser zur Watmarktseite (Südfront) ein Stockwerk weniger als zur Goliathstraßenseite (Nordfront).

Vor uns liegen hier an der Watmarkt-Gasse noch drei Türme: links der **Turm des Goliathhauses** (s. o.), rechts der siebengeschossige **Bräunelturm** aus dem 12. Jh. Etwas weiter hinten in der

Der rote Baumburger

Gasse steht links der aus dem 13. Jh. stammende **Turm des Steuer'schen Hauses** (Letzteres präsentiert hier in der Gasse seine Südfassade, die Nordfront liegt an der Goliathstraße und schließt direkt an die Schaufront des Goliathhauses an).

Gegenüber dem auffälligen Neorenaissance-Erker (19. Jh.) biegt man nach rechts in die Tändlergasse ab.

„Bei den Gebrauchsgegenständen"

Tändlergasse

Die Tändlergasse zieht sich leicht gekrümmt bis zum Neupfarrplatz. Sie war wie die Kramgasse (→ Tour 3), die sie nach wenigen Schritten kreuzt, Zentrum des mittelalterlichen Viertels der kleinen Händler: *Inter utensilia*, „bei den Gebrauchsgegenständen", hieß die Ecke schon 1279. Geschäftig geht's hier immer noch zu, die schmalen Häuser, manche davon mit Auskragungen, beherbergen viele kleine Läden – einfach

Von der Steinernen Brücke zum Bismarckplatz → Karte S. 99

entlangschlendern, schauen und hier und da rumstöbern.

Prominenz gab's in der Tändlergasse einst auch: In der Hausnummer 1, einem Turm aus dem 13./14. Jh., lebte Mitte des 16. Jh. Barbara Blomberg, auch die „Schöne Barbara" genannt. Sie war die Geliebte Kaiser Karls V. und Mutter des gemeinsamen Sohnes Don Juan d'Austria, der hier geboren wurde. Ein völlig anderes Thema schlägt Hausnummer 3 direkt gegenüber an: Hier ist Europas erstes Golfmuseum untergebracht (→ Tour 3, S. 59).

Lange Tradition hat das Altstadtquartier Hotel Münchner Hof in der Tändlergasse 9, das 1822 als Gaststätte „Zur weißen Taube" eröffnet wurde. Das Hotel ist zur Hälfte ein gotisches Turmhaus aus dem 14. Jh. Der „Blaue Turm" gegenüber (spätgotisch) ist eine Dependance des Hotels.

Wahre Schätze in der Tändlerei

Das letzte Haus auf der rechten Seite der Tändlergasse, heute eine Apotheke, wurde 1563 auf den Resten eines zerstörten jüdischen Hauses errichtet. Bauherr war der Straubinger Ulrich Schmidl, der seine Heimat wegen seines evangelischen Glaubens verlassen musste. Ein berühmter Mann: 1534 nahm er an der „Expedition" (vornehm für Raubzug) des spanischen Konquistadoren Pedro de Mendoza an den Río del la Plata teil. Sein Bericht über die Unternehmung, eine Mischung aus Kriegstagebuch und Naturbeschreibung, war ein Bestseller mit mehreren Auflagen (gewohnt hat Schmidl im „Rückgebäude", das aber, da es auf die Wahlenstraße geht, schon damals die bessere Adresse war).

Jetzt hat man den Neupfarrplatz erreicht. Zweimal rechts und man steht am Beginn der Wahlenstraße.

Überblick gewinnen

Am Neupfarrplatz steht der 70er-Jahre-Bau des Kaufhofs, heute Galeria. Im dortigen Dachcafé hatte man immer einen überwältigenden Blick nach Westen auf die Dach- und Turmlandschaft der Stadt. Hatte? Das Kaufhaus stand wegen der Insolvenz des Galeria-Konzerns auf der Kippe, im Mai 2023 wurde die eigentlich schon beschlossene Schließung dann aber im letzten Moment rückgängig gemacht. Ob auch das Dachcafé weiter betrieben und damit der prächtige Ausblick erhalten bleiben wird, stand bei Redaktionsschluss noch nicht fest. Sollte es geschlossen bleiben, muss man sich mit einem schönen Blick auf den Goldenen Turm und den Treppengiebel des „Degginger" von den Stufen der Neupfarrkirche aus begnügen.

Wer hat, der hat

Wahlenstraße

Die Bedeutung der Straße spiegelt sich schon in ihren Ausmaßen wider:

Mittelalterliche Prachtstraße

Sie ist – zumindest für Regensburger Altstadtverhältnisse – ungewöhnlich breit. Hier saßen nicht die Krämer und Tändler, hier residierten die großen Handelsfamilien, die Geschäftsbeziehungen mit den „Welschen" bzw. „Wal(s)chen" (= Italienern) unterhielten, was auch den daraus hergeleiteten Namen Wahlenstraße erklärt. Ein älterer, bereits 1138 dokumentierter Name für die Straße (der älteste Straßenname Regensburgs überhaupt, heißt es) lautet *inter latinos* („unter den ‚Lateinern' = Romanen) und zielt auf den gleichen Sachverhalt.

Die Wahlenstraße folgt dem Lauf der Römermauer, die bei der ersten Stadterweiterung von 920 verschwand. Sie war die erste Straße der neuen Stadt, ihre Lage war perfekt: Anbindung zum wichtigsten Markt, dem heutigen Kohlenmarkt, nahe an den Anlegestellen an der Donau und Schnittstelle zur wichtigen Ost-West-Handelsstraße.

Geprägt ist die Wahlenstraße von bunten und vielgestaltigen Hausfassaden. Ihre architektonischen Aushängeschilder sind zwei mächtige Patrizierburgen und der Goldene Turm, der höchste der verbliebenen Regensburger Geschlechtertürme.

Bedeutende Hausburgen

Kastenmayer-Haus und Degginger-Haus

Gleich links am Beginn der Wahlenstraße, nach dem Jugendstil-Eckhaus, steht der wuchtige Turm des **Kastenmayer-Hauses.** Das im Kern mittelalterliche Gebäude (die neobarocke Fassade täuscht) nahm einst das ganze Areal zwischen Unterer Bachgasse und Wahlenstraße ein. Vom etwa 1260 erbauten Turm ist nur der untere Teil erhalten geblieben. Er gibt sich abweisend und wehrhaft, die einst offene Loggia im ersten Stock ist zugemauert.

Wenige Schritte weiter folgt auf der Rechten der große Block des **Degginger-Hauses**, eines der bedeutendsten Patrizierhäuser der Stadt mit schönem gotischem Erker aus dem 15. Jh. Sein Turm, dessen Keller und Untergeschoss noch romanisch sind, ist hier aus der schmalen Gasse nicht zu sehen (am besten im Blick hat man ihn vom Neupfarrplatz). Das Degginger-Haus selbst wurde im 13./14. Jh. auf die heutige Höhe gebracht: Die Maßwerkgalerie über die ganze Breite ist bei Bürgerhäusern äußerst

Von der Steinernen Brücke zum Bismarckplatz → Karte S. 99

selten und Zeichen großen Reichtums. Seinen Namen bekam das Haus erst zu Beginn des 20. Jh. nach den damaligen Besitzern. Nach vielen Umbauten und verschiedenster Nutzung ist das **„Degginger“** seit 2016 Kultur- und Kreativzentrum der Stadt – ein Ort für Kunst, Kommunikation, Ausstellungen und Konzerte. Integriert ist die „Deggi Gastronomie“, tags Café und Bistro, abends Bar.

Das „Degginger“ hat Do–Sa 11.30–22 Uhr und So 13–22 Uhr geöffnet (zu Veranstaltungen und Ausstellungen abweichende Öffnungszeiten). Wahlenstr. 17, ✆ 0941-5072856, www.degginger.de.

Der höchste und schönste

Goldener Turm

Gleich gegenüber dem „Degginger“ erhebt sich der Star unter den Regensburger Geschlechtertürmen: der Goldene Turm, mit 52 m der höchste der Stadt. Von güldenem Antlitz kann allerdings keine Rede sein, er ist nach einem Gasthaus benannt, das dort im 17. Jh. untergebracht war. Um 1250 entstanden die ersten vier frühgotischen Stockwerke, um 1300 folgten weitere vier und um 1600 das oberste mit dem Pyramidendach. Bewohnt waren aber weiterhin nur die unteren drei Stockwerke. Nur die West- und die Ostseite haben Fenster, ganz besonders ausgestaltet und alle unterschiedlich dekoriert sind die auf der Schauseite zur Wahlenstraße. Im 16. Jh. war der Turm großflächig bemalt, noch in den 1950er-Jahren konnte man Spuren davon sehen. Um 1600 wurde die Anlage, die bis zur Unteren Bachgasse hinüberreicht, um den kleinen Innenhof gänzlich geschlossen. Heute wird der Turm als Studentenwohnheim genutzt.

Nahezu New York, oder?

Für den weiteren Spaziergang folgt man der Wahlenstraße bis zum Kohlenmarkt, um dort nach links in die Untere Bachgasse einzubiegen.

Wer will, geht alternativ durch eine Passage etwas links vom Turm in den Innenhof. Blickt man hier nach oben, wird sofort klar, warum das einer der **Foto-Hotspots der Stadt** ist: Der intime Hof mit der hölzernen doppelgeschossigen Barockloggia ist wirklich einzigartig. Einfach weiter durchgehen in die nächste Gasse, die Untere Bachgasse.

Im Bett des Vitus-Baches

Untere Bachgasse

Fast stößt man an die gegenüberliegende Straßenseite: Die Untere Bachgasse, mindestens so belebt wie die Wahlenstraße, ist sehr schmal, der Blick nach oben stark eingeschränkt. Untere und Obere Bachgasse (→ Tour 2), beide nach dem Vitus-Bach benannt, der hier bis 1837 offen entlangfloss, waren die wichtigste Nord-Süd-Verbindung in der Altstadt, entsprechend aufwendig war die Bebauung. Fast alle sind im Kern mittelalterlich, wurden aber später baulich verändert.

Eine besondere Adresse ist die Bachgasse 8 (rechte Seite). Dort empfängt das **Hotel-Restaurant Orphée** seine Gäste, laut Eigenwerbung „das originalste französische Bistro östlich des Rheins" und mittlerweile Kult in der Stadt. Schon das Haus selbst ist sehenswert, obwohl es aus dem 17. Jh. stammt, für Bachgassenverhältnisse also relativ jung ist. Und erst die Ausstattung: Das Restaurant ist nahezu unverändert seit 1897, das Bistro bestückt mit erlesenen, sprich zusammengesuchten Möbeln wie „wurfsicheren" Tischen aus einem Casino der US-Army, Stühlen aus einem Kurhotel, Marmortischen aus einem original Wiener Kaffeehaus. Die Urmütter und -väter des „Orphée", alle Szenegänger(innen) aus Regensburger Studentenkneipen, wollten sich ihre französischen Urlaubsträume nach Hause holen und gründeten im Oktober 1977 hier eine Crêperie. Heute ist das „Orphée" nicht mehr aus Regensburg wegzudenken (Motto: „45 Jahre kulturelle Aneignung!"). Frühstück, Mittagsmenü, Espresso, Aperitif, Abendessen – in irgendeiner Form sollte man sich das „Orphée" gönnen (→ S. 98). Aber Geldbeutel mitbringen! Dependancen hat das „Orphée" in der Wahlenstraße und im Andreasstadel in Stadtamhof.

Links gegenüber dem „Orphée" fällt eine Baulücke auf. Dort stand das gotische Wollerhaus, in dem von 1841 bis 1907 die Regensburger Synagoge untergebracht war. 1938 wurde der Bau von den Nazis abgerissen.

Den Untere-Bachgassen-Bummel an vielen kleinen Läden entlang könnte man südwärts bis zur Gesandtenstraße fortsetzen. Wir aber biegen schon wenige Meter hinter dem „Orphée" zwischen zwei neobarocken Fassaden (die linke von 1794, die rechte von 1884) rechts in die schmale Gasse „Hinter der Grieb" ein. Und schon fällt man in der Zeit 300 bis 400 Jahre zurück.

Schmal, aber geschäftig: Untere Bachgasse

Hausburg mit Innenhof

Hinter der Grieb

In der Gasse Hinter der Grieb, die ihren mittelalterlichen Charakter bewahrt hat, ragt gleich rechts unübersehbar der original erhaltene siebenstöckige, zinnengekrönte **Löblturm** empor, Baujahr 1270 und von oben bis unten original erhalten. Das nächste Haus mit der säulengestützten Auskragung ist zwar jüngeren Datums (17. Jh.), fügt sich aber harmonisch in den anschließenden mittelalterlichen Baukomplex ein: die Hausburg **„Hinter der Grieb"** (richtig, so wie die Gasse, nach der Besitzerfamilie im Spätmittelalter aber auch Gravenreuterhaus). Sie gruppiert sich um einen Innenhof mit zwei Türmen (13./14. Jh.) und reicht nach hinten raus bis zur Gasse „Vor der Grieb". Ihre spätgotische Südfassade mit Biforien (Zwillingsfenstern), einer Loggia und einem Kastenerker ist eine der schönsten und aufwendigsten mittelalterlichen Bürgerhausfassaden der Stadt.

Von der Steinernen Brücke zum Bismarckplatz → Karte S. 99

Es lohnt sich auch, in den Innenhof zu gehen, den schönen Garten des Restaurants „amore, vino & amici".

Das nächste Haus hier „Hinter der Grieb" ist das **Gasthaus Gravenreuther**, mit dem man das sichtbare Mittelalter wieder verlässt. Auch wenn das Haus selbst älter ist – die originelle klassizistische Fassade stammt aus dem späten 18. Jh. In der Gaststube mit einer schönen Holzdecke von 1905 gibt es eine Kuriosität: Als Konsolfiguren hat man hier Regensburger Originale verewigt, unter anderem den „Mozartl", einen Straßenmusiker, dessen Qualitäten eher nicht an die des Meisters heranreichten ...

Nur ein paar Schritte hinter dem Gasthaus Gravenreuther mündet unser Weg in die **Rote-Hahnen-Gasse**, der wir nach links Richtung Gesandtenstraße folgen. Das Hotel gegenüber heißt übrigens nicht nach der Gasse, sondern umgekehrt: Seit 1577 ist hier ein Gasthaus dieses Namens belegt. Mittlerweile ist das hoteleigene Restaurant sogar mit einem Michelin-Stern dekoriert (→ S. 100).

Die „italienischste" Straße der Stadt

Gesandtenstraße und document Schnupftabakfabrik

Wenn der Haidplatz (→ Tour 3) der „italienischste" Platz der Stadt ist, ist die Gesandtenstraße ihre „italienischste" Straße: Die Cafés und Bars haben jeden freien Platz mit Tischchen und Stühlen belegt, dazwischen drängen sich die Stadtbusse, der Lieferverkehr, Fahrräder mit und ohne Anhänger und natürlich Fußgänger. Nur leiser ist es, es wird nicht gehupt, und Vespas und Mopeds sind weitgehend durch E-Bikes ersetzt.

Von der Rote-Hahnen-Gasse geht man direkt auf das **Zanthaus** (Gesandthausstraße 3) zu, das mit dem rechts danebenliegenden **Ingolstetterhaus** einen geschlossenen Block bildet, der bis zum Gutenbergplatz reicht. Die beiden Familien, die zu den reichsten Patriziern der Stadt gehörten, hatten sich hier seit dem späten 12. Jh. ihre Stadtburgen erbaut. Spuren der einstigen Pracht findet man in den gewölbten Restaurants im Erdgeschoss. Ganz links, an der Ecke zur Spiegelgasse, sieht man das Wappen der Zant, rechts bewachen zwei Löwen (14. Jh.) das Neorenaissanceportal von 1865.

Ohne viel am Gebäude zu ändern, zog 1812 die Schnupftabakfabrik Bernard ein. Furore machte sie mit der genialen Idee, zum Befeuchten des Schnupftabaks statt Wasser Schmalz zu nehmen – daher der hierzulande gebräuchliche Name „Schmalzler". 1999 wurde die Produktion am hiesigen Standort eingestellt und nach Sinzig westlich von Regensburg verlagert. Anschließend wurde der gesamte Block saniert und in Wohnungen, Büros und Restaurants umgebaut. Heute kann man hier das **document Schnupftabakfabrik** erleben, einen Industriebetrieb in den Räumen eines mittelalterlichen Adelspalastes: Zwei Produktionsräume und die „Alchemistenküche", also das Labor, wurden unverändert erhalten – so, als wären die Arbeiter gerade in der Pause. Bei einer mehr als einstündigen fachkundigen Führung wird die den meisten doch etwas fremde Welt des Schnupftabaks erklärt. Man staunt, mit welch vorindustriellen Gerätschaften bis kurz vor der Jahrtausendwende noch produziert wurde. Auch wenn das Thema exotisch ist – als Denkmal der Industriekultur ist das Museum absolut sehenswert.

Führungen im document Schnupftabakfabrik finden Fr–So um 14.30 Uhr statt. Eintritt 5 €, erm. 2,50 €, Familien 10 €. Tickets im Café Anna (Gesandtenstraße 5), Eingang: Gesandtenstraße 3, www.regensburg.de (Kultur/Museen).

Nur 100 m nach dem kleinen Gutenbergplatz, der erst um 1870 durch Abbruch zweier Häuser entstand (und seinen Namen dem Umstand zu verdanken hat, dass gegenüber eine Buchhandlung liegt), steht links dominant das nächste Highlight der Tour: die Dreieinigkeitskirche.

Prototyp der Predigtkirche

Dreieinigkeitskirche

Als der Rat der Stadt 1542 offiziell die Reformation in Regensburg einführte, sah es mit geeigneten Kirchen für die Ausübung des Glaubens nach der neuen Lehre mau aus: Die Stadt hatte nur die unfertige Neupfarrkirche (→ Tour 2) und zwei kleine Spitalkirchen exklusiv zur Verfügung. Hinzu kam die Dominikanerkirche St. Blasius, die man sich mit der „alten" Konfession, den Katholiken, teilen musste. Nachdem sich Letztere 1626 bei der höchsten richterlichen Instanz erfolgreich gegen die lutherische Teilinbesitznahme zur Wehr gesetzt hatten, war es mit der konfessionellen Koexistenz aber wieder vorbei – die Lutheraner mussten ausziehen. Immerhin konnten sie eine satte Entschädigung einstreichen – zusammen mit privaten Spenden (u. a. von aus Böhmen und Österreich vertriebenen Protestanten) ein gutes Startkapital für einen Kirchenneubau.

Die Dreieinigkeitskirche – einer der ersten evangelisch-lutherischen Kirchenneubauten in Bayern überhaupt – wurde ab 1627 gebaut und bereits 1631 eingeweiht, obwohl Südturm und Portale noch nicht ganz fertiggestellt waren. Das geschah auch nicht mehr, denn man befand sich mitten im Dreißigjährigen Krieg, und als katholisch-bayerische Truppen die Stadt besetzten, blieb das Geld logischerweise aus. Für den Baumeister, den Nürnberger Hanns Carl, hatte das paradoxe Folgen: Da er eigentlich Festungsbaumeister war, wurde er kurzerhand zum Ausbau der Stadtbefestigung verpflichtet, mit der sich die katholischen Besatzer die Truppen der schwedischen Protestanten (!) vom Leib halten wollten.

Carl schuf mit der Dreieinigkeitskirche den Prototyp einer evangelisch-lutherischen Predigtkirche, in der das Wort Gottes im Mittelpunkt stehen sollte – eine Kirche zum Zuhören und keine für überwältigende Anblicke wie bei den Katholiken. Epochengeschichtlich kam mit der Dreieinigkeitskirche die Moderne in Form des Barock in die Stadt. Der Grundriss mit den zwei Flankentürmen am Chor war noch traditionell, aber die völlig ungegliederten Außenwände, nur betont durch die Verstärkung an den Ecken und die Umrahmungen der Fenster, waren neu, ebenso die von Säulen gerahmten Portale, nach ursprünglichem Plan von je zwei monumentalen Sitzfiguren flankiert. Die Anordnung der Fenster gibt schon einen Hinweis auf den Innenraum: unten querovale Ochsenaugen, oben hohe

Kirchturm mit Aussicht

rundbogige Fenster. Der weite, helle Innenraum war nun wirklich revolutionär: ein völlig stützenloser Saal, 20 m breit und ebenso hoch. Sogar die Emporen an drei Seiten werden von schräg in der Mauer abgestützten Balken getragen. Nichts sollte den Blick auf Kanzel und Altar verstellen – und damit die zwei zentralen Elemente des evangelischen Gottesdienstes, die Predigt und das Heilige Abendmahl, hervorheben.

Wer wo saß, war ein Spiegelbild der gesellschaftlichen Hierarchie: Die Mitglieder des Inneren Rates nahmen in kunstvoll geschnitztem Gestühl im Chor Platz, die des Äußeren Rates saßen erhöht an den Seiten des Kirchenschiffs, das gemeine Volk saß mitten im Kirchenschiff. Richtig: Es saß! Während Kirchenbänke in römisch-katholischen Kirchen noch weitgehend fehlten, waren sie seit Beginn der Reformation für protestantische Kirchen obligatorisch – die Predigten dauerten halt ... Die Emporen waren dem Adel und den Gesandten vorbehalten, die verglasten Oratorien an den Enden sind eine Ergänzung des 18. Jh.

Schiff und Chor sind von weißen, mit Gold dekorierten Holztonnen überwölbt, die an einem technischen Meisterwerk von Dachstuhl hängen. Die Gewölberippen – im Chor ein gotisierendes Netz, im Schiff ein Sternenmuster – sind nicht etwa aus Stuck: Um das Gewölbe möglichst leicht zu halten, wurden sie aus einer Mischung aus Stoff und Leim gepresst, was ihrer Eleganz aber keinen Abbruch tut. Unbedingt beachtenswert sind der Altar von 1637, gekrönt von einem energisch vorschreitenden Engel von Leonhard Kern, der Schalldeckel der Kanzel (noch ein energischer Engel) und das schöne Chorgestühl. Die Loge auf der Empore unter der Orgel, 1790 eingebaut mit den einzigen Stützen der Kirche, ist Therese von Thurn und Taxis zu verdanken. Die mecklenburgische Prinzessin, Schwester der preußischen Königin Luise, hatte bei der Heirat durchgesetzt, ihren protestantischen Glauben zu behalten.

Gesandtenfriedhof: Durch das Südportal kommt man in den schmalen, mit Grabplatten gepflasterten Hof, der die Kirche im Osten und Süden umgibt. Man hört noch die Geräusche der Stadt und ist doch sofort von der Atmosphäre gefangen: Prunk, wo man hinschaut, und das – auch das typisch barock – am Ort der Vergänglichkeit.

Eigentlich war hier kein Friedhof vorgesehen, dann aber wurden im Dreißigjährigen Krieg schwedische Offiziere hier begraben. Während des Immerwährenden Reichstags forderten protestantische Gesandte einen ähnlich würdigen Begräbnisplatz, wie ihn ihre Kollegen in St. Emmeram hatten. Und so findet sich hier eine beeindruckende Sammlung barocker Grabkultur. Nur ein Beispiel (gleich links vom Südportal): Ein auf einem Sarkophag kniender Putto reicht dem Vater, der sich aus einem Rahmen herabbeugt, das Bildnis seines Sohnes, der kurz nach ihm gestorben ist. Berührend.

Am Kartenstand drinnen gibt es eine kleine Broschüre, falls man Genaueres wissen will.

Turmbesteigung: Die Dreieinigkeitskirche bietet noch eine ganz weltliche Attraktion: den einzigen begehbaren Kirchturm der Altstadt. Er ist 55 m hoch (oder 70? – die Angaben schwanken stark!) und bietet einen einzigartigen Rundblick über die Stadt. Der Aufstieg gen Himmel führt über die Emporen und ist im oberen Bereich etwas mühsam, insgesamt muss man 157 Treppenstufen bewältigen. Lohnend ist es trotzdem.

Mai–Sept. Mi–So 12–18 Uhr, Mo/Di geschl. Eintritt 2 €, erm. 1,50 €, Familien 4 €.

Nach dem Besuch der Dreieinigkeitskirche geht's ein paar Meter weiter auf der Gesandtenstraße bis zur nächsten Kreuzung: rechts die Glockengasse, links die Gasse „Am Ölberg". Hier tut sich ein typisch Regensburger Kontrast auf –

das echte Alte gegen das auf alt Gemachte: in der Glockengasse, unscheinbar, die **Alte Münz**, ein Bürgerhaus aus dem späten 13.–15. Jh., in der bis 1810 die Reichsstädtische Münze untergebracht war; in der Ölberg-Gasse das **Protestantische Alumneum** (= kirchliches Internat) von 1901/02 von German Bestelmeyer, eine Mischung aus deutscher Renaissance und Jugendstil. Der gewaltige Bau, der sogar die gegenüberliegende Kirche dominiert, ist heute Haus der evangelischen Kirche. Am Portal – natürlich – Luther und Melanchton.

Nach St. Emmeram oder gleich zum Ägidienplatz?

Für den weiteren Spaziergang folgen wir der Ölberg-Gasse nach Süden (vorbei am Chor der Dominikanerkirche und den Klostergebäuden) und stoßen schnell auf die Marschallstraße. Hier gibt's zwei Optionen:

– Entweder man folgt der Marschallstraße **nach links Richtung Emmeramsplatz**, um sich die Basilika St. Emmeram und das Fürstliche Schloss Thurn und Taxis anzuschauen (und kehrt im Anschluss an die Besichtigung über die Waffnergasse zurück zur Marschallstraße, um dort dann nach links auf den Ägidienplatz abzubiegen).

– Oder man lässt St. Emmeram aus und folgt an der Kreuzung Am Ölberg/Marschallstraße der Marschallstraße **gleich nach rechts direkt zum Ägidienplatz**.

Wer sich für die große Runde nach St. Emmeram entscheidet, liest weiter ab → S. 91.

Ein Platz als Zankapfel

Ägidienplatz

Dieser kleine, verkehrsreiche Platz war 700 Jahre lang Zankapfel unter drei Nachbarn: Linker Hand der Deutsche Orden, der seit 1220 hier saß, rechts im Norden grenzte das Dominikanerkloster an den Platz, der Westen gehörte der Stadt. Der Streit eskalierte, als die Stadt 1652 hier ein Ball- und Komödienhaus errichtete: Hundert Jahre lang kämpften die beiden Orden juristisch dage-

Die Kirche trennt die Straßencafés vom barocken „Memento mori"

gen, letztlich erfolglos. Das Theater bestand bis Ende des 18. Jh., berühmtester Intendant war ein gewisser Herr Schikaneder, Librettist von Mozarts „Zauberflöte". Erst 1922 wurde der Bau abgerissen, heute steht an dieser platzbeherrschenden Stelle ein historisierendes Wohnhaus von 1923.

An der Ecke zur Waffnergasse steht links das **Neue Deutsche Haus** aus dem 18. Jh., einst Teil der Komturei des Deutschen Ordens, nach der Säkularisation Bleistiftfabrik und heute ein Amt. Gleich dahinter die **Ägidius-Kirche** aus dem 13. Jh., das Schiff überbaut vom **Alten Deutschen Haus** aus dem 17. Jh. Heute ist der ganze Komplex ein Seniorenheim und nicht zu besichtigen. Gegenüber, unverkennbar wegen des Turms mit der Kuppel, ist im ehemaligen Brauhaus der Dominikaner die **Sternwarte Regensburg** untergebracht.

Die Sternwarte hat jeden Freitagabend geöffnet (außer feiertags und vom 1.6. bis 15.7.):

Mai–Aug. Fr 21 Uhr, Sept.–April 20 Uhr, Einlass jeweils 15 Min. vorher. Eintritt frei. Ägidienplatz 3, ✆ 0941-562682, www.sternwarte-regensburg.de.

Am großen Bau des Alten Gymnasiums (1872/73) entlang verlässt man den Ägidienplatz und biegt rechts in den Beraiterweg ein, nach 100 m steht man am südlichen Ende des Bismarckplatzes (→ S. 91). Rechter Hand liegt der Albertus-Magnus-Platz, eigentlich nicht mehr als der Vorplatz der Dominikanerkirche St. Blasius.

Höher als erlaubt

Dominikanerkirche St. Blasius

Die hohe, schlanke Fassade mit dem Doppeltor ist fast hinter den Bäumen verborgen. St. Blasius ist die größte Dominikanerkirche in Süddeutschland,

Regensburg im Kasten

Albertus Magnus: Universalgelehrter, Kirchenlehrer, Heiliger (und Frauenverächter?)

Das Leben und Werk von Albertus Magnus (ca. 1200–1280) kann man kaum kurz zusammenfassen. Um 1200 in Lauingen an der Donau geboren, trat er 1223 dem Dominikanerorden bei. Er studierte in Padua und lehrte an verschiedenen Standorten seines Ordens in Süddeutschland, darunter Regensburg, und schließlich auch Paris. 1248 baute er die Ordensschule in Köln auf, wo Thomas von Aquin sein Schüler war. In den 1250ern bereiste er als Provinzial des Ordens Süddeutschland, um die Klöster wieder auf Vordermann zu bringen. Er war also nicht nur Universalgenie, der über das geballte Wissen seiner Zeit verfügte, der jüdische und islamische Texte studierte, der antikes aristotelisches Denken mit dem Christentum in Einklang bringen wollte, nein, er war auch noch ein sehr erfahrener Verwaltungsfachmann. Das brachte ihn dann auch nach Regensburg: 1245 war die Stadt gerade freie Reichsstadt geworden, der neue Bischof wollte den Machtverlust nicht hinnehmen und führte einen langen Kleinkrieg gegen König, Herzog und Bürger, er ließ sogar ein Attentat auf König Konrad IV. verüben. 1259 war das Bistum dann wirtschaftlich und organisatorisch so am Ende, dass der Papst eingriff und Albertus ein Jahr später gegen seinen Willen nach Regensburg beorderte. Und? Albertus kam, sah und regelte die Dinge. Sein Schüler Leo Tundorfer wurde Bischof, und er selbst kehrte zu seinen Studien zurück. Ein perfekter Mann, könnte man meinen.

Nicht ganz. Einen auch von einer breiten Öffentlichkeit wahrgenommenen Schatten ins ansonsten glänzende Bild warf 1980 ein Zwischenruf der streitbaren Theologin Ute Ranke-Heinemann: Albertus habe „im Jahre 1248 mit seinem Rat und seiner Unterschrift die Verbrennung von 24 Wagenladungen jüdischer Glaubensbücher gutgeheißen", sei also ein „erbarmungsloser [...] Vernichter jüdischer Gelehrsamkeit" (Spiegel, 11. Januar 1981) gewesen. Außerdem könne man in seinem Werk allerlei Frauenverächtliches nachlesen, darunter aus moderner Sicht bizarre Einschätzungen wie: „Die Frau ist ein missglückter Mann und im Vergleich eine fehlerhafte Natur." Der Aufstand war beträchtlich, verebbte dann aber schnell. Heute ist von der „Affäre Albertus Magnus" zumindest in gängigen enzyklopädischen Darstellungen keine Spur mehr zu finden. Das mag mit dem inzwischen erheblich gesunkenen Bekanntheitsgrad ihrer Urheberin, Ute Ranke-Heinemann, zusammenhängen. Sicher hat es aber damit zu tun, dass Albertus Magnus, was das Frauenbild anbelangt, eigentlich nur an die tradierten Auffassungen der antiken Autoritäten anknüpfte – insbesondere an Aristoteles, von dem das Bild der Frau als „unvollkommener Mann" ursprünglich stammt.

eine der ältesten Deutschlands und die erste in (früh)gotischen Formen. 1229 kamen die Dominikaner nach Regensburg, ein Jahr später war Baubeginn, doch es dauerte 150 Jahre bis zur Vollendung. St. Blasius ist eine sehr schlicht gehaltene dreischiffige Basilika ohne Querschiff und mit drei gestaffelten, sehr tiefen Chören. Über 72 m lang und extrem hoch (23 m), viel höher, als es die Ordensregel erlaubte. Vielleicht war man hier mit der etwa zeitgleich entstandenen Franziskanerkirche im Osten der Stadt (→ Tour 1) in Konkurrenz getreten. Die Höhe, zusammen mit dem durch die Ordensregel vorgeschriebenen sparsamen Strebewerk, hat wohl die statischen Probleme verursacht, die im Lauf der Jahrhunderte immer bedrohlicher wurden.

Bauschmuck gibt es wenig, neben den Schlusssteinen der Gewölbe drei Figuren im nördlichen Nebenchor, darunter auch Klosterbruder Diemar mit Zirkel. Selbstbildnis des Baumeisters? Im Chor haben sich Wandmalereien erhalten, besonders sehenswert ist aber der Fries im südlichen Seitenschiff mit den 14 Nothelfern (1331), eine der frühesten Darstellungen dieses Themas. Von der mittelalterlichen und barocken Ausstattung ist nur wenig erhalten, am auffälligsten sind die vielen gut gearbeiteten Grabplatten und Epitaphe.

St. Blasius ist seit vielen Jahren wegen Renovierung geschlossen, die Wiedereröffnung ist für den Sommer/Herbst 2023 geplant.

Ein Platz fürs Theater

Bismarckplatz

Der lang gestreckte, rechtwinklige Platz zieht sich über zwei Terrassen bis zum Stadttheater hinunter. Seinen Abschluss bildet die strenge, mit Mittelrisalit und seitlichen Altanen gegliederte Nordfassade des Stadttheaters, dessen Rückfront am unmittelbar benachbarten Arnulfsplatz (→ S. 102) liegt. Bevor das Theater 1804/05 nach Plänen des fürstlichen Baumeisters d'Herigoyen errichtet wurde, erstreckte sich hier übergangslos das weite Areal des Jakobshofs, das erst durch den Theaterbau in die zwei Plätze Bismarck- und Arnulfsplatz aufgeteilt wurde. Ersterer wurde zunächst Oberer Jakobshof genannt, die Umbenennung in Bismarckplatz erfolgte 1885, der Reichskanzler war damals in bürgerlichen Kreisen äußerst populär.

Der Bismarckplatz ist ein Stück größer als der Arnulfsplatz, vor allem aber ist er der „feinere" Platz: im Norden die Schaufront des auch nach vielen Umbauten im Wesentlichen klassizistischen **Theaters**, im Süden das zeitgleich mit dem Theater ebenfalls von d'Herigoyen errichte **Präsidialpalais** mit seinem monumentalen Säulenportikus – ein klassizistischer „Festsaal" vor den Toren der mittelalterlichen Stadt, heute flankiert von der Außenbestuhlung der Cafés.

Kloster St. Emmeram

Großartige Portalwand

Emmeramsplatz

Wer über die Marschallstraße zum Emmeramsplatz vorstößt, betritt „politisches Terrain": Hier lag die Kaiserpfalz Arnulfs von Kärnten, linker Hand stand der Freisinger Hof, erste Residenz der Fürsten von Thurn und Taxis (1748). Heute hat in dem mehrfach veränderten klassizistischen Gebäude die Regierung der Oberpfalz ihren Sitz. Rechts das sog. Äußere Palais, heute ebenfalls Teil der Regierungsgebäude, in dem die Thurn und Taxis nach dem Brand des Freisinger Hofs 1792–1812 residierten. Trotzdem: Wären da nicht die großartige Portalwand des Klosters und der Turm der Basilika, der leider im unteren Bereich vom Pfarrhaus (1890) verdeckt wird, würde der Eindruck eines Großparkplatzes überwiegen. Doch der Reihe nach.

Von der Wallfahrt zum Kloster

Klostergeschichte

Das Kloster St. Emmeram war über tausend Jahre lang eines der bedeutendsten und einflussreichsten Benediktinerklöster Bayerns, außerdem Grablege von karolingischen Königen und bayerischen Herzögen. Gegründet wurde es um 739 als Benediktinerkloster, Keimzelle war eine kleine Georgskapelle, unter der sich der Legende nach das Grab des hl. Emmeram befand, das zum Wallfahrtsort mit Wallfahrtskirche geworden war.

Ab 780 entstand eine dreischiffige Basilika, die zwischen dem 10. und 12. Jh. sukzessive erweitert wurde. Bis 975 war sie die erste Regensburger Bischofskirche, danach wurden die Ämter des Abtes und des Bischofs getrennt. Arnulf von Kärnten ließ nach seiner Wahl zum König und wahrscheinlich noch vor seiner Kaiserkrönung (891) unmittelbar bei der Basilika eine Kaiserpfalz errichten, Regensburg sollte ein zweites Aachen werden.

Mitte des 11. Jh. entwickelte sich das Kloster zum bedeutenden Standort der Buchmalerei. Von den damals hier entstandenen Werken ist leider nichts mehr zu sehen, weil alles im Lauf der Jahrhunderte verschenkt oder zerstört wurde bzw. nach der Säkularisation in München oder andernorts landete. Zur selben Zeit war St. Emmeram maßgeblich an kirchlichen Reformbewegungen beteiligt, bei denen es im Kern darum ging, sich auf alte klösterliche Werte und Ideale zurückzubesinnen und die Kirche von weltlichen Abhängigkeiten zu befreien. Ab 1663, dem Beginn des Immerwährenden Reichstags, logierte der Vertreter des Kaisers im Kloster, 1731 wurden die Äbte zu Reichsfürsten erhoben. Im 17./18. Jh. avancierte St. Emmeram zum bedeutenden Zentrum der Wissenschaft und machte als solches zeitweise der Mitte des 18. Jh. gegründeten Bayerischen Akademie der Wissenschaften Konkurrenz. 1803 schließlich wurde das Kloster im Rahmen der Säkularisierung aufgelöst. Die Klostergebäude kamen 1810 in den Besitz des Fürstenhauses der Thurn und Taxis, die es zu ihrer Residenz Schloss St. Emmeram umbauten. Ausgenommen davon waren die Sakralgebäude: die Kirche St. Emmeram (→ S. 93) mit zugehörigem freistehendem Glockenturm und St. Rupert (→ S. 95), die ehemalige Pfarrkirche des Klosters an der Nordseite der größeren Basilika.

Für die Familienehre

Legende um den hl. Emmeram

Die Geschichte von St. Emmeram beginnt mit einem brutalen Mord, die Beweggründe sind – der Legende nach – zeittypisch: Es geht um Rache, Vergeltung und die Wiederherstellung der Familienehre. Emmeram, fränkischer Wanderprediger und Bischof von Poitiers in Aquitanien, war um die Mitte des 7. Jh. nach Regensburg gekommen und hatte dort im Auftrag von Herzog Theodo I. Missionsarbeit geleistet. Damit hätte es gut sein können, doch bedauerlicherweise wurde Emmeram in eine ausgemachte Familientragödie verstrickt, die sich ausgerechnet auch noch im Hause seines Dienstherrn Theodo ereignete. Dessen Tochter Uta hatte eine heimliche Liaison mit dem Sohn eines herzoglichen Richters, die in die größte anzunehmende Katastrophe mündete: eine uneheliche Schwangerschaft. In ihrer Not wandte sich Uta an Emmeram, der ein waghalsiges Manöver vorschlug: Uta möge ihn, Emmeram, als Vater des zu erwartenden

Ort der Ruhe: Vorhalle von St. Emmeram

Kindes ausgeben und die tatsächliche Vaterschaft des Richtersohnes verschweigen. So geschah es dann auch – mit absehbaren Folgen: Theodos Sohn Lambert wollte die Familienehre wiederherstellen und ließ Emmeram, auf eine Leiter gebunden (die später sein Attribut werden sollte), auf schreckliche Weise zu Tode foltern. Als später die wahren Umstände der Geschichte ans Licht kamen, wurde der Leichnam Emmerams nach Regensburg gebracht und in der kleinen Georgskapelle südwestlich der Mauer begraben. Dass er die Schuld eines anderen auf sich genommen hatte, machte Emmeram zum Märtyrer. Es entstand schnell eine Wallfahrt, die eine größere Kirche nötig machte, und es entstand ein Kloster, das zu den einflussreichsten im Süden Deutschlands werden sollte. Unter Gaubald, dem ersten Bischof von Regensburg und zugleich Abt des Klosters, wurde Emmeram 740 heiliggesprochen.

Weniger gut (oder schlecht, wie man's nimmt) ging die Geschichte übrigens für Uta aus: Sie wurde in Schimpf und Schande nach Italien verbannt.

Stuck, Gold und Farbe

Basilika St. Emmeram

Die zweitorige, zweigeschossige **Portalwand** schließt das Kirchenareal zum Emmeramsplatz ab. Hinter der Portalwand, die ursprünglich Teil einer Halle war, eröffnet sich ein baumbestandener, von Mauern flankierter Weg, der auf die zweischiffige, fast quadratische romanische **Vorhalle der Basilika** zuführt. Die oberen Blendarkaden der Portalwand sind ausgemalt: Christus als Schmerzensmann. Im Mittelfeld unten sieht man die Darstellung einer Kreuzwegstation. Auf dem kurzen Weg zur Vorhalle sieht man rechts Grabdenkmäler, links den **freistehenden Turm** der Basilika, der im Kern aus dem 10. Jh. stammt, 1575 ummantelt und 1777 mit einem Helm mit Uhrengiebeln versehen wurde. Der erst auf den zweiten Blick erkennbare Schmuck an den Wänden besteht aus leeren Baldachinen und Sockeln für ein Figurenprogramm, von den ursprünglich 38 Statuen existieren nur noch 12.

Von der Steinernen Brücke zum Bismarckplatz → Karte S. 99

Auch die Vorhalle ist mit Grabplatten und Skulpturen geschmückt, darunter ein Christopherus und ein Sebastian. Am bedeutendsten sind die drei Reliefs an der Südwand: Christus in der Mitte, Emmeram links und Dionysius rechts. Sie flankieren die eigentümliche Portalanlage: halbrunde Nischen, die in die zwei Teile der Kirche führen, die linke in die Basilika, die rechte in das Westquerhaus und den Dionysiuschor.

Beim Eintritt ins Westquerhaus ist man überwältigt: ein gewaltiger kubischer Raum, 18 m hoch, durch einen fast raumhohen Rundbogen von der ebenso hohen **Dionysiuskapelle** getrennt (hl. Dionysius, im 3. Jh. Missionar in Gallien, erster Bischof von Paris). Auch wenn die bemalte Kassettendecke aus dem 17. Jh. stammt, entspricht der Eindruck dem der Erbauungszeit. Die Dionysiuskappelle ist wie ein Sockel weit in den Raum gezogen, unter ihr befindet sich die **Wolfgangskrypta**, zu der man rechts hinuntersteigt (hl. Wolfgang, ab 972 Bischof von Regensburg). Diese nahezu quadratische Hallenkrypta ist noch im Originalzustand erhalten: ein Wald von Säulen, überspannt von einem hohen Kreuzgratgewölbe, die Wände halbrunde Nischen – ein einzigartiges Raumerlebnis. Im Osten eine Confessio mit den Gebeinen der Heiligen, ihr gegenüber ein steinerner Bischofsthron (10.–12. Jh.).

Im Säulenwald der Krypta

Neben dem bedeutenden Kreuzaltar von 1650 oben im Dionysiuschor fallen noch die beiden großen Barockgrabmäler an der Westwand auf, im Norden für Ignaz Anton von Otten (nach 1737), im Süden das wirklich pompöse für Alexander Ferdinand von Thurn und Taxis (nach 1797): Der Tod ist überwunden, links und rechts Frömmigkeit und Gerechtigkeit, oben der Glaube.

Das **Mittelschiff** ist durch den Orgelprospekt von 1669 fast völlig verschlossen, wenn man jetzt hinüber in das **südliche Seitenschiff** geht, betritt man eine andere Kirche. Der dreischiffige Bau war in seinen Dimensionen spätestens um 1000 festgelegt, die Breite des Mittelschiffs bereits 780. Die Seitenschiffe wurden im 12. Jh. gewölbt, das Mittelschiff nach 1731 von Johann Michael Prunner aus Linz umgebaut und von den Brüdern Asam stuckiert und ausgemalt.

Der erste Weg führt zum Georgschor am Ende des südlichen Seitenschiffs. Das bedeutendste Grabmal auf dem Weg dorthin (wegen des hausförmigen Gitters nicht zu verfehlen) ist das Hochgrab des hl. Wolfgang. Etwa ebenso alt (ca. 1350) ist das Grabmal des hl. Emmeram einige Meter weiter. An dieser Stelle soll sich die Georgskapelle befunden haben, in der er bestattet wurde. Ungewöhnlich ist die Platte über der Heiligenfigur. Sie spielt darauf an, dass sein ursprüngliches Grab unter einer Steinplatte gelegen haben soll. Der Kreuzaltar dahinter stammt von 1737, das Kreuz aus dem frühen 13. Jh.

Ausgemalt ist der Raum von Cosmas Damian Asam und von Johann und Otto Gebhard aus Prüfening.

Nun endlich zurück ins **Hauptschiff:** Eingerahmt von der barocken Orgelwand und dem Hauptaltar aus derselben Zeit (1669), entfaltet sich hier die Kunst von Cosmas Damian (1686–1739) und Egid Quirin Asam (1692–1750). Kaum eine freie Fläche: Wände und Gewölbe sind überzogen von Stuck, Gold und Farbe. Der wuchtige Hochaltar in Schwarz und Gold vom Emmeramer Klosterbruder Wolf enthält in einem mittelalterlichen Schrein die Reliquien des Heiligen. Darüber ein Altarbild von Joachim von Sandrart (1660), das das Martyrium des hl. Emmeram zeigt. Der Chorraum wird flankiert von zwei aufwendig dekorierten Altären von 1731. Über den Oratorien Statuen zweier Kaiser, Karls des Großen und Heinrichs II. Sie sind der Höhepunkt der Stuckfigurenreihe im Schiff, die immer im Wechsel mit gerahmten Gemälden über den Arkaden stehen – alles bedeutende Persönlichkeiten des Ordens. Die großen, goldgerahmten Deckenbilder zeigen im Chor den hl. Benedikt, im Schiff zwei Ereignisse aus der Geschichte des Klosters, die aber so nicht stattgefunden haben: christliche Märtyrer in Regensburg und die Befreiung von bischöflicher Macht durch Papst Leo III. (das passierte erst 500 Jahre später). Schauen Sie sich um, bevor es im nördlichen Seitenschiff wieder ins Mittelalter geht – vor allem die Kanzel verdient ein paar Minuten.

Im **nördlichen Seitenschiff** begrüßt uns eine elegante Herrscherin im Stil des 13. Jh.: Hema, die Frau Kaiser Ludwigs des Deutschen. Zwei Joche weiter befinden sich die Gräber der bayerischen Herzöge Heinrich und Arnulf (beide 10. Jh.). Ganz im Osten zeigen freigelegte Bögen das Alter und die bewegte Baugeschichte der Kirche. Hier geht es auch zu den ältesten Teilen von St. Em-

Ein Buch mit sieben Siegeln

meram, der **Ringkrypta** von 780 und die **Ramwold-Krypta** östlich davon (ca. 980), die im 18. Jh. stark verändert wurde. Diese Räume mit ihrer wertvollen Ausstattung sind nur im Rahmen einer Führung zu besichtigen.

Durch das etwas dunkle Seitenschiff geht man nun zurück in die Vorhalle. Wer möchte, kann noch in die gleich rechts liegende Kirche St. Rupert gehen.

Spätrokoko mit langer Geschichte

St. Rupert

Der hl. Rupert, dem die ehemalige Pfarrkirche des Klosters geweiht ist, soll den Agilolfinger Theodo getauft haben. Die Kirche verheimlicht ihre lange Geschichte nicht: romanisch die Anfänge, spätgotisch Chor und Seitenschiff, barock der Altar. Heute, nach dem letzten Umbau von 1765, zeigt sie sich als heller Spätrokokobau, ausgestattet von zwei einheimischen Künstlern. Das Deckengemälde demonstriert sehr drastisch den Sieg des Christentums über das Heidentum.

Schöner wohnen

Schloss St. Emmeram

Wenn man die Vorhalle der Basilika verlässt, führt vis-à-vis ein kleiner Pfad zur Straße, die nach links ins Schloss hineinführt. Mit „weit über 500 Räumen ist es das größte privat bewohnte Schloss Deutschlands", so die Selbstauskunft der Fürstenfamilie.

An der Schautafel hier kann man sich einen ersten Überblick über die Anlage verschaffen. Links der Westchor der Basilika, ihm gegenüber der Alte Marstall. Südlich anschließend an die Basilika der älteste Teil des Klosters um den Kreuzgang, der Alte Konvent, östlich anschließend der L-förmige Neue Konvent aus dem 17. Jh., dann der Ostflügel mit den Prunkräumen und schließlich der Südflügel, dazu der Innere Südflügel, der die Schlossstraße, an deren Anfang man steht, abschließt, beide in Neorenaissanceformen des späten 19. Jh.

Der **Alte Marstall** war das erste Neubauprojekt nach der Übernahme des Klosters durch die fürstliche Familie Thurn und Taxis, 1827–1831 entstand er statt des Klostergartens in klassizistischen Formen. Nicht ohne Grund: Ein Marstall (von mhd. *mar* = Mähre/Pferd) als Zweck- und Repräsentativgebäude zur Unterbringung von Pferden, Kutschen usw. gehörte spätestens seit der Barockzeit zu einem Fürstenschloss, auch als Ort höfischer Veranstaltungen. Die dreiflügelige Anlage, in der Mitte die Reithalle, links und rechts Ställe, birgt heute zwei bedeutende Sammlungen: die **Fürstliche Schatzkammer** (wertvolles Mobiliar, Porzellan, Zierwaffen, Gold- und Silberschmiedekunst) und den **Fürstlichen Marstall** (Kutschen, Schlitten, Sänften, dazu Galageschirr und prunkvolles Reitzubehör).

Zwischen Altem Marstall und Schloss

Der Alte Marstall hat Do–So und am Feiertag 11–16 Uhr geöffnet. Eintritt 4,50 €, erm. 3,50 €, Tickets online oder an der Kasse gegenüber. Audioguides gratis. www.thurnundtaxis.de. Im Glastunnel am Marstall ist ein Café (→ S. 100) untergebracht – vom Angebot her keinen Umweg wert, aber ein guter Zwischenstopp.

Das eigentliche Schloss gegenüber, vor allem die **Prunkräume** und den **Kreuzgang,** kann man nur in einer etwa 90-minütigen Führung besichtigen: Die lohnt aber! Die Tour beginnt auf der linken Seite vor der Information. Sie führt über den Kurfürstenhof in den Südflügel mit seinen pompösen Treppenhäusern und dem Wintergarten, weiter in den Ostflügel mit einer ganzen Kette von Prunkräumen und endet in dem großartigen gotischen Kreuzgang mit der Gruftkapelle aus dem Jahr 1836, einem der frühen neugotischen Repräsentationsbauten. Leider nicht dabei ist die zweigeschossige Hofbibliothek, 1733 von Johann Michael Prunner erbaut und etwas später von Cosmas Damian Asam ausgemalt. Heute undenkbar, aber 1812 war Asam „out", der Regensburger Maler Josef Zacharias übermalte die Decke im Zeitgeschmack. Erst 1967 wurde das Werk von Asam wiederentdeckt und freigelegt.

Man erfährt viel über die Familie, Geschichte und Kunst, gewürzt natürlich mit Geschichtchen und Anekdoten aus dem Fürstenhaus. Alles in allem: eine kurzweilige Unternehmung.

Regensburg im Kasten

Familie von Thurn und Taxis

Nicht erst seit der großen Medienpräsenz der zweitweise schrill auftretenden Fürstin Gloria, nein, seit über 270 Jahren ist die Familie der Fürsten von Thurn und Taxis aus Regensburg nicht wegzudenken. Bekannt geworden sind die Thurn und Taxis als „Generalpostmeister" des Reiches – sie waren die Post schlechthin!

Die Wurzeln der Taxis liegen in der norditalienischen Lombardei, die Familie der Tasso ist dort seit dem 12. Jh. belegt. Tasso heißt „Dachs", die Eindeutschung vollzog sich über die „Daxen" zu den „Taxis". Im 14. und 15. Jh. organisierte die Familie überaus erfolgreich einen Postdienst in Italien. 1490 beauftragte sie der deutsche König und spätere Kaiser Maximilian I., einen solchen Postdienst für die Habsburger einzurichten. Durch das burgundische Erbe waren Maximilians Besitzungen weit verstreut, sodass die Kaiserliche Reichspost quasi europaweit agierte, immer mit einem Taxis an der Spitze. Hauptsitz war bis 1701 Brüssel, dann Frankfurt, ab 1748 Regensburg. Die Geschäfte liefen glänzend, Vermögen und Ansehen der Familie stiegen stetig: 1608 wurden die Taxis Reichsfreiherren, 1623 erbliche Grafen. Zufällig „fand" man gerade da die Verwandtschaft mit der italienischen Adelsfamilie „della Torre", 1650 gestattete Kaiser Ferdinand III., den Familiennamen auf „von Thurn und Taxis" zu erweitern, nun stand einem Aufstieg in den Fürstenstand nichts mehr im Wege (1695). Man war aber nicht nur Dienstleister des Reiches, man machte aktiv Politik. Nach dem Tod des Habsburgers Karl VI. unterstützte Alexander Ferdinand von Thurn und Taxis massiv die Wahl des Wittelsbachers Karl Albrecht. Der Reichstag war gerade nach Frankfurt gezogen, und Karl VII. machte Alexander Ferdinand zu seinem Vertreter, zum Prinzipalkommissar. Das wäre beinahe ins Auge gegangen: Karl starb überraschend schon 1745, und dass Alexander Ferdinand auf den Wittelsbacher gesetzt hatte, nahm ihm der nächste Kaiser Franz I. übel. Der war wieder ein Habsburger, und Alexander Ferdinand musste viel bieten, um sein Amt, das er prompt verloren hatte, wiederzubekommen: Er verpflichtete sich, mit dem Postgeheimnis „großzügig" umzugehen und dem Reichstag 1748 nach Regensburg zu folgen. Dort erfüllte die Familie ihre Pflichten und inszenierte sich selbst mit allem Pomp.

Das 18. Jh. war die wirtschaftlich erfolgreichste Zeit ihres Unternehmens, die Gewinne wurden in den Erwerb von Ländereien investiert. Aber ab 1790 bröckelte es: Im Zuge der Französischen Revolution verloren die Thurn und Taxis zunächst ihre Postrechte in den linksrheinischen Gebieten, unter napoleonischer Herrschaft folgten weitere Verluste. Mit der Auflösung des Reiches 1806 war dann das Ende der Kaiserlichen Reichspost besiegelt. In den größeren Ländern des (neuen) Deutschen Bundes büßten die Thurn und Taxis ihre Postrechte sofort ein, in den kleinen Ländern dauerte es noch bis 1857, dann war endgültig Schluss. Der Schaden hielt sich jedoch in Grenzen, denn die Thurn und Taxis wurden großzügig abgefunden. Von Bayern wurden sie 1812 mit Besitz in und um Regensburg entschädigt, allen voran mit dem Kloster St. Emmeram. Als 1880 das erst 1845 erbaute Familienschloss im nahen Donaustauf abbrannte, ließen sie die Klosteranlagen ab 1883 zu ihrem neuen Schloss und Familiensitz umbauen.

Nicht immer sind Regensburg und die Thurn und Taxis einander grün – so rief beispielsweise 2007 der Plan, St. Emmeram zu einem Tagungshotel umzubauen, gewaltigen und letztlich erfolgreichen Widerstand hervor. Im Prinzip jedoch gehört der „Fürscht" zur Stadt. Familienoberhaupt ist seit 1990 Fürst Albrecht II., einer der reichsten Junggesellen des Landes.

Führungen Mo–Fr 10.30/12.30/14.30 Uhr, Sa/So/Feiertag zusätzlich 11.30 und 13.30 Uhr. Eintritt 16 €, erm. 14 €. Audioguides gratis. Max. 35 Personen, Tickets online, an der Kasse Restplätze erst eine Stunde vorher. www.thurnundtaxis.de.

Wieder am Startpunkt angekommen, wendet man sich nach links und geht am Ende durch eine Passage rechts in die Waffnergasse. Rechts gegenüber der **Neue Marstall**, heute das Fürstliche Brauhaus. Erbaut wurde er kurz nach 1900 durch den fürstlichen Hofbaumeister Max Schultze, der auch für den Südflügel verantwortlich war.

Bevor man nach rechts in die Stadt zurückgeht, erst ein paar Schritte nach links: Das alte **Emmeramer Tor** aus dem 13./14. Jh., das sichtbar, aber nicht zugänglich im Park liegt, das **Helenentor** von 1904 (ebenfalls Max Schultze) und die **Helenenbrücke**, die über den alten Stadtgraben in die Fürst-Anselm-Allee führt, bilden ein schönes, nahezu romantisches Ensemble. Benannt ist das Tor nach Helene von Thurn und Taxis, der Schwester von Sisi (genau die Sisi!).

Nach der Besichtigung von St. Emmeram macht man kehrt, geht am Brauhaus vorbei die Waffnergasse entlang bis zur Marschallstraße und hier links auf den Ägidienplatz (→ S. 89).

Praktische Infos

→ Karte S. 99

Restaurants, Biergärten, Imbisse …

Orphée 16, es nennt sich bescheiden „Bistro" und „Crêperie" und ist den ganzen Tag geöffnet: Frühstück, einen Kaffee oder ein Weinchen zwischendurch, was Kleines zum Mittagessen. Aber abends dann bietet es eine vollwertige Karte mit klassischer französischer Küche, mediterran erweitert – man kann in Urlaubserinnerungen eintauchen. In einem bleibt es Bistro: Man sitzt eher dicht an dicht. Tägl. 8–1 Uhr. Untere Bachgasse 8, ✆ 0941-94152977, www.hotel-orphee.de. **€€€/€€€€**

Mirabelle 15, auch hier geht's französisch zu. Stephane Seddiki bietet seinen Gästen die klassische Küche seines Heimatlands (natürlich mit Schnecken und Boeuf Bourguignon), ist aber immer auch auf der Suche nach Neuem. Die Küche braucht sich also durchaus nicht vor der des „Orphée" zu verstecken. Die Räumlichkeiten sind aber ganz anders: im klassischen Stil bürgerlich. Eine echte Alternative, auch preislich. Kleine Karte. Ach ja, einen schönen Innenhof gibt's auch. Di–Sa 18–24 Uhr. Drei-Mohren-Str. 11, ✆ 0941-5956550, www.mirabelle-regensburg.de. **€€**

991 SOY Sushi & Panasian 10, der Name ist Programm: die Sushi-Karte ist üppig, Sashimi, Rolls, Nigiri, Maki usw., große Auswahl und sehr fein. Aber auch die übrige Karte kann sich sehen lassen. Unten bei der Küchentheke zurückhaltend möbliert, oben, nach dem etwas protzigen Lüster über der Treppe, wird's feiner. Beim Reinkommen im ersten Moment etwas düster, aber das gibt sich. Großzügig portionierte Mittagmenüs. Di–So 11.30–14.30 u. 17.30–22.30 Uhr. Drei-Mohren-Str.1, ✆ 0941-59999686, www.991soy.de. **€/€€**

Zur geflickten Trommel 35, warum nicht in der mittelalterlichen Stadt in eine ebensolche Taverne? Versteckt im Hinterhof eines Wohnturms, den man in der engen Gesandtenstraße immer übersieht (schauen Sie vor „Vodafone" mal nach oben, gleich daneben geht es rein). Man steigt ein paar Stufen hinunter: Gewölbe und eine schwere Holzdecke, lange Tische mit Bänken, Felle und Decken, Tonkrüge und -teller – wie bei Ritters! Nur die Musik ist eher irisch. Die Küche beschränkt sich im Wesentlichen auf Flammkuchen und überbackene Brote, aber die sind gut. Spanferkel und „Ritteressen" nur auf Vorbestellung. Essen gibt's bis 22 Uhr, keine Kartenzahlung. Di–So 17–24 Uhr. Gesandtenstr. 2, ✆ 0941-56996489, www.zur-geflickten-trommel.de.

amore, vino & amici 20, hier stimmt alles: tolle historische Räume in einem gotischen Palast mitten in der Stadt, ein Traum von Innenhof, lockere Atmosphäre und eine solide italienische Küche mit Pizza, Pasta und viel Fisch – nichts Verkünsteltes, aber durchaus originell, satt wird man auch. Di–Do 17–22 Uhr, Fr 12–14.30 u. 17–23 Uhr, Sa 12–23 Uhr, So 17–22 Uhr. Hinter der Grieb 8, ✆ 0941-9308 1525, https://e-amici.de. **€€**

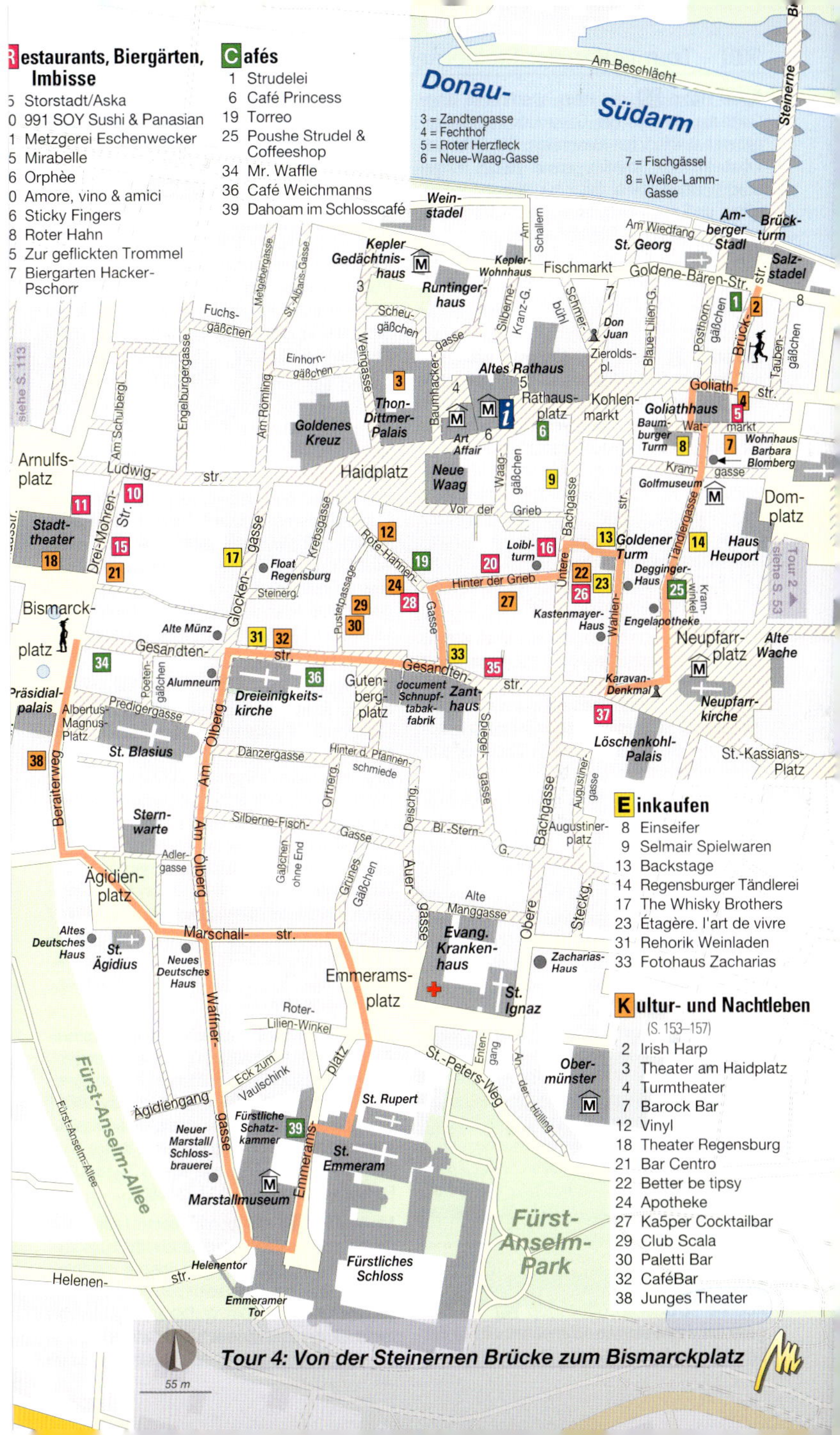

Tour 4: Von der Steinernen Brücke zum Bismarckplatz

Enge Gassen, weite Parks

Tour 5

Eine Tour durchs eher unbekannte Regensburg abseits der großen Touristenströme. Größtes Highlight ist Nordportal der Kirche St Jakob, besser bekannt als das „Schottenportal". Aber auch sonst gibt es einiges zu entdecken.

Herz-Jesu-Kirche, imposanter Bau im Spannungsfeld von Tradition und Moderne, → S. 106

Herzogspark, Idylle auf den alten Befestigungsanlagen über der Donau, → S. 108

Schottenkirche St. Jakob, innen schlicht, außen das einzigartige Schottenportal, → S. 110

Versteckte Schätze

Im ruhigen Westen

Vom Verkehrsknotenpunkt Arnulfsplatz geht's zunächst durch ruhige mittelalterliche Wohngassen zur Donau – inklusive Abstecher zum Inselchen Oberer Wöhrd mit sonnenverwöhntem Biergarten und grandiosen Ausblicken auf die Altstadt. Man entdeckt Kirchen, ein altes Handwerkerviertel, das Naturkundemuseum in einem herrschaftlichem Palais und den dazugehörenden kleinen Herzogspark, der schöne Blicke auf die Donau eröffnet. Auf dem Rückweg geht's durch Regensburgs altstadtumgebenden Grüngürtel zum Kunstforum Ostdeutsche Galerie, in dem auch ein paar Berühmtheiten zu bewundern sind. Dann der Höhepunkt der Tour: das großartig-rätselhafte Schottenportal der Kirche St. Jakob. Von dort ist man schnell wieder zurück beim Ausgangspunkt der Tour, dem Arnulfsplatz. Oder man besucht dessen unmittelbaren Nachbarn, den klassizistisch geprägten Bismarckplatz mit Regensburgs Stadttheater – und mit Cafés für ein Abschlussgetränk.

Wer noch ein Stück laufen will, kann die Tour auch im Altstadtparkgürtel ausklingen lassen: auf der Fürst-Anselm-Allee, die den Bogen nach Osten spannt und direkt zum Bahnhof führt.

Spaziergang

Der **Arnulfsplatz** ist ein verkehrsreicher Platz, in dessen Mitte sich – was sonst? – eine Bushaltestelle befindet (bis 1929 stand hier immerhin noch ein Brunnen). Man blickt hier auf die Rückseite des Theaters, das 1804/05 entstand und auf eine Schlag aus dem zusammenhängenden Areal des sog. Jacobshofs zwei

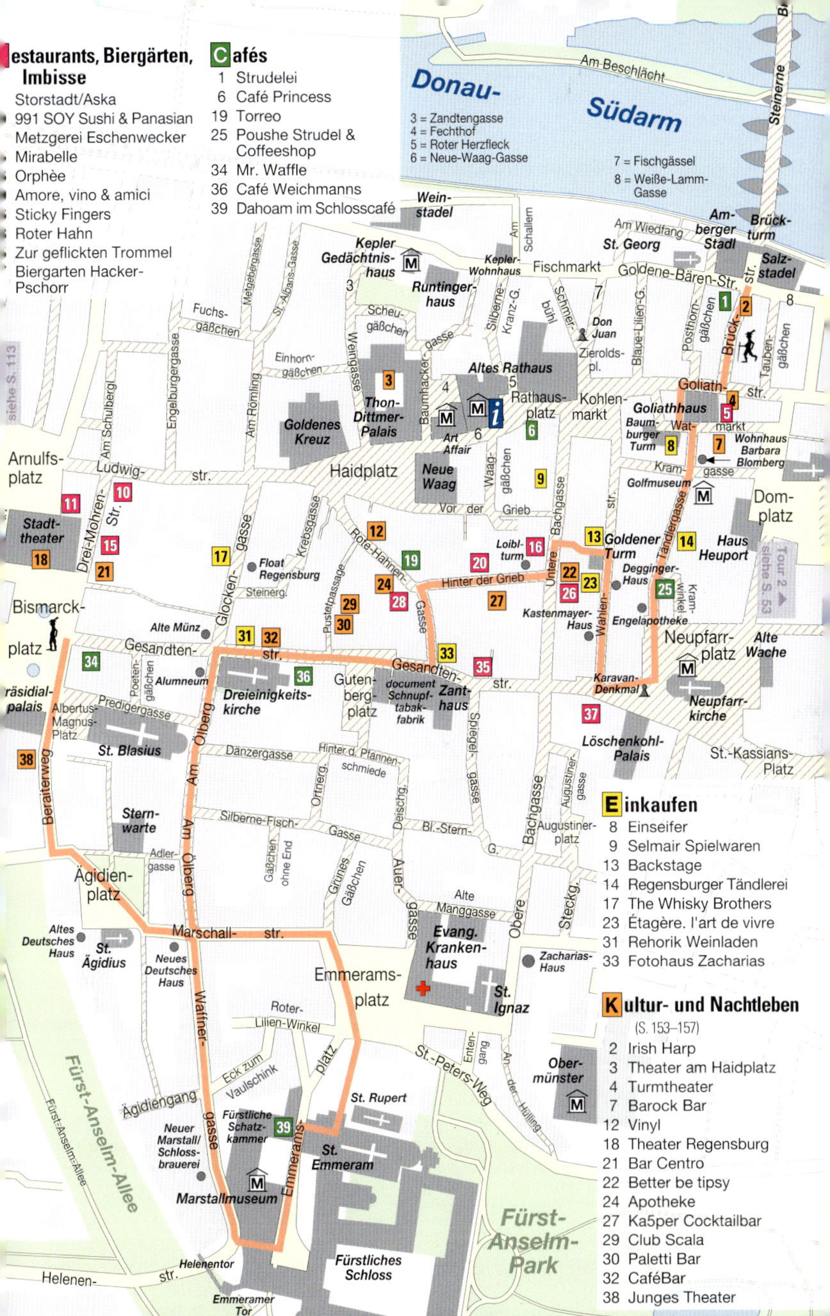

55 m

Tour 4: Von der Steinernen Brücke zum Bismarckplatz

Roter Hahn 28, das Haus ist schon so lange Gasthaus, dass es der Gasse den Namen gegeben hat. 2021 hat Maximilian, der Sohn der Inhaberfamilie Schmidt, etwas Neues eingebracht: einen Stern! Fusionsküche mit nordischen und asiatischen Einflüssen – alles in einer etwas lockeren Atmosphäre: es gibt keinen Dresscode. 5- bis 8-Gänge-Menü, zum Lunch auch kleinere. Di–Sa 18–22 Uhr, Fr/Sa auch 12–14 Uhr. Rote-Hahnen-Gasse 10, ✆ 0941-595 090, www.roter-hahn.com. €€€€

Storstad 5, 2014 von Anton Schmaus im 5. Stock des Goliathhauses eröffnet, gleich mit einem Stern ausgezeichnet, seitdem das führende Lokal der Stadt. Der schwedische Name bedeutet „Großstadt" (das „o" wird „u" ausgesprochen). Innovative Küche mit nordischen Einflüssen, kühles Ambiente mit großartigem Blick über die Dächer der Stadt. Lunch 3/5 Gänge, Dinner 5/7 Gänge, jeweils auch vegetarisch. Reservieren sinnvoll. Do–Sa 12–16, Di–Sa 18.30–24 Uhr. Watmarkt 5, ✆ 0941-599 93000, https://storstad.de. €€€€

Aska 5, dasselbe Haus, derselbe Chef, wieder ein schwedischer Name: Aska heißt Asche. Sonst alles anders: eine ganz in Schwarz gehaltene Sushi-Bar, 10 Plätze. Hier wird das wahre Sushi von einem japanischen Meister zelebriert – und Sushi heißt hier Reis und Fisch, es gibt nichts Vegetarisches. Und weil es eine Zeremonie ist: Seatingzeit ist bis 15 Min. (Mittag) bzw. bis 30 Min. (Abend) nach Öffnung des Restaurants. Di–Sa 18.30–24 Uhr, Sa auch 12–16 Uhr. Reservierung obligatorisch. Watmarkt 5, ✆ 1941-59993000, https://aska.restaurant. €€€€

Sticky Fingers 26, noch mal Anton Schmaus: Der Starkoch und Besitzer zweier Sternelokale hat hier noch ein Restaurant für Neugierige. Gehobene Fusionsküche, so weit klar, Bar und Restaurant, auch klar, aber sonst? Reservieren (unbedingt!), hineingehen (nur Mut, es sieht nur geschlossen aus!), mehr wird nicht verraten. Nur, dass der Service extrem freundlich ist und der Name tatsächlich mit dem Musikgeschmack des Inhabers zu tun hat. Das Restaurant hat einen gemeinsamen Eingang mit dem „Tipsy" (→ S. XXX), der Weinbar von ... Anton Schmaus. Mi/Do 18–1 Uhr, Fr/Sa bis 2 Uhr. Untere Bachgasse 9, ✆ 0941-4158658808, https://stickyfingers.restaurant. €€€

Cafés

Poushe Strudel & Coffeeshop 25, ein bulgarisches Familienunternehmen mit Sitz in der Schweiz – sehr europäisch. Strudel, süß oder salzig, Kaffee, eine Theke und ein paar Tischchen. Für Strudelfans ein Muss! Di–Sa 11–18 Uhr. Tändlergasse 11, www.poushe.co.

Strudelei 1, bayerisch-österreichische Strudelbäckerei seit 2010 (die eher arabisch anmutende Wandverkleidung stammt wohl noch vom Vorgänger). Topfen- und Apfelstrudel und vieles mehr, Einzelportion oder im Ganzen. Viel Platz zum Sitzen oder Stehen gibt's nicht, aber das Donauufer für ein Picknick ist nicht weit. Di–Sa 11–18 Uhr. Goldene-Bären-Str. 12 (Eingang Brückstraße), www.strudelei.de.

Torreo 19, eine Kaffeerösterei – der ganze hintere Teil des großen, hohen Raumes steht voller Maschinen und Kaffeesäcke, alles ist voller Kaffeeduft. Ein Stehtischchen draußen, drei drinnen, oben auf der Galerie kann man auch sitzen. Drei verschiedene Kaffeesorten/-röstungen werden ausgeschenkt, Fachsimpeln möglich und erwünscht, die Jungs verstehen ihr Fach. Ein paar Hörnchen, Zeitungen, ideal für einen Espresso zum Abschalten. Natürlich gibt's die Bohnen auch zu kaufen. Di–Fr 9.30–18 Uhr, Sa 10–18 Uhr. Rote-Hahnen-Gasse 1a, www.torreo.coffee.

Café Weichmanns 36, wem die „kühlen" Cafés am Gutenbergplatz wie das „Bean" oder „Anna" nicht zusagen oder zu rummelig sind, findet ein paar Schritte weiter Richtung Kirche eine Alternative. Erster Eindruck: klein und dunkel – aber nicht aufhalten lassen! Es weitet sich und hinten ist ein kleiner Garten, halb privater Hinterhof, halb Künstlerkneipe. Alle Räume und der Hof künstlerisch ausgestaltet, die Vorbesitzer, ein Metallbildhauer und eine Fotografin, haben viel Material hinterlassen. Kaffee, Kuchen, kleine Mahlzeiten und abends Bar. Tolle Atmosphäre! Di–Fr 10–23 Uhr, Sa bis 24 Uhr, So bis 19 Uhr. Gesandtenstr. 11, www.weichmanns.com.

Dahoam im Schlosscafé 39, seit Sommer 2022 ist ein neues Café in einem wunderschönen Glaspavillon am Marstall eingezogen. Witzig die bunten Stühlchen, draußen unter den Arkaden kann man auch sitzen. Frühstück in verschiedenen Variationen sowie Kaffee und Kuchen sind im Angebot. Mi–So 9–18 Uhr. Emmeramsplatz 6, ✆ 01517-2420800.

Mr. Waffle 34, der bonbonbunte Laden befindet sich in der Gesandtenstraße kurz vor dem Bismarckplatz. Es gibt frische Waffeln, Striezel, Eis und Süßigkeiten – nicht zu vergessen: viel Obst. Die Waffeltüten sind vielleicht „a dentist's horror", aber alle anderen Berufsgruppen anderen lieben sie. Ein paar

Tische gibt es, meistens aber doch „auf die Hand". Fr–So 14–21 Uhr. Bismarckplatz 9, www.mr-waffle-regensburg.de.

Einkaufen

Backstage **13**, steht noch „Backstage" drauf, ist aber viel mehr drin, denn neben dem Label aus Osnabrück finden sich hier viele kleine individuelle Marken: tragbare, bezahlbare Mode, elegant, lässig, sportlich, nachhaltig und bio (mit „derbe" sogar vegan), fair gehandelt und produziert. Auch große Größen. Große Auswahl auch an Taschen, Schals, Accessoires, Kosmetik. Zu viel? Frau Walling und ihr Team helfen bei der Entscheidung. Mo–Fr 11.30–18.30 Uhr, Sa 11–18 Uhr. Wahlenstr. 10, www.backstage-regensburg.de.

Étagère. l'art de vivre **23**, Haushaltswaren? Nein, nein: französische Lebensart! Alles fürs stilvolle Kochen und Essen: Töpfe, Gläser, Tischdekoration. Dazu Feinkost und Wein, Stoffe und Düfte, Möbel und Zubehör fürs Genießen im Freien. Und weil man dabei gut aussehen möchte: Mode. Inspiration und Genuss. Mo–Sa 11–18 Uhr. Wahlenstr. 16, www.etagere-regensburg.de.

Einseifer **8**, 300 verschiedene Seifen, Shampoos, Cremes und Lotions, dazu Deko und Zubehör – der kleine Laden ist ein Duftparadies für Badefans. Seit 2008 gibt es diese Filiale der „Seifensiederei", gegründet 1762 in Meißen (darum gibt es auch Porzellanseife). Etwa 70 % des Sortiments sind Eigenprodukte, der Rest stammt von erlesenen Herstellern in Österreich und Frankreich. Unbedingt riechenswert. Mi–Sa 10–18 Uhr. Tändlergasse 2, www.einseifer.de.

Fotohaus Zacharias **33**, in Zeiten des schnellen Handy-Knipsens sind sie seltener geworden, die Fotofachgeschäfte. Hier findet man noch eines: seit über 100 Jahren führend. Große Auswahl an Kameras und Objektiven jeder Preisklasse, interessante Schnäppchen und Fundstücke, fachkundige Beratung. Mo–Fr 9.30–18.30 Uhr, Sa 9.30–16.30 Uhr. Rote-Hahnen-Gasse 7, www.fotohaus-zacharias.de.

Regensburger Tändlerei **14**, man begegnet öfter in der Stadt Schaufenstern der „Tändlerei", bei denen einem die Augen aufgehen: Kunst, Kitsch und Trödel, Wertvolles und Abstruses, jedes einzelne der Fenster könnte ein Buch über Kuriositäten füllen. Sie sind aber nur ein Vorgeschmack: Hier in der Tändlergasse, eingerahmt von den großen, edlen Antiquitätenhändlern, sind die zwei Läden der „Tändlerei". Der Versuch, das Angebot zu beschreiben, würde jeden Platz sprengen, nur eines: Christbaumschmuck! Auch wenn man längst vom „Baum" Abstand genommen hat – hier könnte man rückfällig werden. Mo–Sa 12–18 Uhr. Tändlergasse 5 und 8, www.regensburger-taendlerei.de.

Rehorik **31**, das Programm steht übergroß an den Schaufenstern: Wein, Kaffee, Schnaps. Außerdem Sekt, Spirituosen ... Alles, was Rang und Namen hat, ist in großer Auswahl vorhanden. Hier im Laden in der Gesandtenstraße ist man von Kaffeeduft umschmeichelt, den Espresso des Monats kann man gleich testen (und kaufen). Die anderen Läden von Rehorik verwöhnen ebenso die Sinne (→ S. 55), und im Café 190° kann man alles probieren (→ S. 55). Mo–Fr 10–19 Uhr, Sa bis 18 Uhr. Gesandtenstr. 16, www.rehorik.de.

Selmair. Richtig gutes Spielzeug **9**, allen, die Kinder haben oder andere Kinder beschenken wollen, ist ein Besuch bei „Selmair" in jedem Fall zu empfehlen. Nicht nur, dass der Laden schön ist – barockes Gewölbe vorn, gotisches hinten –, sondern auch das Angebot an schönem, hochwertigem Spielzeug jenseits fernöstlichen Plastikkitsches und an Kinderkleidung ist herzerwärmend. Eine Buchabteilung gibt es natürlich auch. Mo–Fr 9.30–18.30 Uhr, Sa bis 18 Uhr. Untere Bachgasse 2, www.selmair.de.

The Whisky Brothers **17**, der Name täuscht: Brüder sind sie wirklich, aber es gibt neben Whisky auch Rum und Gin (Gin u. a. drei Regensburger Produkte). Unglaubliche Auswahl, ganz zu schweigen von der Kompetenz und Leidenschaft der beiden Betreiber. Mo–Fr 10–18 Uhr, Sa bis 16 Uhr. Glockengasse 8, www.the-whisky-brothers.de.

Repräsentativer Hintergrund: das Präsidialpalais am Bismarckplatz

Enge Gassen, weite Parks

Tour 5

Eine Tour durchs eher unbekannte Regensburg abseits der großen Touristenströme. Größtes Highlight ist Nordportal der Kirche St Jakob, besser bekannt als das „Schottenportal". Aber auch sonst gibt es einiges zu entdecken.

Herz-Jesu-Kirche, imposanter Bau im Spannungsfeld von Tradition und Moderne, → S. 106

Herzogspark, Idylle auf den alten Befestigungsanlagen über der Donau, → S. 108

Schottenkirche St. Jakob, innen schlicht, außen das einzigartige Schottenportal, → S. 110

Versteckte Schätze

Im ruhigen Westen

Vom Verkehrsknotenpunkt Arnulfsplatz geht's zunächst durch ruhige mittelalterliche Wohngassen zur Donau – inklusive Abstecher zum Inselchen Oberer Wöhrd mit sonnenverwöhntem Biergarten und grandiosen Ausblicken auf die Altstadt. Man entdeckt Kirchen, ein altes Handwerkerviertel, das Naturkundemuseum in einem herrschaftlichem Palais und den dazugehörenden kleinen Herzogspark, der schöne Blicke auf die Donau eröffnet. Auf dem Rückweg geht's durch Regensburgs altstadtumgebenden Grüngürtel zum Kunstforum Ostdeutsche Galerie, in dem auch ein paar Berühmtheiten zu bewundern sind. Dann der Höhepunkt der Tour: das großartig-rätselhafte Schottenportal der Kirche St. Jakob. Von dort ist man schnell wieder zurück beim Ausgangspunkt der Tour, dem Arnulfsplatz. Oder man besucht dessen unmittelbaren Nachbarn, den klassizistisch geprägten Bismarckplatz mit Regensburgs Stadttheater – und mit Cafés für ein Abschlussgetränk.

Wer noch ein Stück laufen will, kann die Tour auch im Altstadtparkgürtel ausklingen lassen: auf der Fürst-Anselm-Allee, die den Bogen nach Osten spannt und direkt zum Bahnhof führt.

Spaziergang

Der **Arnulfsplatz** ist ein verkehrsreicher Platz, in dessen Mitte sich – was sonst? – eine Bushaltestelle befindet (bis 1929 stand hier immerhin noch ein Brunnen). Man blickt hier auf die Rückseite des Theaters, das 1804/05 entstand und auf eine Schlag aus dem zusammenhängenden Areal des sog. Jacobshofs zwei

Plätze machte: eben den Arnulfsplatz, auf dem wir stehen, im Norden und den Bismarckplatz im Süden, an dem sich die Schau- und Eingangsseite des Theaters befindet. Während der Bismarckplatz (→ Tour 4) so zum Ort bürgerlicher Repräsentation wurde, musste sich der seit 1872 wohl nach dem gleichnamigen bayerischen Herzog benannte Arnulfsplatz (vorher Unterer Jakobshof) mit der wenig spektakulären Rolle des Verkehrsknotenpunkts begnügen. Sein wichtigstes „Monument" ist der „Kneitinger" auf der Westseite, eine der großen traditionellen Gaststätten der Stadt. Im Hinterhof des Nachbarhauses liegt das **Velodrom.** 1897 wurde die damals hochmoderne Stahlkonstruktion als Radsporthalle gebaut, diente aber in erster Linie als Veranstaltungshalle, Kino und Theatergebäude. Derzeit wird das Velodrom grundlegend saniert, eine Wiedereröffnung ist nicht vor 2029 zu erwarten.

Man verlässt den Arnulfsplatz ostwärts in die geschäftige **Ludwigstraße.** Hier stand das westliche Tor der Arnulfinischen Stadtmauer von 920, das Ruozanburgtor, das erst im 19. Jh. unter Ludwig I. abgerissen wurde. Nach wenigen Metern steht links das Haus des **Kunst- und Gewerbevereins Regensburg,** einer der ältesten Kunstvereine Deutschlands, seit 1838 fördert er zeitgenössische Kunst. In seinen Räumen präsentiert der Verein wechselnde Ausstellungen (Di–So 12–18 Uhr, Eintritt 3 €, erm. 1,50 €, www.kunst-und-gewerbeverein.de.). Gleich nach dem Gebäude biegt man links in die Engelburgergasse ein.

Alles denkmalgeschützt

Engelburgergasse

Kein Laden, keine Kneipe, kein Tourist – plötzlich ist man in einer mittelalterlichen Wohnstraße. Jedes Haus hat einen romanischen oder gotischen Kern, jedes Haus ist denkmalgeschützt. Wenn man alte Fotos ansieht (selbst noch aus den 1960ern) wird klar, was für eine Mammutaufgabe die Sanierung dieses Wohnviertels war. Aber das Ergebnis kann sich sehen lassen: Unterschiedlichste Giebelformen fallen auf, z. B. bei den Hausnummern 13 und 15, wo zwei große „Pultdächer" den Eindruck eines riesigen Giebels entstehen lassen. Gegenüber, im kleinen Haus mit den zwei Giebeln, wohnte 1531–1533 der bayerische Historiker Johannes Aventinus, dessen Grabmal man sich im Vorhof von St. Emmeram (→ Tour 4) anschauen kann. Fast am Ende der Engelburgergasse steht links ein fünfstöckiger Wohnturm (etwa 1210), der zur benachbarten Kirche St. Oswald gehörte.

Alte Stiftungskirche

St. Oswald

Die kleine Kirche ist dem hl. Oswald geweiht, einem angelsächsischen König, christlichen Missionar und Märtyrer aus dem 7. Jh. Die Geschichte von St. Oswald begann um 1300 mit einer Stiftung: Zwei Patrizier ließen die kleine Kirche und eine Wohnstatt für zwölf Bedürftige errichten. Die Wappen der Familien findet man an den Streben des gotischen Chors. 1553 wurde St. Oswald evangelisch, 50 Jahre später bekam die Kirche einen neuen, größeren Zuschnitt, nur erkennbar am Knick in der Nordwand. Die Vorhalle im Westen ist eine Zutat aus dem 20. Jh.

Wer vom Äußeren auf eine dreischiffige gotische Kirche getippt hat, wird im Inneren überrascht: ein flach gedeckter Saal mit an drei Seiten umlaufender Empore (teilweise doppelt), der Chor 4 m höher als das Schiff. Die Emporen entstanden im frühen 17. Jh., 100 Jahre später wurden Decke und Chor mit üppigem barockem Stuck ausgestattet. 1750 kam die Orgel hinzu (die letzte originale Barockorgel in der Stadt), ihr musste die obere Empore an der Westseite weichen. Der ausladende Stuck mag sehr weltlich erscheinen, die Bilder an Decke und Emporen stehen jedoch unter einem eindeutig christlichen Motto: „Verbum Domini manet in aeternum" („Das Wort des Herrn bleibt in Ewigkeit") – so lautet die Mahnung an der Decke.

Wegen Sanierungsarbeiten ist St. Oswald bis mindestens 2024 geschlossen.

Von St. Oswald überquert man die Straße Richtung Donau. Es lohnt, sich hier noch einmal umzudrehen und die Engelburgergasse hinaufzusehen. Allein der Kontrast zwischen dem schlanken Chor und dem breiten Giebelhaus gegenüber ist es wert. Beim Blick nach links entdeckt man das Wohnhaus mit dem halbrunden Abschluss aus dem 19. Jh., das den Beginn der turmreichen Keplerstraße (→ Tour 3) markiert. Doch nun geht es zum Eisernen Steg. der hinüber zum Donauinselchen Oberer Wöhrd führt.

Langanhaltendes Provisorium

Eiserner Steg

Schön ist er eigentlich nicht, eher funktional, und zum monumentalen Treppenaufgang will er auch nicht so recht passen – trotzdem ist der Steg ein denkmalgeschütztes Wahrzeichen der Stadt. Tatsächlich ist das, was man heute sieht, noch ein Provisorium aus der unmittelbaren Nachkriegszeit: eine LZ-Notbrücke (leicht, zerlegbar) aus den Beständen der deutschen Wehrmacht. Die geschraubte Trogbrücke auf zwei Pfeilern wurde 1946–1948 errichtet und bis heute nicht ersetzt. Der Vorgänger des „standhaften Proviso-

Spröde Schönheit: der Eiserne Steg

riums" war von ganz anderem Kaliber: eine über 100 m lange, hochelegante Stahlbogenbrücke mit zwei hohen Treppenpodesten, fast 9 m über dem Wasser. Gebaut wurde sie zwischen 1900 und 1902, um den Oberen Wöhrd direkt mit der Altstadt zu verbinden, nachdem er jahrhundertelang nur über die Steinerne Brücke zugänglich gewesen war. Beim Rückzug der deutschen Truppen im April 1945 wurde die Brücke, wie alle anderen Brücken der Stadt auch, gesprengt.

Auf der anderen Seite, auf dem Oberen Wöhrd, empfängt die urige Kneipe „Die Oma in da Antn" (= Ente) ihre Gäste. Natürlich hat sie einen Biergarten und der kann – laut Eigenwerbung – so viele Sonnenstunden für sich verbuchen wie kein anderer Ort in der Stadt. Ob's stimmt? Was sicher stimmt: Von dem Oberen Wöhrd hat man einen wunderbarer Blick über Donau und Altstadt.

Wieder zurück auf dem „Regensburger Festland", folgt man dem Damm ein kurzes Stück westwärts und wirft einen Blick in den breiten, schnurgeraden Weißgerbergraben. Dann geht's links in einen Pfad, der über die Straße zum zurückgesetzten kleinen Platz namens **Brunnleite** führt. Er liegt am östlichen Ende der Lederergasse und ist ein guter Einstieg in das alte Handwerkerviertel Westnerwacht.

Die Brücken – Stolz und Nachteil

Seit der Schließung der Steinernen Brücke 2008 für den Autoverkehr gibt es für Fahrzeuge auf dem Gebiet der Altstadt keine Verbindung mehr über die Donau, die Eiserne Brücke überspannt nur den Südarm hinüber zum Unteren Wöhrd und führt dort zur Nibelungenbrücke im Osten, der Obere Wöhrd ist mit dem Auto nur von Norden zu erreichen. Der Status Weltkulturerbe verhindert den Bau neuer Brücken und so wird der Verkehr weit, weit außen herumgeführt – zur Freude der Besucher. Anwohner beklagen die weiten Wege, die Geschäftsleute der Altstadt das Ausbleiben der Kunden.

Altes Handwerkerviertel

Westnerwacht

Das Viertel westlich des Weißgerbergrabens entstand entlang der Ausfallstraßen nach Westen, die weiter nach Nürnberg führten. Früh siedelten sich Handelshäuser an, vor allem aber Handwerker, wie die Straßennamen belegen: Wollwirkergasse und Lederergasse sind die Hauptachsen. Als Ende des 15. Jh. nördlich der Donau eine Straße nach Nürnberg gebaut wurde, der Fernverkehr also über die Steinerne Brücke ging, verlor das Viertel zusehends an Bedeutung. Endgültig Schluss war dann 1633, als im Dreißigjährigen Krieg das Prebrunntor (→ S. 108) im Westen geschlossen wurde. Moderne Sanierungsmaßnahmen ließen lange auf sich warten, noch in den 1950er-Jahren war die Westnerwacht als Glasscherbenviertel in Verruf. Heute ist sie eine beliebte und ruhige Wohnlage.

Die Brunnleite wird dominiert von dem großen Gebäude mit Uhrtürmchen aus dem 17. Jh., das am Eingang der Lederergasse steht. In seiner wechselvollen Geschichte beherbergte es ein Waisenhaus, war Arbeitshaus, Strafanstalt und im 19. Jh. Militärlazarett. Neben dem auffälligen Palast aus dem späten 19. Jh. liegt, etwas nach hinten versetzt, ein Speicher aus dem 17. Jh., leicht erkennbar an den Aufzugsluken in der Fassade. Heute ist hier das Kunstkontor Westnerwacht untergebracht. Im Kern des großen Gebäudes rechts stecken drei mittelalterliche Wohnhäuser.

Man folgt den schönen alten Häusern ein Stück in die **Lederergasse** und biegt dann links in die Haaggasse ein (nach der Nr. 7). Einmal komplett durch, zweigt man vorn an der **Wollwirkergasse** rechts ab; an der linken Ecke steht das **Haus zur Schwedenkugel**, die „Souvenirs" von 1633, eben schwedische Kanonenkugeln, sind deutlich sichtbar; heute ist hier ein Restaurant untergebracht (→ S. 112). Wenige Meter weiter stößt man an der platzartigen Straße „Am Judenstein" auf den riesigen, roten, palastähnlichen Bau der **Kreuzschule am Judenstein** (1870 erbaut und immer wieder erweitert). Der Stein, der der Straße den Namen gab, befindet sich an der unteren rechten Ecke der Fassade. Solche sog. „Judensteine" – Grabsteine des 1519 zerstörten jüdischen Friedhofs – findet man häufig in Regensburg, meistens aber in Innenhöfen, selten so sichtbar wie hier.

Die Wachten

Seit dem 12. Jh. war die Stadt in acht Wachten eingeteilt. Der „Wachtherr" hatte weitgehende polizeiliche und militärische Befugnisse. 1803 bekamen die Wachten Großbuchstaben, „Litera", die der Systematik der Hausnummern dienten. „Lit. A 23" z. B. war dann Nr. 23 in der Westnerwacht. Diese alte Systematik trifft man noch oft auf älteren Hausnummerschildern an, wo nach dem heutigen Namen in Klammern z. B. „A 45" oder eine andere Abkürzung steht.

Schule anno dazumal: ein Palast!

Spannungsreiche Gegensätze

Herz-Jesu-Kirche

Die große Pfarrkirche liegt direkt gegenüber der Schule, etwas hinter Bäumen versteckt. Erbaut wurde sie 1928–1930 als dreischiffige Basilika im Stil des Spätexpressionismus. Das hohe und breite Mittelschiff ist durch niedrige Spitzbögen von den ebenso niedrigen Seitenschiffen getrennt. Die Bögen tragen überdimensionierte Schlusssteine, auf denen überlange Heiligenfiguren aus Terrakotta stehen, darüber befinden sich die Fenster. Die vertikale Gliederung der weißen Wände geht von den dunklen Bögen über die Heiligen hinauf zum Licht. Den Kontrast zu den niedrigen Arkaden bildet der hohe überspitze Bogen zum Chor, den Kontrast zu den weißen, glatten Wänden die stark strukturierte farbige Decke – ein sehr spannungsreicher Raum. Die Figuren auf dem Altar und besagte Heiligenfiguren stammen von Fürstin Margarethe von Thurn und Taxis, die als „Margit von Valsassina" ein zweites Leben als Malerin und Bildhauerin führte. Die Skulpturen an der Eingangshalle, die vier Evangelisten und das Lamm, sind von Otto Straub.

Die Herz-Jesu-Kirche ist in der Regel tägl. 9–17 Uhr geöffnet. Am Judenstein 8.

Schwelgendes Rokoko

Dominikanerinnenkloster Heilig Kreuz) (B/C3)

Das Kloster vis-à-vis der Schule ist abweisend hinter einer hohen Mauer verborgen. 1233 wurde das Gelände frommen Frauen überlassen, 1244 war die schlichte gotische Kirche fertig, seit 1246 gehört das Kloster zu den Dominikanerinnen und ist somit das älteste nie aufgehobene Kloster dieses Ordens. Es überstand sogar die Säkularisation: Fürst von Dalberg beauftragte den Orden – so wie auch die

Klarissinnen im Osten der Stadt (→ Tour 1) – mit der Schulbildung der Mädchen. Das widersprach zwar den Grundsätzen des Ordens, die ein zurückgezogenen Leben forderten, sicherte aber den Erhalt des Klosters.

Von der Anlage ist nur die Kirche zugänglich. In dem Bau stecken zwar noch die Mauern der ursprünglichen gotischen Kirche, aber der Umbau von 1751–1760 hat ihn völlig verändert. Äußerlich sehr zurückhaltend, überrascht das Innere mit einem bewegten Rokoko, ausgeführt von regionalen bzw. lokalen Künstlern: dem Stuckateur Johann Baptist Modler aus der Oberpfalz und dem Maler Otto Gebhard aus Prüfening, die Ausstattung stammt vom Regensburger Simon Sorg. Nach Zerstörungen im Zweiten Weltkrieg waren zwei Renovierungen nötig, die letzte in den 1980er-Jahren, um den Raum wieder seinen ursprünglichen Glanz zu verleihen. Prunk- und Kernstück ist das spätromanische Kreuz auf dem Hauptaltar. Die gesamte Ausstattung aus dem 18. Jh. hat die Verehrung des Heiligen Kreuzes zum Thema.

Eine Besichtigung ist lohnend, aber nicht ganz einfach. Die Kirche ist geschlossen, einen Termin zu bekommen ist schwer (an der Kirchentür steht eine Telefonnummer, die aber auch nicht zwingend weiterhilft). Am besten versucht man es vor der Messe, die an Sonn- und Feiertag um 9.30 Uhr stattfindet. Oder am „Tag des offenen Denkmals" (2. Sonntag im Sept.). Am Judenstein 10, Besichtigung, ✆ 0941-51192.

Der Weg zur nächsten Kirche führt am Schulhaus entlang zurück, an dessen Ende geht's links und die erste Gasse (St.-Leonhards-Gasse) wieder rechts, nach ein paar Metern steht man vor St. Leonhard.

Kleines Schmuckstück

St. Leonhard

Hinter dem neoromanischen Vorbau, der in der oberen Hälfte eher wie ein Wohnhaus aussieht, steckt ein romanisches Schmuckstück. Die Kirche, vor 1150 erbaut, ist kurz, schmal und hoch, nach der Westempore (erstes Joch) folgt eine dreischiffige, dreijochige Halle. St. Leonhard ist damit eine der ältesten Hallenkirchen Bayerns. Ihre Rundpfeiler, die ersten in Regensburg, verleihen dem Bau eine für die Entstehungszeit erstaunliche Leichtigkeit. Das strahlende Weiß des Raumes betont das noch, ist aber modern: Im 19. Jh. hatte man überall bemalte Wände vorgefunden und ergänzt; im 20. Jh. wurde alles, auch die originalen Farben, abgewaschen und übertüncht. Zum Glück hat man wenigstens den schönen Mosaikboden aus dem 19. Jh. verschont. Von der wertvollen Ausstattung ist vor allem links der Passionsaltar von 1440 sehenswert. Für wen St. Leonhard gebaut wurde, weiß man nicht. Ab Mitte des 13. Jh. war die Kirche eine Johanniter-Komturei.

St. Leonhard ist nur zu seltenen Gottesdiensten und am „Tag des offenen Denkmals" (2. Sonntag im Sept.) geöffnet. Man kann aber im Pfarramt Herz Jesu, Am Judenstein 8, nach dem Schlüssel fragen.

Kein Hund weit und breit

Herrenplatz und Hundsumkehr

Nach dem Verlassen der Kirche, wendet man sich nach rechts, um gegenüber in das Kuhgässel einzubiegen. Hier müssen selbst innig Verliebte auf das Händchenhalten verzichten: nebeneinander geht nicht. Aus dem Kuhgässel tritt man in die Lederergasse, auf der es links zum grünen Herrenplatz geht. Hier wollte sich Herzog Albrecht IV. 1486 während des bayerischen Herrschafts-Intermezzos (→ Geschichte) sein zukünftiges Schloss bauen lassen. Nach 1492 verfiel die Bauruine, der Platz kam wieder an die Stadt, an die „(Rats-)Herren".

Geradeaus bzw. leicht rechts kann man einen Abstecher zur Gasse Hundsumkehr machen, die wegen ihres Namens

Im ruhigen Westen → Karte S. 113

in keinem Reiseführer fehlen darf. Sie führt zum Prebrunntor bzw. dem, was nach der Verstärkung der Verteidigungsanlagen im Dreißigjährigen Krieg von ihm übrig geblieben ist: ein etwa 10 m hoher, nicht passierbarer Turm, sodass man umkehren muss. Und so kann man auch den Namen der Gasse deuten: „hunds" (eigentlich „hunz") ist ein altes Wort für „bis zur", die „Hundsumkehr" ist schlicht eine Sackgasse, mit Hunden hat die Sache nichts zu tun.

Zurück also zum Herrenplatz: Am seinem südlichen Ende biegt man rechts ab in die Straße „Am Singrün". An deren Ende befindet sich links das palastartige Gebäude einer ehemaligen Porzellanfabrik, heute ist hier eine Einrichtung der Malteser untergebracht. Gegenüber liegt das Naturkundemuseum Ostbayern, untergebracht im Württembergischen Palais.

Im Württembergischen Palais

Naturkundemuseum Ostbayern

Das Württembergische Palais wurde von 1804 bis 1806 nach Plänen von Emanuel d'Herigoyen für Georg Friedrich Ritter von Müller erbaut, ab 1843 gehörte es der Herzogin von Württemberg, geborene von Thurn und Taxis, seit 1923 der Stadt, seit 1961 ist es Standort des Naturkundemuseums Ostbayern. Auf zwei Etagen widmet es sich der Erdgeschichte und den Lebensräumen der Region: Skelettreste diverser Lebewesen, die längst ausgestorben sind, Hinterlassenschaften hiesiger Jäger-und-Sammler-Kulturen, jede Menge Vitrinen mit Gesteinen usw. Kurz: Das Ganze ist, wie bei solchen Museen oft, liebevoll gemacht, informativ, aber nicht gerade sensationell.

Ein Traum von Garten

Das Württembergische Palais selbst ist ein dreistöckiger, klassizistischer Bau in U-Form. Es hat zwei Schauseiten, eine zur Straße, die andere zum Graben, beide sind mit großen Figurenreliefs ausgestattet. Innen findet man noch einige Räume mit Originalausstattung und eine originale halbrunde Treppenanlage, die leider durch ein dringend notwendiges Stützgestell optisch arg in Mitleidenschaft gezogen wird.

Mo 9–12 Uhr, Di–Fr 9–16 Uhr, So 10–17 Uhr. Eintritt 5 €, erm. 3 €, Fam. 10 €. Am Prebrunntor 4, ✆ 941-5073443, www.nmo-regensburg.de.

Links neben dem Württembergischen Palais geht es in den Herzogspark (falls hier geschlossen, einfach einige Meter über den Stadtgraben, rechts befindet sich der Eingang).

Idylle auf alten Wällen

Herzogspark

Der kleine Park, gerade mal zwei Fußballfelder groß, ist der schönste und abwechslungsreichste der Stadt: Wälle und Türme, Zier- und Lehrgärten und immer wieder Ausblicke auf die Donau.

Er entstand, als 1804 der Taxis'sche Geheime Rat Friedrich Ritter von Müller für sein Palais, das spätere Württembergische Palais, das Gelände der westlichen Bastion hinzukaufte. Zusammen mit dem Garten hinter dem Palais, dem mittelalterlichen Prebrunntor, dem tiefen Graben, einer vorgelagerten Bastion und einer Mauer mit reizvollen Ausblicken zur Donau entstand so ein romantisches Ensemble.

Wenn man neben dem Naturkundemuseum in den Park tritt, liegt rechts unter hohen Bäumen ein in den 1950ern wieder hergestellter **Renaissancegarten**, streng geometrisch mit niedrigen Hecken, im Zentrum ein Sandsteinbecken von 1599.

Zum **Prebrunntor** steigt man den Hügel hinauf und stößt auf nichts mehr als einen 10 m hohe Turm, der zur Hälfte in einer Aufschüttung steckt. Sie stammt aus dem Dreißigjährigen Krieg, als man das Tor schloss und Verteidigungsanlagen verstärkte. Die einstigen Vortürme der Toranlage sind gänzlich unter dem Schutt verschwunden. Und so steht man heute im Park vor dem ersten Stock des 1293 erbauten Turms – ein Blick über die Mauer beweist es.

Geht man weiter, kommt man zu einem kleinen Söller mit schönem Blick zur Donau. An der Bastion entlang gelangt man schließlich hinunter zum **Rosengarten** mit ruhigen Sitzgelegenheiten, versteckten Winkeln, dazwischen immer wieder kleine Lehrgärten.

Tägl. 7.30 Uhr bis Einbruch der Dunkelheit. Für Kinderwagen und Rollstuhl ist der Herzogspark nicht geeignet. Das Prebrunntor ist als Aussichtsturm auf unbestimmte Zeit nicht mehr zugänglich.

Durch den Stadtgraben geht es zurück zum Ausgang an der Straße „Am Singrün". Man folgt nun der Prebrunnallee ein kurzes Stück nach Süden, um nach 200 m rechts hinüber zum **Stadtpark** zu wechseln, den die Tour aber nur am Rande streift. Der Stadtpark ist mit über 8,5 ha der größte Regensburger Park und, zumindest ist seinem östlichen Teil, der älteste. Bereits 1511 befand sich gleich westlich des Jakober Tors ein Lindenhain, der zum Ausflugsziel wurde. Auf dem Gelände weiter nach Westen gab es ein Siechenhaus, einen Schießplatz für die Armbrustschützen, später auch Friedhöfe. In seiner heutigen Form mit Seen und Wäldern entstand der Stadtpark als Gelände der groß angelegten Oberpfälzischen Kreisausstellung 1910, auf der Produkte aus Industrie und Landwirtschaft präsentiert wurden. Zu diesem Zweck wurden diverse Gebäude errichtet (bzw. bereits bestehende umgebaut), darunter eine Kunsthalle, die heute das Kunstforum Ostdeutsche Galerie an der Dr.-Johann-Maier-Straße 5 beherbergt.

Dr. Johann Maier

Der Namensgeber der Straße war ab Mai 1939 Domprediger und kein Freund des nationalsozialistischen Regimes. Bei der Versammlung Regensburger Bürger am 23. April 1945, die eine Kapitulation der Stadt forderten, versuchte er mäßigend auf die Menge einzuwirken, die weitere Forderungen stellen wollte. Er wurde noch während seiner Rede verhaftet und am Abend desselben Tages hingerichtet.

Gemälde, Skulpturen und Grafiken

Kunstforum Ostdeutsche Galerie (KOG)

Auch von der Seite ist der Kuppelbau mit seinem markanten Portikus unverkennbar. Die überdimensionierten, schräg stehenden roten Säulen sind eine Installation der tschechischen Künstlerin Magdalena Jetelová aus dem Jahr 2006. Die ehemalige Kunsthalle der Oberpfalzausstellung von 1910 wurde nach dem Zweiten Weltkrieg zunächst als Galerie für zeitgenössische ostbayerische Kunst genutzt. Die thematische Wende hin zu „ostdeutscher" Kunst erfolgte in den 1960er-Jahren und war Ausdruck der damaligen politischen Bemühungen, das kulturelle Erbe der Deutschen in Osteuropa zu bewahren. Im Rahmen der thematischen Neuausrichtung wurde die Einrichtung in „Museum Ostdeutsche Galerie" umbenannt, das Gebäude erweitert und dabei „umgedreht": Der Portikus befand sich ursprünglich auf der Parkseite. Der heutige Name „Kunstforum Ostdeutsche

Im ruhigen Westen → Karte S. 113

Galerie" stammt aus dem Jahr 2003; vom Zuschnitt ist die Einrichtung mittlerweile ein offenes Forum zeitgenössischer Kunst mit Schwerpunkt Ostmitteleuropa.

Die umfangreiche Sammlung von Gemälden, Skulpturen und Grafiken deckt den Zeitraum von 1800 bis heute ab. Darunter sind Werke bedeutender Künstler wie Lovis Corinth, Käthe Kollwitz oder Sigmar Polke, aber auch die zweite und dritte Garde hinter den Berühmtheiten ist mit ihren Arbeiten vertreten. Die Dauerausstellung bietet einen spannenden Querschnitt durch die Sammlung. Sie wird durch regelmäßig wechselnde Sonderausstellungen ergänzt.

Di–So 10–17 Uhr, Do bis 20 Uhr (außer an Feiertagen, dann bis 17 Uhr). Eintritt 6 €, erm. 4 €, Fam. 12 €. Dr.-Johann-Maier-Str. 5, ✆ 0941-297140, www.kunstforum.net.

Die Schotten schon fast im Blick

Weiter Richtung Tour-Highlight

Am Ausgang des Kunstforums geht's nach rechts. Vorbei an einer bemerkenswerten Parkbank kommt man nach ein paar Schritten zum **Regensburger Figurentheater im Stadtpark,** wie es offiziell heißt. Der kleine Bau, in dem es ansässig ist, ist im späten 18. Jh. als Schützenhaus entstanden (hübsche Rokokotreppe) und war während der Oberpfalzausstellung 1910 das Postamt. Die gelbe Postkutsche an der Außenwand stammt aus dieser Zeit, ihre Insassen, allesamt „Mitarbeiter" des Marionettentheaters, wurden 1986 ergänzt, nachdem das Theater hier 1985 eingezogen war. Gespielt werden Stücke für Erwachsene (etwa der „Brandner Kaspar") und für Kinder (etwa „Das Traumfresserchen" von Michael Ende).

Eintritt abends 23 €, Kindervorstellungen nachmittags 10 €/10,50 €. Dr.-Johann-Maier-Str. 3, ✆ 0941-28328, www.regensburgerfigurentheater.de.

Gleich ein Haus weiter kann man sich in der Traditionsgaststätte „Unter den Linden" stärken. Dann geht es – grobe Richtung links – ein Stück durch den Stadtpark. Rechts zwischen den Bäumen sieht man das **Kriegerdenkmal,** 1926 von Margarethe von Thurn und Taxis und Otto Straub entworfen. Der Fußweg endet bei einer großen Kreuzung. Man überquert links die Dr.-Johann-Maier-Straße, beim Blick nach rechts sieht man schon das Jakobstor, auf das es jetzt zugeht. Kurz vor dem Tor steht die sogenannte **Pestsäule,** die aber nichts mit der Pest zu tun hat, klingt halt dramatisch. Ursprünglich eine fromme Stiftung aus dem Jahr 1459, wurde die Säule 1804 abgerissen, um 40 Jahre später von Ludwig Foltz (Architekt von Königlicher Villa und Neupfarrkirche) in modifizierter Form wieder aufgestellt zu werden.

Von der einst großen Anlage des um 1300 entstandenen **Jakobstors** – sie reichte mit zwei großen Tortürmen bis zum Stahlzwingerweg – sind nur noch die beiden halbrunden Flankentürme des vorderen Tors erhalten. Das Jakobstor war das westliche Ausfalltor der zweiten Stadterweiterung – wenn man den Verkehr betrachtet, ist es das auch heute noch.

100 m weiter auf der rechten Seite steht man vor einem großen Glaskubus, der das berühmte **Schottentor** der Kirche St Jakob schützt.

Archaische Wucht

St. Jakob

Die Schottenkirche St. Jakob ist eine Gründung irischer Wandermönche, die sich im 11 Jh. in Regensburg niederließen. Das Kirchlein Weih Sankt Peter, das erste Schottenkloster in Regensburg (nördlich des heutigen Bahnhofs), war schnell zu klein. Und so erfolgte um 1090 die Grundsteinlegung für das neue Kloster vor den Mauern der Stadt. Von der ersten Kirche stehen noch die Türme mit den Nebenchören. Schon 40 Jahre nach Vollendung wurde sie durch einen Neubau ersetzt. Ob sie wirklich baufällig war, wie behauptet, oder man nur eine Begründung für einen besseren Neubau suchte, wer weiß? Jedenfalls baute man ab der Mitte des 12. Jh. neu: höher, länger, kein Bruchstein mehr, sondern perfekte Quader: Es entstand eine dreischiffige, flachgedeckte Basilika mit östlichen Chorflankentürmen und einem Westquerhaus.

Das Prunkstück aber wurde das Nordportal zur Hauptstraße hin, das **Schottenportal.** Es gibt an Größe und Ausschmückung nichts Vergleichbares in Deutschland. Das tief eingeschnittene Gewändeportal liegt im Zentrum einer breiten, dreigeschossigen Schauwand, die über und über mit Ornamenten und Figuren überzogen ist: Drachen, Schlangen, Löwen, monsterartige Mischwesen, faszinierend und erschreckend, nichts, was man im ersten Moment mit einer christlichen Kirche in Verbindung bringen würde. Auch die Forschung, die Bände füllt, ist sich nicht einig darüber, wie das alles zu deuten ist. Eine Richtung sieht darin die Darstellung des Weltgerichts: der herrschende Christus mit zwei Heiligen im Bogen über der Tür; zu seiner Rechten die Seligen, dargestellt durch Maria (ihr Kopf fehlt) und sich umarmende Menschen; zu seiner Linken die Verdammten, der Antichrist und sich verschlingende Monster. Die Säulenfiguren über Maria stellen demnach die Tugenden dar, jene gegenüber die Laster. Aber vielleicht sollte man hier weniger verstehen als schauen.

Nach der Bilderflut des Portals bietet das Innere eine nahezu strenge Leere. Das hohe, schmale Mittelschiff scheint schmucklos, nur die farbige Holzdecke des 17. Jh. hebt sich ab. Hier steckt der Schmuck im Detail, die Kapitelle und Basen der Rundsäulen sind überreich mit Tieren und Pflanzen verziert. Die

Regensburg im Kasten

Schotten oder doch Iren?

Um die Antwort vorwegzunehmen: beides richtig! Den Anfang machte der irische Mönch Muiredac (oder Mercherdach), der auf dem Weg nach Rom hier um 1070 hängenblieb und in der Klosterkirche Weih Sankt Peter (→ Tour 1, Predigtsäule) als Eremit lebte. Ihm schlossen sich weitere irische Mönche an. Und kurz nach Muiredacs Tod wurde St. Jakob gegründet, das im Laufe der nächsten Jahrhunderte zum Zentrum der Schottenklöster in Süddeutschland wurde.

Warum aber „Schotten"? Der lateinische Name für Irland war Scotia maior und Muiredac gab sich den Namen „Marianus Scottus" – da war der Weg zu „Schotten" nicht weit. Im Spätmittelalter versiegte der Nachzug irischer Mönche, das Klostererleben erlosch, fast auch in St. Jakob. Nun folgte der Auftritt der „echten" Schotten: 1515 übernahmen mithilfe des Papstes zwei schottische Geistliche das Kloster. Ungünstiger Zeitpunkt, sie starteten mit der Reformation. Aber 50 Jahre später kam der Aufschwung. Inzwischen hatte unter Heinrich VIII. in Schottland die Katholikenverfolgung begonnen. Ein Vertrauter von Maria Stuart wurde Abt und St. Jakob Zentrum der schottischen Heimatmission. Das blieb so bis ins 19. Jh., sogar die Säkularisation überstand das Kloster, weil es zum schottischen Nationalbesitz erklärt wurde. 1862 war dann aber Schluss, 1866 wurde St. Jakob bischöfliches Priesterseminar. Der Name aber blieb.

Ausstattung und Ausmalung des Chores ist neoromanisch (spätes 19. Jh.), hier hat das 20. Jh. ausnahmsweise nichts rückgängig gemacht. Von der älteren Ausstattung ist die spätromanische Kreuzigungsgruppe (um 1200) im Triumphbogen am bedeutendsten. Beim Hinausgehen sollte man noch dem Pförtnermönch Rydan, mit Schlüssel und Riegel ausgestattet, die gebührende Beachtung schenken.

Kirche tägl. 8–18 Uhr, im Sommer an einem Sonntag im Monat Führung (5 €, erm. 2,50 €). Jakobstr. 3, ✆ 0941-29830, www.schottenkirche.de.

Vor der Kirche wendet man sich nach rechts: Dann geht es vor dem Theater entweder links über die Neuhausstraße zum Arnulfsplatz zurück oder geradeaus zum Bismarckplatz (→ Tour 4) mit all seinen Cafés und gönnt sich dort zum Abschluss ein Getränk oder ein Eis.

Von hier kann man noch einen schönen Spaziergang auf der **Fürst-Anselm-Allee** machen. Man folgt am südwestlichen Ende des Bismarckplatzes der Schottenstraße stadtauswärts, noch vor der nächsten Ampel zweigt links ein Fußweg ab. Man geht an einem erhaltenen Stück der Stadtmauer entlang, passiert das Helenen- und Emmeramer Tor und hat einen wunderbaren Blick auf die Südfassade des fürstlichen Schlosses und den zugehörigen Park, bis man schließlich beim Milchschwammerl (→ Tour 1) nach rechts zum **Bahnhof** abbiegt.

Praktische Infos

→ Karte S. 113

Restaurants, Biergärten, Imbisse ...

Brauereigaststätte Kneitinger 7, der lokale Biertempel für alle Schichten schlechthin, das Traditionshaus, nicht etwa nur für Touristen. Drei holzgetäfelte „Stuben", Wirtshausatmosphäre wie aus dem (bayerischen) Bilderbuch. Deftiges regionales Essen und Bier, Bier, Bier. Beim Hereinkommen erst ein Stehausschank, dann ein hoher, glasgedeckter Gang, fast ein Innenhof: Hier sitzt man etwas luftiger, eher Bierzeltgefühl. Wie überhaupt, nicht unbedingt für den intimen Abend zu zweit. Vegetarier müssen sich an die Nachspeisen halten, die sind aber auch nicht ohne. Eine Kneitinger-Biergarten-Dependance gibt's auch, die liegt im Stadtpark (s. u.). So–Do 11–23.30 Uhr, Fr/Sa 11–24 Uhr. Arnulfsplatz 3, ✆ 1941-52455, www.knei.de. **€€**

Kreuzschänke 6, hier sitzt man wie auf dem Land. Der kleine grüne Garten der Kreuzschänke liegt nur 200–300 m westlich des Arnulfsplatzes, aber was für eine Idylle! Die Schnitzelküche dominiert, dazu gibt's Weltenburger Bier. Di–Sa 17–23 Uhr. Biergarten je nach Wetter. Kreuzgasse 25, ✆ 0941-54200, www.biergarten-kreuzschaenke.de. **€€**

Die Oma in da Antn 1, was für ein Name! „Die Großmutter in der Ente"? Also: Die „Oma Plüsch", ein Studentenlokal der ersten Stunde, ist nach mehrfachen Umzügen im Ausflugslokal „Goldene Ente" gelandet. Die „Ente" hat den Biergarten mit eingebracht, die „Oma" die lockere Atmosphäre und die großen Portionen. Also überlegen, ob man das große Schnitzel schafft – sind nämlich einfach zwei! Kontaktaufnahme mit den anderen Gästen wahrscheinlich. Kategorie Stammkneipe. Der Biergarten: klein, sonnig, lauschig und gemütlich. Die Donau sieht man nicht, da ist der Damm dazwischen, wohl aber die Silhouette der Stadt. Etwas weniger rummelig als die großen Biergärten. Bei schönem Wetter tägl. 12–23 Uhr, wenn nicht: Mo–Sa 17–23 Uhr, So geschlossen (außer „Jahn" wird im TV übertragen). Badstr. 32 (Obere Wöhrd, gleich beim Eisernen Steg), ✆ 0941-54889, www.oma-plüsch.de. **€/€€**

Lokanta Schwedenkugel 3, mitten in der Westnerwacht und doch nur 3 Min. zu Fuß vom Arnulfsplatz liegt das kurdische Lokal. Schwedenkugel heißt das Haus, weil in der Wand schwedische Hinterlassenschaften aus dem „Dreißigjährigen Krieg stecken, Lokanta heißt „Esslokal für alle". Drinnen die charmante Schlichtheit eines Arbeiterlokals, draußen sitzt man mehr oder weniger auf der (verkehrsberuhigten) Straße. Lamm, Huhn, Fisch, viel Gemüse (auch vegan zubereitet), Bulgur, Joghurt und Käse, manches erinnert an die türkische Küche, anderes nicht. Alles frisch

gemacht, drum dauert es auch mal ein bisschen. Darüber trösten die netten Leute dort meist gut hinweg. Tägl. 18–1 Uhr. Haaggasse 15, ✆ 0941-53321, www.lokanta-regensburg.de. €€

Kneitinger „Unter den Linden“ **11**, im ältesten Teil des Stadtparks gelegen, in direkter Nachbarschaft zur Ostdeutschen Galerie und zum Figurentheater. Die Einrichtung ist dezent modern-bayerisch, der Garten mit dem alten Baumbestand klein und gemütlich, der Biergarten größer. Die Küche ist bayerisch, auch wenn sich – unvermeidbar – die Currywurst eingeschmuggelt hat. Mit Saurem Züngerl oder Schweinsnieren gibt's wirklich Traditionelles, nur für Vegetarier ist das Angebot etwas knapp. Als Trost müssen Apfelkücherl oder Palatschinken herhalten. Di–Sa 11–22.30 Uhr, So bis 17 Uhr. Dr.-Johann-Maier-Str. 1, ✆ 0941-2049900, www.knei.de. €€

Metzgerei Eschenwecker **8**, doch lieber was „Richtiges“, Deftiges? Warum dann nicht in einer Metzgerei, die das Gourmetmagazin „Der Feinschmecker“ schon mehrfach zu den Besten gezählt hat? Heiße Theke. Mo–Fr 8–18 Uhr, Sa 8–14 Uhr. Direkt am Theater, Arnulfsplatz 2, www.eschenwecker.net.

Cafés

kAffé dAdA **5**, man isst vegan /vegetarisch, ist aber nicht missionarisch. Fleischlos Fleischiges wie „Soja Stroganoff“, Salate, ein halbes Dutzend Burger, dazu natürlich – man ist ja „kAffé“ – Kuchen. Relativ große Getränkekarte, was zusammen mit der Öffnungszeit (Küche bis 22 Uhr, Fr/Sa bis 23 Uhr) den Laden ideal für den späten Hunger macht. Und man sitzt auch nett, Hintergrundmusik, eher 60er/70er. Liegt ein bisschen versteckt in der Nordwestecke des Arnulfsplatzes. Tägl. 12–24 Uhr. Rote-Löwen-Str. 11, www.kaffe-dada.com.

Ziele abseits der Altstadt

Unbekanntes Regensburg

Nicht nur in der Altstadt gibt es Interessantes zu entdecken. Hier eine kleine Auswahl: ein Aussichtspunkt, ein Figurenpark, zwei Klosterkirchen und die Universität.

Steinweg, Aussichtspunkt Dreifaltigkeitsberg, → S. 115

Schloss Prüfening, romanische Fresken hinter barocker Fassade, → S. 117

Kloster Prüll, einzigartige Klosterkirche und Gedenkstätte, → S. 118

Ein Ort mit Hindernissen

Steinweg

Der nördlich der Donau gelegene, 1924 eingemeindete Stadtteil Steinweg ist seit den 1970ern von Stadtamhof durch den Europakanal getrennt, mit dem Regensburg auf dem Wasserweg umfahren werden kann. Doch vorher war die Situation auch nicht viel anders: Die sumpfige Flutmulde mit dem schönen Namen „Protzenweiher" (Protzen sind Kröten!) war genauso ein Hindernis.

1320 wird der Weinbauort erstmals erwähnt, der Ostenberg – heute Dreifaltigkeitsberg genannt – ist der östlichste Ausläufer der **Winzerer Höhen.** Steinweg hatte eine verkehrstechnisch wichtige Brücke über den Regen, und als Ende des 15. Jh. unterhalb des Höhenzugs die Straße nach Nürnberg gebaut wurde, war der Ort Schnittpunkt wichtiger Handelsstraßen. Geschichtlich rückte Steinweg dann nur noch 1809 in den Fokus, als österreichische Truppen bei der Belagerung von Regensburg vom Dreifaltigkeitsberg aus die französischen Truppen beschossen, die sich in Stadtamhof verschanzt hatten.

Heute ist der Dreifaltigkeitsberg kein martialischer Ort mehr, sondern ein bekanntes und beliebtes Ausflugsziel. Außerdem einen Besuch wert ist der Max-Buchhauser-Garten unten am Europakanal.

Anreise mit dem Auto: Parkplatz auf dem Dreifaltigkeitsberg nordlich des Friedhofs, für den Max-Buchhauser-Garten an der Würzburgerstraße.

… mit dem Bus: vom ZOB Linie 12 (Pielenhofen) und Linie 28 (Hemau) bis Haltestelle „Steinweg" für den Dreifaltigkeitsberg und Haltestelle „Würzburgerstraße" für den Max-Buchhauser-Garten.

Prächtige Aussichten

Dreifaltigkeitsberg und -kirche

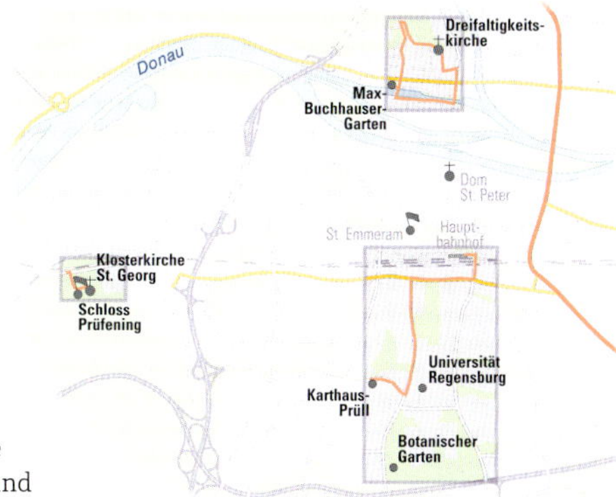

Für alle, die gut zu Fuß sind: Man kann vom Parkplatz in Stadtamhof gleich südlich der Protzenweiherbrücke losgehen. Zunächst geht's geradeaus über die Frankenstraße, dann die erste links (Schwandorfer Straße) und nach etwa 100 m rechts den schattigen Kreuzweg zur Kirche und den Dreifaltigkeitsberg hinauf (die Kreuzwegstationen stammen von 1845). Oben angekommen, steht man vor einem reizvollen Ensemble: links eine kleine Kapelle von 1730 (1922 zur Kriegergedächtniskapelle umgewidmet), rechts das Eingangsportal des Friedhofs mit dem Wappen von Steinweg (einer blauen Weinrebe und der Jahreszahl 1798) und in der Mitte erhöht die dreitürmige Dreifaltigkeitskirche (8–18 Uhr geöffnet). Während der Pestepidemie in den Jahren 1713/14 gelobten die Bürger von Steinweg und Stadtamhof in ihrer Angst, eine Kapelle auf dem Berg zu errichten, sollten sie von der Seuche verschont bleiben. Der Bierbrauer Michael Schlecht war treibende Kraft, und im Sommer 1715 war die Kirche vollendet. Das heutige Erscheinungsbild ist das Ergebnis zweier Erweiterungen: 1837 erhielt die Kirche den neoromanischen Vorbau mit Turm, 1922 einen großen Chorraum und zwei weitere Türme. Entsprechend breit gefächert ist die Ausstattung: Die etwas naiven Fresken im Schiff sind aus der Erbauungszeit, das Altarbild aus den 1930ern, und das Deckengemälde im Chor ist von 1961.

Aber um ehrlich zu sein: Man kommt nicht wegen der Kirche hierher, sondern wegen der Aussicht – ein schöneres Regensburg-Panorama bekommt man nicht. Die Stadt liegt ausgebreitet zu Füßen, beste Gelegenheit fürs Türme-Rätselraten: Who's who?

Doch weiter zum Max-Buchhauser-Garten. Der liegt nicht so romantisch, ist aber in seiner Einzigartigkeit sehenswert. Von der Dreifaltigkeitskirche folgt man auf schattigen Waldwegen der Friedhofsmauer westwärts, bis nach links der Schelmengraben steil bergab führt. Über die große Kreuzung mit der Alten Nürnbergerstraße geradeaus geht es hinüber zur Oberpfalzbrücke. Auf der linken Straßenseite führt für Fußgänger eine „Wendeltreppe" zum Nordufer des Europakanals hinunter. Ein paar Schritte unter der Brücke hindurch, und schon steht man an dem etwa fußballfeldgroßen Areal, das etwas verwahrlost daherkommt, umstanden von großen Steinhaufen.

Skurrile Gestalten

Max-Buchhauser-Garten

Was ist das? Beim Näherkommen vermutet man wild aufeinander geschichtete Altertümer wie im Lager einer Ausgrabungsstätte. Steht man davor, erkennt man übermannshohe Steinbilder, zusammengesetzt aus Masken, Reliefs, Inschriften. Jedes einzelne ist ein Parforceritt durch die Kulturgeschichte: griechisch-römisch, ägyptisch, assyrisch, barock, naiv, modern – alles! Man kommt aus dem Schauen und Staunen kaum heraus und vergisst den Straßenlärm der B 8 hinter sich.

Der Gärtner und Bildhauer Max Buchhauser musste in der 1970ern die Familiengärtnerei wegen der Oberpfalzbrücke aufgeben. Er reiste und sammelte – und schuf seine Monumente. 2015 ist er gestorben. Man würde seinem Erbe mehr Aufmerksamkeit wünschen. Das Gelände ist frei zugänglich.

Für alle, die zu Fuß unterwegs sind: Der Rückweg führt auf der anderen Seite des Kanals entlang nach Stadtamhof.

Unter bayerischem Himmel

Im Sommer kamen die Thurn und Taxis

Prüfening

Das ganz im Westen an der Donau gelegene Örtchen wurde 1938 unter dem Namen Großprüfening nach Regensburg eingemeindet. Anlass war der vom Naziregime veranlasste Bau der Messerschmitt-Produktionshallen, in denen Flugzeuge für den kurz bevorstehenden Krieg gefertigt wurden. Heute ist das Areal hauptsächlich ein Wohnviertel mit eingesprengten Gewerbegebieten. In Königswiesen, einem Teil des Stadtbezirks, stehen die ersten Hochhäuser aus den 1970ern, südlich davon liegt die denkmalgeschützte Ganghofer-Siedlung, eine 1936/37 gebaute Arbeitersiedlung des Messerschmitt-Werkes.

Prüfening ist so lange besiedelt wie Regensburg selbst, es gab ein Römerkastell mit Zivilsiedlung gegenüber der Naabmündung, das aber im 3. Jh. verschwand. Ab dem Mittelalter bestand eine Fährverbindung über die Donau, die bis um 1500 auf der Hauptroute nach Nürnberg lag. Die Überfuhrrechte lagen beim Kloster Prüfening, das 1109 unter dem Bamberger Bischof Otto I. als Benediktinerabtei gegründet worden war. Im Zuge der Säkularisation wurde das Kloster 1803 aufgelöst und ging später in den Besitz der Thurn und Taxis über, die sich hier eine Sommerresidenz einrichteten – aus Kloster Prüfening wurde Schloss Prüfening. Ab 1953 versuchte ein Mitglied des Hauses Thurn und Taxis, Pater Emmeram, das Kloster wiederzubeleben – erfolglos. Pater Emmeram lebte bis zu seinem Tod 1994 als etwas schrulliger Eremit allein in dem Anwesen, das romantisch verkam. Heute ist wieder Leben in der Bude, seit 2002 befindet sich in den Klostergebäuden die Montessori-Schule Regensburg.

Einen Abstecher wert ist die ehemalige Klosterkirche St. Georg. Leider ist sie nur einmal monatlich (sonntags zwischen 14 und 16 Uhr) öffentlich im Rahmen einer Führung zugänglich. Ausweichmöglichkeit: Man besorgt sich im Pfarramt St. Bonifaz in Großprüfening einen Schlüssel. Es lohnt sich – die romanischen Fresken in der Kirche sind einzigartig.

Einzigartige Fresken

Kirche St. Georg im Kloster (Schloss) Prüfening

Die Kirche wurde 1120 und damit gut zehn Jahre nach Gründung der Benediktinerabtei geweiht. Das sieht man ihr nur bedingt an, denn im 18. Jh. wurde sie mit einer prächtigen, von Pilastern gegliederten Fassade samt Vorhalle ausgestattet. Im Inneren ist die Strenge der romanischen Pfeilerbasilika dagegen erhalten geblieben, auch wenn bei der Barockisierung Gewölbe eingezogen und die Fenster im Schiff verändert worden sind. Auch die Deckengemälde des Prüfeninger Malers Johann Gebhard aus den Jahren 1715–1719, die die Heiligenlegende des hl. Georg zeigen, wirken etwas verloren auf der weißen Fläche, es fehlt der für das frühe 18. Jh. zu erwartende prunkvolle Stuck. Warum darauf verzichtet wurde, weiß man nicht. Der frühbarocke Hochaltar von 1609, dem die romanische Apside geopfert wurde, zieht durch seine Lichtführung den Blick auf sich: Seitliche Fenster beleuchten den mächtigen dreigeschossigen Aufbau, das Fenster im Osten beleuchtet den Kampf des hl. Georg mit dem Drachen ganz oben, die Kreuzigung in der Mitte bleibt im Dunkeln.

Zentral in der Vierung steht das 1283 errichtete Hochgrab des seligen Erminold, der 1121 von einem Mitbruder erschlagen wurde. Erminold ist im wallenden Gewand mit den Abzeichen des

Barocker Auftritt …

Abtes dargestellt, Hände und Gesicht sind minutiös und individualistisch gestaltet. Die nahezu vollplastische Figur ist samt Grabplatte aus einem Stück geschaffen – ein technisches und künstlerisches Meisterstück gotischer Plastik. Der namenlose Schöpfer, ein „Meister Ludwig", wird nach diesem Grabmal „Erminoldmeister" genannt, von ihm stammt auch die Verkündigungsgruppe im Dom (→ Tour 2).

Die östlichen Teile von St. Georg waren von Anfang an überwölbt und wurden gleich nach der Vollendung der Kirche, also nach 1120, komplett ausgemalt. Die Fresken wurden zwischen 1897 und 1916 entdeckt und freigelegt, dabei wurden die Bilder im Presbyterium, das sich in einem großen Bogen und einem Doppelfenster zu den Nebenchören öffnet, stark überarbeitet. Diese Übermalung war immer umstritten, aber wenn man sieht, wie stark verblichen die nicht übermalten Fresken in den Nebenchören sind, ist man über ihren

Erhaltungszustand im Presbyterium froh – dort bekommt man einen großartigen Eindruck von romanischer Wandmalerei. In der Kuppel thront Maria als Mutter Kirche, umgeben von den Evangelistensymbolen. An den Wänden sieht man drei Reihen von Heiligen und Märtyrern, der fehlende Christus war wahrscheinlich in der alten Hauptapside. Die Zwischenräume und Bögen sind bedeckt mit geometrischen Mustern, Ranken und Bildmedaillons. Die beiden Einzelfiguren links und rechts, ein König und ein Bischof, können als Heinrich IV. und Otto von Bamberg interpretiert werden. Vielleicht stehen sie aber auch generell für die weltliche und die geistliche Macht, ein Thema, das öfter vorkommt. So an einem Vierungspfeiler: Petrus gibt je ein Schwert an einen weltlichen und einen geistlichen Herrscher, zu lesen als: „Alle Macht geht vom Papst aus!" Auch wenn die Bilder in den Nebenchören, im Norden Johannes, im Süden Benedikt, schwächer sind: Es gibt noch viel zu schauen. Da fällt es der restlichen Ausstattung, z. B. dem Chorgestühl, schwer, noch Beachtung zu finden.

... und romanischer Höhepunkt!

Wieder mehr Beachtung könnte – nach Abschluss aller „Besichtigungsarbeiten" – der Biergarten finden: Er liegt gleich neben der ehemaligen Schlossgaststätte, in der heute nur noch für die Montessori-Schule gekocht wird.

Kirche: Besichtigung und Führung im Sommer einmal monatlich sonntags 14–16 Uhr, am Tag des offenen Denkmals (2. So im Sept.) 13–17 Uhr. Man kann aber im Pfarramt St. Bonifaz in Großprüfening (Killermannstr. 26, ✆ 0941-32406) nach dem Schlüssel fragen. Prüfeninger Schloßstr. 73.

Biergarten: Mai–Sept. (nach Wetterlage) Di–Fr 16–22 Uhr, Sa/So und feiertags 11.30–22 Uhr. Prüfeninger Schloßstr. 75, ✆ 0941-20075432, https://pruefeninger-sommergarten.de.

Anreise mit der Bahn: Der Bahnhof Prüfening ist ca. 5 Min. entfernt.

... mit dem Bus: ab ZOB Linie 1 (Prüfening) bis Haltestelle „Rennweg" (dann 5 Min. durch die Unterführung), Linie 10 (Prüfening) bis Haltestelle „Erminoldweg".

... mit dem Auto: Prüfeninger Schloßstr. 73, gegenüber dem Eingang ist ein Parkplatz.

Bei den nassen Wiesen

Kloster Karthaus-Prüll

Etwa einen Kilometer südlich der Bahnlinie liegt das ehemalige Kloster Prüll, das nach der 1904 in die Stadt Regensburg eingegliederten gleichnamigen Gemeinde auch Karthaus-Prüll genannt wird. Es ist heute Teil des Bezirksklinikums Regensburg und darum nur beschränkt zugänglich. Ein Besuch lohnt aus verschiedenen Gründen: Zum einen ist die Kirche St. Vitus kunstgeschichtlich ziemlich einzigartig, und zum anderen sind noch einige der Karthausen erhalten, die einen seltenen Einblick in das Leben des Kartäuserordens bieten. Das dritte Besuchsmotiv hat einen eher düsteren Hintergrund: 1853 wurde das Kloster zur „Irrenpflegeanstalt", wie man Einrichtungen für geistig Behinderte damals nannte. Ein kleines Museum zeigt, was den Patienten im 19. und 20. Jh. in solchen Anstalten widerfahren ist. Die Gedenkstätte vor der Kirche erinnert schließlich an einen Tiefpunkt unserer Geschichte, den gern verdrängten Umgang mit solchen Menschen im Nationalsozialismus: sterilisieren, vergasen, verhungern lassen (→ „Gemeinnützige Krankentransporte in den Tod", S. 121).

Keimzelle des ehemaligen Kartäuserklosters war ein im Jahr 997 vom Regensburger Bischof Gebhard I. gegründetes benediktinisches Doppelkloster, also eines für Mönche und Nonnen. Der Name „Prouoil" bedeutet so etwa „nasse Wiesen", die vielen Weiher, die bis ins 20. Jh. bestanden, bezeugten das. Hier befindet sich auch das Quellgebiet des Vitusbachs, der einst eine wichtige Wasserversorgung für Regensburg war. Das Benediktinerkloster war Pilgerherberge, Armen- und Krankenspital. Das späte 15. Jh. brachte dann den Wechsel zum Kartäuserkloster, u. a. der Bauwahn des letzten benediktinischen Abts hatte das Kloster an den Rand des Ruins gebracht. Weil die Kartäuser ganz andere Ansprüche an ein Klostergebäude stellten, wurde erst einmal abgerissen. 1489 stand die erste Kartause, 1498 folgte der spätgotische Chor der Kirche, im 16. Jh. der große Kreuzgang. 1601–1605 wurde die Kirche komplett neu stuckiert und u. a. der große Hof gebaut. Nach der Säkularisation kam das ganze Areal 1834 an den Bezirk Oberpfalz, der es später, wie erwähnt, als eine Art Verwahranstalt für geistig Behinderte nutzte. Heute ist es Teil der Universitätsklinik. Gleich östlich der Straße liegt das Areal der Regensburger Universität.

Vorplatz mit Gedenkstätte

Eine der ältesten Hallenkirchen

St. Vitus

Die späteren Veränderungen haben den archaischen, blockartigen Eindruck der Klosterkirchenfassade kaum gemildert. Das große Rundfenster stammt aus dem 17. Jh., die Obergeschosse der Türme auch, die Spitzen sogar erst aus dem 19. Jh. Durch eine Vorhalle betritt man das strahlend weiße Innere, ein weiter Saal, ein hoher Chor, die Gewölbe mit feinem Stuck überzogen. Man steht in einer romanischen Hallenkirche mit schlanken Pfeilern, drei gleich hohen Schiffen und Kreuzgratgewölben.

Etwa um 1110 erbaut, ist St. Vitus eine der ältesten Hallenkirchen in Bayern. Dass dieser strenge Raum und der spätgotische Chor mit seinem Netzgewölbe harmonieren, ist dem Stuck (1601–1605) zu verdanken. Ausgehend von diesem Netzgewölbe überzog man alle Gewölbe mit einem gotisierenden, geometrischen Netz in Renaissanceformen. Ursprünglich waren auch die Wände so dekoriert, wie man oben im Chor noch sieht. Im späten 17. Jh. musste die Dekoration Ölgemälden in barocken Stuckrahmen weichen.

Drei in einem: Romanik und Gotik mit Stuck der Spätrenaissance

Der Aufstieg auf die Empore lohnt nicht nur wegen des Blicks in die Kirche, sondern wegen eines Wandgemäldes im Westchor (um 1220). Eine Darstellung der Verkündigung, wie sie in den Apokryphen beschrieben ist: Maria im Tempel in der Mitte, links der heranrauschende Engel, rechts das zu erwartende Paradies.

Sehenswert ist auch die Ausstattung des Chors. Das Chorgestühl ist von 1605, der Hochaltar entstand etwa zur gleichen Zeit nach einem Entwurf des Münchner Hofkünstlers Hans Krumper. Die Ölgemälde im Chor zeigen Szenen aus dem Leben Christi, die etwas später entstandenen Bilder im Langhaus das Leben Johannes des Täufers. Die Serie ist nicht vollständig. Man hatte bei der Auflösung des Klosters die Bilder nach München transportiert, einige sind dort verschollen, andere kamen 1937 zurück.

Am Ende des nördlichen Seitenschiffs geht es in die Reste des Kreuzgangs und zu den Kartausen. In den zwei erhaltenen Kartausen – kleine, isolierte Häuschen, in denen die Mönche im Schweigegelübde lebten – erfährt man auf Schautafeln vieles über das Kloster und den Orden.

Museen des Bezirksklinikums Regensburg Karthaus-Prüll: Mai–Okt. Sa/So 10.30–17 Uhr. Eintritt 2,60 €, erm. 1,60 €, Führungen am 1. und 3. So im Monat um 10.30 Uhr. Ludwig-Thoma-Str. 14, ✆ 0941-9411847, www.regensburg.de, www.gedenkort-t4.eu.

Anreise mit dem Bus: ab ZOB Linie 2 (Karl-Stieler-Straße), Linie 6 (Klinikum), Linie 11 (Herm.-Höcherl-Straße) und Linie X4 (BMW Tor 2), ab Arnulfsplatz Linie 4 (Universität), alle bis Haltestelle „Universität".

... mit dem Auto: Ludwig-Thoma-Str. 14, vor der Kirche parken oder in der kleinen Straße gegenüber.

Moderne Skulpturen auf dem Campus

Universität

Pläne zur Gründung einer Universität gab es schon seit dem späten 15. Jh. Realisiert wurden sie erst 500 Jahre später, als die Universität Regensburg 1967 als vierte Landesuniversität Bayerns eröffnet wurde. Heute ist sie eine Voll-Uni mit 12 Fakultäten, 200 Lehrstühlen und über 20.000 Studierenden, die wesentlich zu der sichtbaren Verjüngung der Regensburger Bevölkerung beitragen.

Die Gebäude der Campusuniversität entstanden zwischen 1965 und 1978, damals modernste Architektur in Sichtbetonbauweise. Der Beton zeigte Anfang des neuen Jahrtausends deutliche Zeichen von Abnutzung, seit 2005 wird restauriert und gebaut, wieder hochmodern, die Arbeiten sind noch nicht abgeschlossen.

Für Fans moderner Plastik lohnt sich ein Spaziergang über das Gelände. Überall finden sich Werke von Künstlern des späten 20. Jh., z. B. „Die Kugel“, das Wahrzeichen der Uni, von Hermann Kleinknecht (eigentlich: „Angehaltene Bewegung“). Wenigstens erwähnen sollte man den 4,5 ha großen botanischen Garten der Universität, der von Mitte April bis Mitte Oktober kostenlos zugänglich ist.

Anreise mit dem Bus: ab ZOB Linie 6 (Klinikum) bis Haltestelle „An der Kreuzbreite“.

... mit dem Auto: Am Biopark, Parkplatz 9.

Regensburg im Kasten

Gemeinnützige Krankentransporte in den Tod

Der kleine Vorhof der Kirche ist ein romantisches Ensemble: im Hintergrund die strenge zweitürmige Kirche, rechts das Prioratsgebäude von 1612, eine große Linde, eine efeubewachsene Mauer. Hier fallen vier Metallgestelle und ein Gedenkstein auf. Wenn man nähertritt und genau hinschaut, ist es mit der Romantik bald vorbei. Man schaut in Gesichter, zufällig gefundene Negative von Porträts der Insassen der „Heil- und Pflegeanstalt“ hinter uns. Der Gedenkstein und eine Infotafel klären auf: Nach der Machtübernahme im Jahr 1933 hatten die Nazis die Zwangssterilisation von Patienten dieser Häuser angeordnet. 1940 wurde beschlossen, die Vernichtung „unwerten Lebens“ systematisch anzugehen. Nach der Zentrale in der Berliner Tiergartenstraße 4 hatte die Aktion den Tarnnamen „T4“. Ab dem 4. November 1940 transportierten die grauen Busse der „Gemeinnützigen Krankentransporte“ fast 700 Menschen – die Zahlen werden ständig nach oben korrigiert – nach Österreich in den Tod. Dieses allzu öffentliche Vorgehen provozierte Proteste, auch seitens der Kirche, sodass die Aktion im August 1941 eingestellt wurde. Aber humaner wurde es nicht: Das Regime kürzte gnadenlos die Mittel, die Menschen in den Anstalten erfroren und verhungerten zu Hunderten. Zwischen den Fotos sind einige Spiegel: Es waren Menschen wie wir!

Lang hat es gedauert, bis man sich der Geschichte stellte, erst 1990 wurde der Gedenkstein aufgestellt, seit 2016 gibt es diese kleine Gedenkstätte. Am Sonntag nach dem 4. November wird jedes Jahr eine Gedenkmesse begangen.

Im Haus gleich dahinter befindet sich ein kleines Museum, in dem Fundstücke zur Entwicklung der Klinik und der Behandlungsmethoden gezeigt werden. Es ist nicht groß, aber informativ – und bedrückend.

Donauabwärts

Ausflugsziele im Osten

Keine 20 Kilometer entfernt liegt oberhalb der Donau die Walhalla, eines der klassischen Ausflugsziele von Regensburg. Im Sommer lässt sich der Besuch mit der Burgruine Donaustauf und dem Nepal-Himalaya-Park in Wiesent verbinden – dazwischen verläuft die kürzeste Weinstraße Deutschlands. Dort wird der Baierwein kultiviert.

Routenoptionen

Mit dem Auto über die St 2125, an der auch die Weinroute verläuft.

Mit dem Schiff von Regensburg zur Walhalla (→ Anreise).

Mit dem Bus Nr. 5 von Regensburg ZOB bis Walhalla, Donaustauf und Wiesent (→ jeweils Anreise).

Viel Ruhm

Walhalla

Mit jährlich 140.000 Besuchern zählt die Gedenkstätte auf dem Bräuberg bei Donaustauf zu den Top-Ten-Zielen in Bayern. Die Walhalla ist eines der großen Nationaldenkmäler des 19. Jh. und steht in einer Reihe mit der Befreiungshalle in Kelheim (→ S. 128), dem Völkerschlachtdenkmal in Leipzig und dem Kyffhäuserdenkmal im gleichnamigen Gebirge.

Selbst wenn man schon Fotos gesehen hat und zu wissen glaubt, was einen erwartet: Der gewaltige „dorische" Tempel, der da am Rand des steilen Abhangs zur Donau liegt, übertrifft alle Erwartungen. Ein weißer Koloss aus Kalkstein, mit Marmor verkleidet, fast 70 m lang, 30 m breit und 20 m hoch. Man kann beim Näherkommen die Dimensionen kaum erfassen, erst recht nicht mehr, wenn man dem Säulengang, der den ganzen Bau umschließt, nach vorne zur Südfassade folgt: Der Tempel steht auf hohen Sockeln, die breite Treppenanlage zieht sich bis fast zur Donau, über 50 m Höhenunterschied sind es von der untersten Stufe bis zum Giebel. Und der Ausblick ist überwältigend.

Wer mit dem Schiff kommt, steigt von der Donau hinauf: ein kurzer Fußweg und 358 Stufen. Hat auch was: Von unten sieht die Walhalla noch beeindruckender aus.

Der als Reaktion auf den Zusammenbruch des Heiligen Römischen Reiches und die französische Expansion zu Beginn des 19. Jh. aufkommende deutsche Nationalismus fand in Ludwig I. von Bayern (damals noch Kronprinz) einen frühen Unterstützer. Schon 1807, als Bayern noch freudig den Franzosen half, die Preußen zu besiegen, entstand seine Idee eines „teutschen" Ruhmestempels. Büsten großer Deutscher wurden schon

Die kolossale Hülle „großer Deutscher"

mal geschaffen, doch die Konkretisierung des Plans musste warten bis nach den Befreiungskriegen (1813–1815), die der französischen Hegemonie in Europa ein Ende setzten. Bis zur Umsetzung dauerte es dann noch einmal 15 Jahre, u. a. war nicht klar, wo die Ruhmeshalle überhaupt hinsollte, auch der Englische Garten in München war im Gespräch. Grundsteinlegung war am 18. Oktober 1830, eingeweiht wurde die Walhalla auf den Tag genau 12 Jahre später – jeweils ein symbolträchtiges Datum: der Jahrestag der Völkerschlacht bei Leipzig, mit der die Franzosen endgültig besiegt waren. Architekt war Ludwigs Liebling Leo von Klenze, Blaupause für den klassizistischen Bau war das Athener Parthenon. Ein griechischer Tempel also, aber ein Name aus der germanischen Mythologie: Walhall, Versammlungsort der gefallenen Helden im Jenseits. Die Skulpturen in den Giebeln zeigen entscheidende Etappen auf dem Weg zur Nation: im Norden, auf der Landseite, die Schlacht am Teutoburger Wald, dem ersten Zusammenschluss germanischer Stämme gegen einen gemeinsamen Feind, im Süden, über dem Eingang, die Befreiungskriege.

Das Innere ist nun wirklich eine „Ruhmeshalle", ein einziger, hoher Raum, vom Boden bis zum offenen Dachstuhl voll von Marmor und Gold. Gegenüber dem Eingang sitzt der Bauherr Ludwig I., vom „dankbaren Volk" gestiftet. Der oben umlaufende Fries zeigt die Germanen von der Völkerwanderung bis zur Christianisierung. Und schließlich die Büsten: Ursprünglich waren es 96, derzeit sind es 131. Seit 1962 wird der Bestand alle fünf bis sieben Jahre erweitert, bei der Auswahl der neuen Köpfe hat die Bayerische Akademie der Wissenschaften ein gewichtiges Wörtchen mitzureden.

Was man sofort sieht: Ruhm ist vergänglich, denn viele, die hier ihr Plätzchen gefunden haben, kennt man nicht mehr – oder ist Ihnen *Gideon Ernst von Laudon* ein Begriff? Und: Bei manchen sind die Bezüge zu „Deutschland" verschwommen, etwa bei *Michael Andreas Barclay de Tolly*, der sich als russischer Kriegsminister einen Namen gemacht hat.

Ein anderes Thema ist die Frauenquote. Immerhin sollte schon nach den Vorstellungen Ludwigs I. „auch das weibliche Geschlecht" nicht fehlen. Nun ja, fehlen tun sie nicht, die Frauen. Aber

Ausflugsziele im Osten → Karte S. 124/125

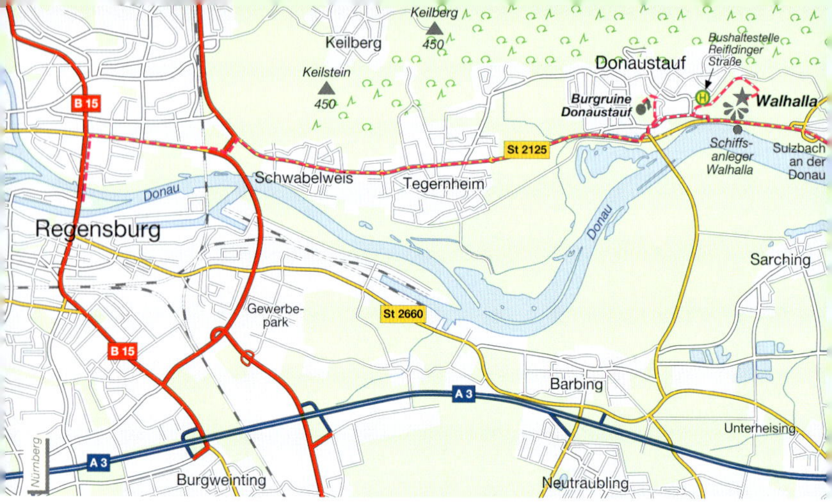

wenn man von denen absieht, die hier arbeiten, wie die zwei Damen im Kassenhäuschen, oder oben den steinernen Karyatiden, die das Gebälk tragen, und unten den Siegesgöttinnen, die mit Lorbeerkränzen wedeln, dann kommt man auf ganze sieben (von 132!) – von denen vier erst aus den letzten 25 Jahren stammen. Da neue Büsten wie erwähnt nur alle paar Jahre dazukommen, wird das mit der Parität noch ein paar Jahrhunderte dauern.

Wenn man sich an all dem Ruhm sattgesehen hat, kann man noch die Stufen hinuntergehen oder sich beim Kiosk am Waldrand stärken.

Walhalla: April–Okt. 9–18 Uhr, Nov.–März 10–12 und 13–16 Uhr (Kasse schließt 15 Min. früher). Eintritt 4,50 €, erm. 4 €, kostenlose App in verschiedenen Sprachen erhältlich. Walhallastr. 48, 93093 Donaustauf, ✆ 09403-961680, www.schloesser.bayern.de.

Anreise mit dem Auto/Motorrad: über die St 2125 nach Donaustauf, dort Ausfahrt „Donaustauf-Ost", kostenpflichtiger Parkplatz.

... mit dem Bus: Linie 5 ab Regensburg ZOB bis zur Haltestelle „Donaustauf Reifldinger Str.", gegenüber führt ein Waldweg in 10 Min. hinauf.

... mit dem Schiff: vom Anleger Regensburg/Steinerne Brücke. Mit Donauschifffahrt: April bis Anf. Okt. tägl. 11, 13 und 15 Uhr. Hin und zurück 18 €/Pers., 6–13 J. 9 €, bis 5 J. frei. ✆ 0851-929292, www.donauschifffahrt.eu. Mit Schifffahrt Klinger (Regensburger Personen-Schifffahrt): April–Okt. tägl. 10.30 und 14 Uhr. Hin und zurück 18 €/Pers., erm. 13 €, Fam. 47 €. ✆ 0941-52104, www.schifffahrtklinger.de.

Vom Schiffsanleger geht es in 20 Min. zu Fuß über 358 Stufen hinauf.

Fast das Domizil der Thurn und Taxis

Donaustauf

Die Walhalla ist der Besuchermagnet, doch sollte man das angrenzende Donaustauf nicht ganz links liegen lassen. Mitten im Ort ragt ein steiler Bergkegel 424 m in die Höhe, oben liegt die beeindruckende **Burgruine Donaustauf.** Um 920 ließ der Regensburger Bischof Tuto den Berg befestigen, nach vielen Besitzerwechseln kam die Burg schließlich 1486 an Bayern. Im Dreißigjährigen Krieg wurde die Burg von den Regensburgern im Auftrag der Schweden, die die Stadt gerade besetzt hatten, gestürmt und zerstört. Die weitläufige Burgruine hat noch vieles an Mauern und Toren zu bieten. Eine Besonderheit ist die Burgkapelle im ersten Stock eines Torturms, von der sich zwei Seitenwände, Säulen und Ansätze der Gewölbe erhalten haben. Sie entstand Mitte des 11. Jh. und ist damit eine der ältesten Torturmkapellen überhaupt.

Hauptattraktion ist der grandiose Blick über die Donauauen nach Regensburg. Wer noch etwas schlendern möchte (aber Achtung: alles sehr steil hier!), kann der Mauer zur Pfarrkirche St. Michael folgen.

Wieder unten im Ort, erstreckt sich der sog. Fürstengarten parallel zur Donau, nur die Staatsstraße liegt dazwischen. Folgt man links der Wörther Straße, entdeckt man den **Chinesischen Turm** (1842). Er ist der einzige Überrest von dem, was die größte Touristenattraktion des Städtchens hätte werden können. 1812 hatte das Haus von Thurn und Taxis den Ort übernommen und ab 1843 ein Schloss hier bauen lassen. Das jedoch brannte 1880 bis auf die Grundmauern ab, was die Thurn und Taxis dazu veranlasste, ihre Zelte im ehemaligen Kloster St. Emmeram (→ S. 96) aufzuschlagen.

Heute profitiert Donaustauf als malerisches Kontrastprogramm von den Besucherströmen zur Walhalla.

Anreise mit dem Auto/Motorrad: über die St 2125 nach Donaustauf, dort Ausfahrt „Donaustauf-Ost". Unterhalb der Burg in der Taxisstraße kostenloser Parkplatz.

... mit dem Bus: Linie 5 ab Regensburg ZOB bis zur Haltestelle „Kriegerdenkmal".

Exotik von der EXPO 2000

Nepal-Himalaya-Park

Oberhalb des Örtchens Wiesent liegt der Nepal-Himalaya-Park rechts der Straße im Wald versteckt (dort sind auch die Parkplätze). Durch ein großes Holztor betritt man eine andere Welt. Kern der Anlage ist der **nepalesische Pavillon**, der für die EXPO 2000 geschaffen worden war – dort eine der großen Sensationen. Er war in Nepal in jahrelanger Handarbeit hergestellt worden und verbindet einen buddhistischen Stupa mit einem hinduistischen Tempel. Der Pavillon warb also nicht für eine Religion, sondern für ein friedliches Nebeneinander, Harmonie und Toleranz. Diese Idee ließ den Unternehmer Heribert Wirth nicht mehr los, er kaufte den Pavillon und ließ ihn 2003 hier wieder aufstellen.

Aus diesem Gedanken heraus ist auch der inzwischen auf 9 ha angewachsene **Park** entstanden. Hier stehen Häuser aus Bhutan neben Brücken aus China und gedeihen einheimische Pflanzen neben solchen aus dem Himalaya. In

Ausflugsziele im Osten → Karte S. 124/125

Die Stupa wartet noch auf den Sommer

jedem Fall etwas für alle Sinne. Der Spaziergang über das weitläufige Gelände liegt nicht immer im Schatten. Empfindlichen Besuchern wird der späte Nachmittag empfohlen: Man hat vielleicht etwas weniger Zeit, aber es ist weniger heiß und weniger voll.

Park: Mitte April bis Anf. Okt. Sa–Mo und feiertags 13–18 Uhr (Einlass bis 17 Uhr), keine Hunde! Eintritt 10 €, 6–16 J. 2 €, Führungen möglich. Martiniplatte, 93109 Wiesent, ✆ 09482-959686, www.nepal-himalaya-pavillon.de.

Anreise mit dem Auto/Motorrad: über die St 2125 nach Wiesent, dort am ersten Kreisverkehr vor dem Ort links den Berg hinauf, wo ein gebührenpflichtiger Parkplatz (2 €) liegt, aber auch weiter entfernt kostenlose Bereiche.

... mit dem Bus: Linie 5 ab Regensburg ZOB bis zur Haltestelle „Wiesent Schlossplatz", dann 25 Min. Fußweg (ausgeschildert).

Regensburg im Kasten

Baierwein: dem König schmeckt's nicht

Zwischen Donaustauf und Wiesent befindet man sich auf der kürzesten Weinstraße Deutschlands. Hier ist die Heimat des Baierweins, seit 1983 heißt er offiziell „Regensburger Landwein". Die Gemeinde Bach, auf halber Strecke gelegen, ist das Zentrum der östlichen Anbauregion, im Regensburger Ortsteil Winzer liegt die westliche.

Weinanbau gab es hier schon seit der Römerzeit. Zwar wurde der Wein später bis in die Residenz der Wittelsbacher in München geliefert, seinen Ruf als „Volkswein" wurde er aber nie so recht los. Ludwig I. fand ihn zu sauer. Erst in den 1970er-Jahren ging es aufwärts, neue Rebsorten, ökologischer Weinbau und vor allem die Leidenschaft der Winzer haben den Baierwein zu neuen Höhen gebracht. Probieren und kaufen kann man ihn vor Ort bei vielen Anbietern, online unter www.weinausregensburg.de. Wer es genauer wissen will, geht ins BaierWeinMuseum.

Mai–Okt. So 13–16 Uhr. Eintritt 2 €, erm. 1 €. Hauptstr. 1b, 93093 Bach a. d. Donau, ✆ 09404-95020, www.baierwein-museum.de.

Beeindruckender Ruhmestempel
mit fantastischer Aussicht

Donauaufwärts

Ausflugsziele im Südwesten

Gleich drei Highlights hat der Ausflug nach Kelheim zu bieten: Oberhalb der Stadt steht die monumentale Befreiungshalle, und an einem Flussknick liegt in exponierter Traumlage das Kloster Weltenburg. Und Nummer drei? Erlebt man am besten auf einem Boot: den Donaudurchbruch mit beeindruckenden Felswänden.

Wanderung!

Von der Befreiungshalle führen viele Wege durch einen lauschigen Wald zum Kloster Weltenburg – verfehlen unmöglich, bester Blick inklusive.

Und zurück schippern die Ausflugsschiffe durch den Donaudurchbruch bis Kelheim. Oder man nimmt die Zille (Fischerkahn) für eine Teilstrecke und wandert an der Donau entlang zurück.

Kurzbeschreibung → S. 132.

Geschichte mit Landschaft

Befreiungshalle

Vermutlich hat man den hellen, monumentalen Rundbau hoch oben auf dem Michaelsberg, im Winkel zwischen Donau und Altmühl, schon bei der Anreise nach Kelheim von Weitem gesehen. Die Befreiungshalle zählt wie die nicht weit entfernte Walhalla (→ S. 122) zu den bedeutendsten Ausflugszielen Bayerns. Auch konzeptionell liegt sie nah bei der Walhalla: Beide sind Ausdruck einer Art „Nationalmonumenteflut", die das 19. Jh. ergriffen hatte. Nicht von Ungefähr: Das Heilige Römische Reich Deutscher Nation war zusammengebrochen, aber der mit vereinten Kräften der „deutschen Lande" errungene Sieg über Frankreich hatte stärker denn je das Bewusstsein der Zusammengehörigkeit herausgekitzelt. Der entscheidende Sieg gegen die Fremdherrschaft war die Völkerschlacht von Leipzig 1813, die den Niedergang des ungeliebten Franzosenkaisers besiegelte. Genau dieser *Befreiungs*-Schlacht ist die Kehlheimer Halle schon namentlich gewidmet – und mit ihr symbolisch allen Befreiungsschlachten der „Deutschen" gegen fremde Herrscher und Mächte. „Mir san mir" auf Gesamtdeutsch sozusagen – „Wir sind wir, und wir gegen die anderen!"

Bauherr der Befreiungshalle war wie bei der Walhalla Ludwig I. von Bayern. Er gab das Monument 1842 beim damaligen Stararchitekten Friedrich von Gärtner in Auftrag. Dessen architektonisches Vorbild für die Befreiungshalle waren antike Rundbauten, besser gesagt: antike Rundtempel. Nach Gärtners Tod 1847 übernahm Leo von Klenze, Stararchitekt Nr. 2, die Bauleitung. Er behielt das Grundkonzept bei und vollendete den Bau 1863 in strengen klassizistischen Formen. Seit der letzten Renovierung ist auch die Farbgebung wieder die ursprüngliche. Die hellen Quader, die durch zart gefärbte aufgelockert werden, sind nur aufgemalt.

Der mächtige, zylinderförmige Bau von 45 m Höhe und 29 m Durchmesser steht auf einem mehrstufigen Sockel mit einer breiten Treppenanlage im Osten. Der untere Teil ist durch 18 Strebepfeiler gegliedert, auf denen jeweils fast sechs Meter hohe Kolossalstatuen stehen: Sie repräsentieren die „deutschen Stämme", die sich im Kampf gegen Napoleon vereinigt hatten, und halten – man muss ja sehn, mit wem man's zu tun hat – entsprechende Hinweistäfelchen in den Händen: „Franken", „Boehmen", „Tyroler", „Bayern" usw. Darüber folgt ein umlaufender Säulengang und hoch oben beim Kuppeldach schließt das Ganze mit wiederum 18 „Trophäen" ab, das sind „erbeutete" Rüstungen und Waffen als Zeichen des Sieges.

Innen ist die Halle als großer Kuppelsaal gestaltet, der durch eine runde Öffnung im Scheitel des Daches mit Licht erfüllt wird. Selbst Spötter, die das alles als nationalen Kitsch abtun, werden hier nicht unbeeindruckt bleiben: Der Blick nach oben bis zur kassettierten Decke ist schon eine Wucht. Auf der ersten Galerie stehen 34 Siegesgöttinnen – exakt die Zahl der Staaten des 1815 gegründeten Deutschen Bundes. Zwischen zwei Siegesgöttinnen sind jeweils Schilde zu sehen, auf denen Schlachten der Befreiungskriege verzeichnet sind, oberhalb der Galerie sind die Namen von Feldherren der Befreiungskriege angebracht.

Auch den Hallenboden ziert eine Inschrift. Sie zitiert Ludwig I., der die „Teutschen" gemahnt, „nie [zu] vergessen, was den Befreiungskampf nothwendig machte". Zu bedenken wäre dabei, dass zumindest die „teutschen" Machthaber erst an Befreiung dachten, als Napoleons Stern am Sinken war, vorher hatten sie alle mit seiner Hilfe ihren Schnitt gemacht, auch Bayern. Zudem war mit „Befreiung" nur die Vertreibung der Besatzer gemeint – von bürgerlicher Freiheit war keine Rede.

Fast geschafft ... ein erster Blick für den Wanderer

Ausflugsziele im Südwesten → Karte S. 131

Wen die nationale Inszenierung in der Befreiungshalle inzwischen ein bisschen müde (oder mürbe?) gemacht hat, sollte sich nun noch ein garantiert ideologiefreies Abschlusserlebnis gönnen: den grandiosen Rundumblick von der äußeren Galerie, die man über eine enge Wendeltreppe erreicht.

Am Waldrand beim Parkplatz befindet sich das **Besucherzentrum** (Kasse für Eintrittskarten) mit Café-Bistro und Museumsladen. Die 300 m zur Befreiungshalle lockern ein paar Infotafeln zur Baugeschichte und ein umwerfender Blick in den Donaudurchbruch auf.

Befreiungshalle: April–Okt. 9–18 Uhr, Nov.–März 10–16 Uhr (Kasse schließt 45 Min. früher). Eintritt 4,50 €, erm. 4 €, bis 18 J. und Schüler frei. Führungen April–Okt. am 2. und 4. So im Monat um 11 Uhr, 3 € zusätzlich. App kostenlos. Ein Außenaufzug bringt auf die Plattform und somit in die Halle, im Innern kein Lift. Befreiungshallenstr. 3, Kelheim, ✆ 09441-6820710, www.schloesser.bayern.de.

Café-Bistro: April–Okt. tägl. 10–18 Uhr. ✆ 09441-6609485.

Anreise mit dem Auto/Motorrad: auf der B 16 Richtung Ingolstadt, bei Saal den Wegweisern nach Kelheim folgen, dort den Schildern zur Befreiungshalle. Parkplatz (2,50 €). Alternative: Am zweiten Kreisverkehr in Kehlheim die dritte Ausfahrt Richtung Schiffsanlegestelle nehmen, dann den Schildern folgen. Parken: P5 Wöhrdplatz (an der Anlegestelle bei der Post, kostenpflichtig).

Ludwigsbahn: April bis Anf. Okt. 10.10 bis 17.10 Uhr jede volle Stunde ab Schiffsanlegestelle Kelheim, ab Ende März und bis Ende Okt. nur Sa/So und feiertags. Fahrzeit: 20 Min. 5 €, 2–16 J. 2 € (einfach), 7 € bzw. 3 € (hin und zurück), Kombiticket mit Befreiungshalle 10 € bzw. 3 €. ✆ 09441-3386, www.ludwigsbahn-kelheim.de.

Einsamkeit an der Donau

Kloster Weltenburg

Allein die Lage des Klosters ist einmalig: auf einer Schotterterrasse an der letzten Schleife vor dem Donaudurch-

Die drei „B": Bayern, Barock, Bier

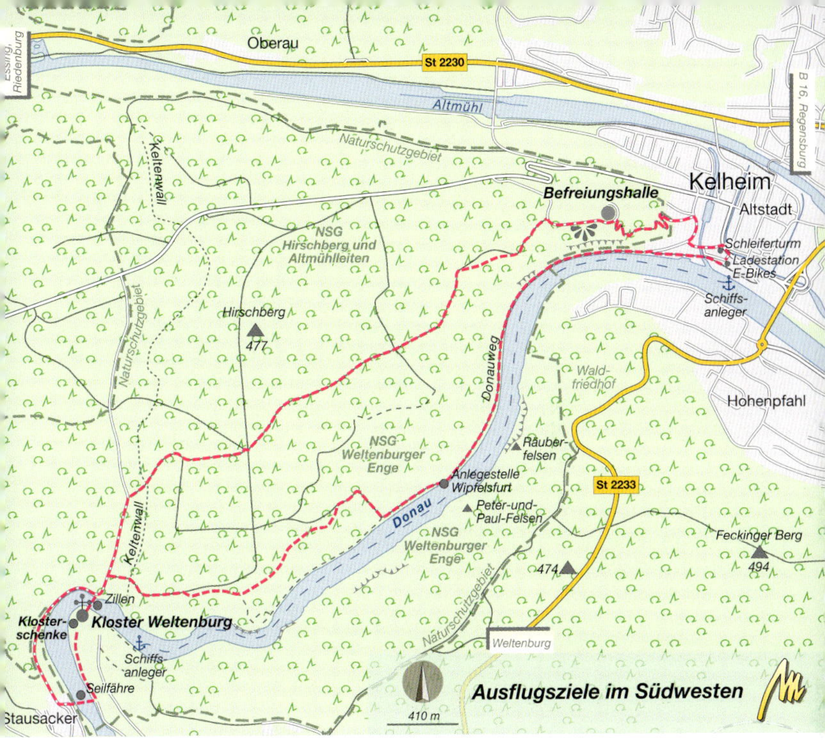

bruch, umgeben von hohen Felsen mit dichtem Grün, im Visier einen breiten Kiesstrand.

Weltenburg ist eines der ältesten Klöster in Bayern und wurde angeblich schon im 7. Jh. gegründet. Von einem Augustiner-Chorherren-Intermezzo zwischen 1123 und 1328 abgesehen, waren seit dem 8. Jh. immer die Benediktiner hier zu Hause. Im Zuge der Säkularisation 1803 aufgelöst, wurde das Kloster 1842 unter Ludwig I. als Priorat wiedererrichtet und 1913 schließlich wieder Abtei. So, wie sich die Anlage heute zeigt, ist sie das Ergebnis von Umbaumaßnahmen und Erweiterungen im frühen 18. Jh.

Wegen der beengten Lage hat der Klosterhof die Form eines spitzwinkligen Dreiecks. Zwischen zwei langen Gebäudeflügeln öffnen sich Arkaden zur Donau. Im Hof befindet sich der schöne **Biergarten** der Klosterbrauerei, die für sich beansprucht, die älteste Klosterbrauerei der Welt zu sein. Ihr „Dunkles" hat schon einige Male den World Beer Cup ergattert. Zur Anlage gehören noch der Klosterladen und das Gästehaus mit Übernachtungsmöglichkeiten.

Der Höhepunkt des Hofes ist die **Klosterkirche St. Georg.** 1714–1716 waren die neuen Konventsgebäude entstanden, gleich anschließend begann man mit der Kirche. Von wem die Pläne stammen, ist umstritten. Sicher ist, dass die Kirche in den folgenden 30 Jahren von den Brüdern Asam ausgestattet wurde. Die Fassade ist noch dezent pompös: vier Pilaster unter einem flachen Giebel, ein großes Mittelfenster, der hl. Benedikt auf dem Giebel ist aus dem 19. Jh. Das Innere aber macht sofort klar, warum St. Georg eine der bedeutendsten Kirchen des Spätbarocks in Deutschland ist – die Dekorationslust und -kunst macht sprachlos.

Regensburg im Kasten

Wandern und/oder per Schiff: Befreiungshalle und Kloster Weltenburg im Doppelpack

Der Besuch der Befreiungshalle kann mit einer Wanderung zu Kloster Weltenburg kombiniert werden – oder mit einer Schifffahrt. Von der **Schiffsanlegestelle Kelheim** verlässt man den Parkplatz in Richtung des mächtigen Schleiferturms (spätes 15. Jh., heute Kriegerdenkmal), umrundet diesen, biegt in die Stadtknechtstraße ein (ab hier Markierung „Befreiungshalle/Weltenburg") und überquert den alten Ludwigskanal. Der breite Weg durch den Wald ist geteert, gut zu laufen, aber sehr steil – immer wieder fantastische Ausblicke. Alternativ geht es mit der Ludwigsbahn (→ S. 130) zur Befreiungshalle.

Von der **Befreiungshalle** führt eine etwa einstündige Wanderung auf schönem Weg durch den Wald, größtenteils bergab. Vorbei an keltischen Wällen (der Michaelsberg war in den letzten Jahrhunderten vor Christus eine befestigte Keltensiedlung) und frühzeitlichen Erzgruben geht es hinunter zur Donau. Mit der Zille oder mit der Seilfähre (→ S. 133) setzt man über zum **Kloster Weltenburg.**

Zurück nach Kelheim empfiehlt es sich, wieder über die Donau überzusetzen und dann den Donauweg (I) zu nehmen: eine gute Stunde, 80 Höhenmeter mit Aussicht auf den **Donaudurchbruch,** das letzte Drittel eben entlang des Flusses.

Spannender ist natürlich eine **Schifffahrt** nach Kelheim (→ S. 133), alternativ mit einer **Zille** (→ S. 133), einem ortsüblichen Fischerboot, bis zur Wipfelsfurt. Dann werden die 80 m hohen Felsen der Weltenburger Enge zum Abenteuer! Nur noch 100 m breit ist hier der Fluss, an manchen Stellen 20 m tief. Dummerweise ist hier mit der Wipfelsfurt die flachste Stelle zwischen Ingolstadt und Regensburg, darum läuft bei Niedrigwasser nichts. Unbedingt vorher erkundigen.

Von der Wipfelsfurt geht es eben an der Donau entlang zurück nach Kelheim. Wieder in **Kelheim** angekommen, kann man noch durch das hübsche mittelalterliche Städtchen schlendern und das **Orgelmuseum** im ehemaligen Franziskanerkloster besuchen (April–Okt. Mi–So 14–17 Uhr; Eintritt 4 €, erm. 3 €; Am Kirchensteig 4, www.orgelmuseum-kelheim.de).

Kein Zentimeter ist frei, Gold und Marmor überall. Der niedrige Vorraum ist nur eine Einstimmung auf den zentralen Kuppelraum. Der ovale Raum ist mit ca. 20 m Länge, 15 m Breite und 20 m Höhe eher klein, aber dieser Gedanke kommt nicht auf. Monumentale Säulen gliedern ihn, in den Nischen große Altäre, die Evangelisten in den Ecken, darüber, im goldenen Ansatz der Kuppel, die vier Erzengel, allerdings nur ihre Anfangsbuchstaben. Die Kuppel öffnet sich in einer vergoldeten Balustrade, darüber, scheinbar auf Licht schwebend, wölbt sich der Himmel. Wölbt? Das ist die Kunst der Brüder Asam: Die Decke ist flach. Das Deckengemälde zeigt u. a. die Heilige Dreifaltigkeit und die Aufnahme des hl. Georg in den Himmel. Am Übergang zwischen Himmel und Erde haben sich die Brüder Asam verewigt: Cosmas Damian beugt sich lächelnd über die Brüstung, sein Bruder Egid Quirin ist die Engelsfigur links neben ihm.

Nicht zu vergessen schließlich der Hauptaltar. Aus dem Licht des Chorraumes reitet der strahlende Drachentöter, der hl. Georg, heraus. Er macht seinen Job eher so nebenbei, es sieht nicht nach einem Kampf auf Leben und Tod aus. Aber der Drache bäumt sich tödlich getroffen auf, die Prinzessin windet sich verzweifelt – perfektes barockes Theater!

Kirche: Messe Mo–Sa 7 Uhr, So 7.30 Uhr, danach ist die Kirche frei zugänglich bis zur Dämmerung. Mit Rollstuhl über eine Rampe (im Klosterladen erfragen). Führungen: nur Gruppen, im Voraus zu buchen. Asamstr. 32, 93309 Kelheim-Weltenburg, ✆ 09441-2040, www.kloster-weltenburg.de/fuehrungen.

Klosterschenke: März–Okt. 9.30–19 Uhr.

Klosterladen: Mai–Okt. Mo–Sa 9–18.30 Uhr, So 10–19.30 Uhr, im Frühling und Winter kürzer.

Gästehaus: ✆ 09441-6757-500.

Anreise mit dem Auto/Motorrad: auf der B 16, dann zum Dorf Weltenburg. Keine Durchfahrt zum Kloster, im Sommer kostenpflichtiger Besucherparkplatz im Dorf, kostenfreier Shuttleservice zum Kloster (Mai–Okt., bitte reservieren unter ✆ 09441-67570).

Schiff Kelheim–Weltenburg: Anf. Mai bis Anf. Okt. 9.30–17.30 Uhr alle 40 Min., von Mitte März und dann wieder bis Anf. Nov. weniger Fahrten. Erw. 9 €, Kinder 6,50 €, Fam. 25 €, hin und zurück 15 €/12 €/43 €. https://schifffahrt-kelheim.de.

Schiff Weltenburg–Kelheim: Anf. Mai bis Anf. Okt. 10.40–18.40 Uhr alle 40 Min., von Mitte März und dann wieder bis Anf. Nov. weniger Fahrten. Preise siehe oben.

Seilfähre Stausacker–Weltenburg: Mitte März bis Sept. Mo–Fr 8–11 und 12–17 Uhr, Sa/So 10–13 und 14–19 Uhr; Okt. bis Anf. Nov. tägl. 8–11 und 12–17 Uhr. Erw. 2 €, bis 18 J. 1 €, Fahrrad 1 €, Motorrad 2 €, Auto 3 €. Stausacker, Uferstraße, 93309 Kelheim, www.kelheim.de (Urlaub, Aktiv, Schifffahrt, Seilfähre).

Zillen (Kähne) zum Kloster Weltenburg: April–Okt. ca. 10.30–17 Uhr. Erw. 1,50 €, bis 12 J. 0,50 €.

Zillen flussabwärts: bei schönem Wetter April–Okt. etwa ab 10 Uhr bis zum späten Nachmittag. Für die Fahrt nach Kelheim (wird kaum gemacht) kostet das Boot für 10 Pers. 80 €. Halbe Strecke bis zur Wipfelsfurt oberhalb vom Klösterl 45 €. Man wartet, bis das Boot voll ist, oder zahlt den Gesamtpreis für weniger Leute.

Dramatischer Vorgeschmack: auf zum Donaudurchbruch

Ausflugsziele im Südwesten → Karte S. 131

KUCHENREITER
SCHAFFER
SAILER
THURN UND TAXIS
GERHARDINGER
NIEDERMAYR
STERNBERG
WITTMANN
APOLLONIA DIEPENBROCK
GRIMM
GRIMM

Nachlesen & Nachschlagen

Gehauen in Stein: das Gründungsdokument

Geschichte

Keltisches Radasbona

Die fruchtbare Ebene südlich des Donaubogens war schon ab der Jungsteinzeit (ca. 5000 v. Chr.) besiedelt. Im Gebiet der Regensburger Altstadt sind die archäologisch nachweisbaren Spuren deutlich jünger; sie stammen aus den letzten Jahrhunderten vor Christus und sind keltischen Ursprungs. Keltische Wurzeln hat auch der Siedlungsname *Radasbona*, der in einem mittelalterlichen Dokument auftaucht und in etwa „Schiffsanlegeplatz“ bedeutet. Seine Existenz legt nahe, dass sich auf dem heutigen Stadtgebiet eine größere keltische Siedlung befand, nachweisen kann man das bislang aber nicht.

Die Römer kommen ...

Obwohl die Römer bereits 15 v. Chr. die Provinzen Rätien und Noricum mit der Donau als Nordgrenze gründeten, dauerte es fast hundert Jahre, bis sie die Gegend des späteren Regensburg erreichten. Im heutigen Stadtteil Kumpfmühl bauten sie 79 n. Chr. ein Kohortenlager für Hilfstruppen. Es lag weit weg von der Donau auf einem Hügel und diente der Beobachtung, nicht der Verteidigung. Neben dem Lager entwickelte sich eine kleine Zivilsiedlung. Eine weitere entstand im heutigen Kerngebiet der Stadt (Bismarckplatz), das vermutete zugehörige Militärlager konnte bisher archäologisch nicht nachgewiesen werden.

170 überrannten die Markomannen Rätien und zwangen die Römer zum Rückzug. Doch schon ein Jahr später waren sie unter Marc Aurel zurück an der Donau und jetzt, endlich, kam die Geburtsstunde Regensburgs: Ein mit steinernen Mauern und Türmen befestigtes Legionslager für 6000 Mann wurde gebaut. Es hieß Castra Regina, das „Lager am Regen“, und war im Jahr 179 fertig, wie eine Inschrift belegt. Eine Besonderheit: Die Legion war nicht in der Provinzhauptstadt Augusta Vindelicum (Augsburg) stationiert, sondern

weit weg an der Grenze: Castra Regina war zunächst nur eine Kaserne, keine Stadt. Allerdings dauerte es nicht lange, bis um das Lager herum eine Siedlung entstand, die zu ihren Glanzzeiten größer war als das mittelalterliche Stadtgebiet. Das ganze Umland war übersät mit römischen Landgütern, die die Versorgung sicherten.

Im 3. Jh. wurde das Lager von Alamannen angegriffen und dabei zweimal teilweise zerstört. Anfang des 4. Jh. – die „römischen" Legionäre waren fast nur noch germanische Söldner – wurde die Truppenstärke reduziert und die Zivilbevölkerung rückte hinter die Mauern, also ins Legionslager, nach. Man vermutet, dass in der Nordostecke ein Binnenkastell eingezogen wurde, es fehlt aber, wie so oft, der Beleg.

357 machte der Überfall der Juthungen dem römischen Leben außerhalb der Mauern ein Ende, wenige Jahre später zogen die letzten römischen Truppen ab. 430 taucht Castra Regina ein letztes Mal in römischen Dokumenten auf, dann ist Sendepause: Für fast 350 Jahre verschwindet Regensburg aus den schriftlichen Quellen. Erst 770, in der Vita des hl. Emmeram, wird die Stadt wieder erwähnt.

Vermutlich hat die Besonderheit, „nur" ein Garnisonsstandort gewesen zu sein, die Kontinuität der Besiedlung begünstigt: Hier war man schon lange auf sich allein gestellt, hier zogen weder Vertreter des römischen Verwaltungsapparats noch Angehörige der römischen Oberschicht ab, sondern nur ein paar Soldaten. Die Siedlung funktionierte ohne sie weiter und war durch die nach wie vor beeindruckenden Mauern ein geschützter Ort.

Auftritt: die Bajuwaren

Das durch den Abzug der Römer entstandene Machtvakuum machten sich irgendwann um das Jahr 500 die Bajuwaren zunutze. Keine blutige Eroberung, es war eher ein Einsickern. Bald wurde das römische Lager ihr Zentrum, aus Castra Regina wurde Regensburg, Ursprung und Hauptstadt des Stammesherzogtums Bayern (eigentlich „Baiern"; erst Ludwig I. ordnete 1825 in seiner Antikenleidenschaft die Verwendung des „griechischen" Y an). Schon bald geriet das junge Reich unter den Einfluss der expandierenden Franken: Mit Billigung der Merowinger wurde mit Garibald im Jahr 555 der erste Agilolfinger Herzog in Bayern. Irgendwo im Nordosten des ehemaligen Legionslagers, im Umfeld des heutigen Alten Kornmarkts, gründete er seinen Stammsitz, seine Pfalz.

Die Agilolfinger bauten ihre Macht aus. Wichtigstes Mittel: die Reorganisation der Kirche. Man holte fränkische und schottisch-irische Missionare und

Diese Mauern machten die Hauptstadt

richtete die Organisation auf Rom aus. Der Herzogsitz Regensburg wurde Zentrum dieser (zweiten) Missionierung: Ende des 7. Jh. kamen drei Missionsbischöfe in die Stadt, die ihre weitere Entwicklung entscheidend prägten: der hl. Rupert, der den Herzog Theodo taufte und mit dieser Taufkapelle den Grundstock der Alten Kapelle als Pfalzkapelle legte; der hl. Erhard, um dessen Grab die erste Bischofskirche entstand (das heutige Niedermünster); und Emmeram, der nach seiner Ermordung außerhalb der Mauern im Kirchlein St. Georg bestattet wurde: Keimzelle des Klosters St. Emmeram.

739 erreichte die kirchliche Reorganisation ein vorläufiges Ende. Auf Initiative des päpstlichen Legaten Bonifatius wurde ein dem kanonischen Kirchenrecht und damit direkt dem Bischof von Rom unterstelltes Bistum Regensburg gegründet. Dadurch verlor der Herzog seinen Einfluss auf die Kirche, eine neue Macht war in der Stadt entstanden.

Ostentor: die wehrhafte Reichsstadt

Politisch war man durch die Schwäche der fränkischen Merowinger ziemlich selbstständig geworden. Die den Merowingern folgenden Karolinger banden Bayern wieder enger ans Reich. Der Versuch Tassilos III., Vetter Karls des Großen, sich aus der Abhängigkeit zu lösen, endete 788 mit seiner Absetzung. Das Herzogtum wurde dem fränkischen Königreich einverleibt. Um daran auch keinen Zweifel zu lassen, war Karl der Große in den Folgejahren gleich dreimal für längere Zeit in Regensburg, die Stadt wurde Zentrum seiner Ostpolitik. Um 800 entstand der Dom St. Peter, deutlich nach Westen aus dem Pfalzbereich gerückt: Zeichen der neuen Machtposition des Bischofs. Das Niedermünster wurde zum adligen Damenstift, unter der Regie des Bischofs entstand das Pendant Obermünster.

Ostfränkisches Reich und römisch-deutsches Kaiserreich

843 teilten die Enkel Karls des Großen das Frankenreich unter sich auf, Ludwig der Deutsche (reg. 843–876) erhielt das Ostreich. Dessen Herrscher und ihre „deutschen" Nachfolger strebten nach hegemonialer Macht, ihr Anspruch war es, den römischen Kaisern der Antike nachzufolgen. Dass dieser Anspruch durch „Gottes heiligen Willen" legitimiert war, lag auf der Hand – und erklärt auch, warum ihr diffuses Imperium später Heiliges Römisches Reich (deutscher Nation) genannt wurde.

Ludwig der Deutsche stellte solcherart Ansprüche erst einmal hintan. Er musste sich einstweilen noch um die Dinge vor der eigenen Haustüre kümmern, zum Beispiel um die Wahl seiner Hauptstadt. In der Mitte seines Reiches war Frankfurt und im Osten Regensburg konkurrenzlos, und so machte der beide zur Hauptstadt. In Regensburg weilte er während seiner langen Herrschaft (843–876) Jahr für Jahr jeweils für längere Zeit – nicht ohne Zeichen zu setzen: Durch Tausch kam das Obermünster in seine Zuständigkeit, und er baute eine neue Pfalz mit der Alten Kapelle als Pfalzkapelle (ab 875).

Die karolingischen Könige und Kaiser wechselten in rascher Folge, Arnulf von Kärnten (reg. 887–899) nannte Regensburg seine *urbs regia*, seine Königsstadt. Er baute eine neue Königspfalz außerhalb der Mauern bei St. Emmeram und setzte den Markgrafen Luitpold als Statthalter ein. Dessen Sohn Arnulf (909–937) nutzte die Schwäche der Könige (911 starb mit Ludwig dem Kind der letzte Karolinger auf ostfränkischem Thron) und machte sich zum Herzog: Die dritte Macht (neben König und Kirche) war wieder im Spiel. Arnulf ließ 920 St. Emmeram und die westlich der alten Mauer entstandene Kaufmannssiedlung um den Haidplatz von einer Mauer umschließen, die sog. Arnulfinische Stadtmauer, das Donauufer wurde in die Befestigung integriert. Regensburg war somit die erste Stadt nördlich der Alpen, die über ihre römischen Grenzen hinauswuchs.

Unter Otto I. (reg. 936–973), König des Ostfrankenreiches, wurde das Herzogtum Bayern wieder eng ans Reich gebunden. Sein Bruder Heinrich heiratete die Tochter Arnulfs und wurde Herzog. Der König saß in der Pfalz bei St. Emmeram, der Herzog am Alten Kornmarkt. Der bayerische Zweig betrieb bayerische Politik, die ottonischen Könige und Kaiser waren zwar nur selten in Regensburg, hielten aber ihren Anspruch aufrecht, 976 sogar mit Gewalt: Otto II. eroberte die Stadt – Heinrich II. (der Zänker) hatte sich gegen ihn verschworen. Alles änderte sich, als Otto III. kinderlos starb. Heinrich IV. aus der bayerischen Nebenlinie der Ottonen wurde 1002 als Heinrich II. König des Ostfrankenreiches (reg. 1002–1024) und ab 1014 auch römisch-deutscher Kaiser.

Die große Zeit der Stadt (1000–1300)

Die Zeit Heinrichs II. gilt als Beginn der politischen, kulturellen und wirtschaftlichen Glanzzeit der Stadt. Um 1050 war Regensburg die größte Stadt des Reiches. Aber im Laufe der Zeit verschoben sich die Interessen der Kaiser nach Westen (Lothringen/Burgund) und Süden (Italien). Unter den Sachsenkaisern rückte der Nordosten in den Fokus. Natürlich fanden noch Reichstage und Reichsversammlungen in Regensburg statt, zwei Kreuzzüge nahmen hier ihren Anfang. Die Auseinandersetzung um das Herzogtum Bayern, die im Konflikt zwischen Staufern und Welfen eskalierte, brachte die Kaiser immer wieder in die Stadt, wovon sie profitierte. Sie blieb als Machtbasis wichtig, aber sie wurde mehr und mehr sich selbst überlassen.

Aber zurück zu Heinrich II. Obwohl er als *der* Regensburger Kaiser gilt, ließ sein Aufbruch aus der Stadt nicht lange auf sich warten: Seine Wahl war nicht unumstritten, er brauchte Unterstützung, das Herzogtum gab er zwischenzeitlich an seinen Schwager ab. Er förderte Klöster und Bistümer, gründete das Bistum Bamberg und zog mehrfach nach Italien. In Regensburg baute er seine Position als König aus: Er förderte auch hier die Kirche, aber nicht zugunsten des Bischofs. Er entließ vielmehr das Ober- und das Niedermünster 1002 in die Reichsfreiheit, gründete Stift und Kirche zur Alten Kapelle neu, unterstellte sie aber 1009 seinem Bistum Bamberg. Er verschenkte, inzwischen wieder Herzog, Teile der Herzogspfalz an die bayerischen Bischöfe, damit die sich ihre Niederlassungen, ihre „Höfe", an der Residenz bauen konnten. Ein von ihm eingesetzter

Burggraf sollte in der Stadt königliche Rechte sichern und beschnitt so den Einfluss des Herzogs. Aber wer war „die Stadt"?

Immer noch war Regensburg konkurrenzlos im Osten des Reiches, Städte wie Nürnberg oder München entstanden gerade erst. Die Verkehrslage war günstig, die Stadt musste zur Drehscheibe werden – beste Voraussetzungen dafür, Reichtum anzuhäufen. Die Klöster wurden von Kaiser und König gefördert, St. Emmeram wurde zum Zentrum der Buchkunst und der Wissenschaft. Neue Klöster entstanden: direkt westlich der Stadtmauer St. Jakob, eine Gründung irischer Benediktiner, und weiter außerhalb Karthaus-Prüll und Prüfening. Der karolingische Dom wurde durch Querhaus und Atrium fast verdoppelt. Man muss dem Dionysius-Bericht des Othlo aus St. Emmeram (Ende 11. Jh.) nicht in allen Punkten glauben, aber er belegt die Dreiteilung – Herzog, Bischof, Bürger –, und er spricht von grenzenlosem Reichtum. Die Stadt hatte um 1200 ca. 15.000 Einwohner.

Das Herzogtum wurde im 11. und 12. Jh. zum Spielball königlicher Macht. Es wurde verliehen und wieder eingezogen. Selbst die Welfen, die doch ab 1070 wiederholt für längere Zeit den Herzog stellten, wurden immer wieder

Regensburg im Kasten

Die Kaufleute, die neue Macht

Flüsse waren die Handelswege, vor den Römerstraßen und danach, und Regensburg lag günstig: entlang der Donau nach Osten zum Schwarzen Meer, weiter nach Byzanz mit Anschluss an den Asienhandel, nach Westen über den Rhein nach Flandern und in die Champagne, durch das Tal des Regen nach Norden und Nordosten, nach Böhmen, Polen und weiter. Aber auch die Verbindungen nach Italien, nach Venedig und Florenz, funktionierten. Spätestens seit 555 war Regensburg Hauptstadt, herzogliche, königliche, kaiserliche. Und auch wenn der Hofstaat nicht ständig vor Ort war – so ein Hof hatte Bedürfnisse, da reichten Holzlöffel und Tonschalen nicht, man musste repräsentieren, da brauchte es Luxusgüter! Und die waren nicht um die Ecke zu bekommen. Die Bedürfnisse waren da, die Handelswege lagen vor der Tür, also wurde Regensburg eine Handelsstadt. Und der Handel mit Luxusgütern hatte Vorteile: kleine Mengen, große Gewinne.

Zu den Anfängen findet man wenig Quellen: 795 wird eine provisorische Schiffsbrücke erwähnt, 805 ist Regensburg zum ersten Mal als Fernhandelsplatz dokumentiert. 934 wird ein Markt an der gerade abgerissenen Nordwestecke der Römermauer erwähnt, mit dem Hinweis, Regensburg sei Zentrum des Slawenhandels. Nach 955 stellen die Ungarn ihre Raubzüge ins Frankenreich ein, siedeln am Donauknie und werden christianisiert: Der Weg ans Schwarze Meer ist wieder frei. 1052 wird der erste Geschlechterturm errichtet, Symbol bürgerlichen Wohlstands und Selbstbewusstseins (→ S. 79). Neben dem ritterlichen Stadtadel, Ministerialen wie z. B. die Auer, sind es nur wenige Familien, die den Handel unter sich ausmachen, die Ingolstetter, die Thundorfer, die Runtinger – eine neue Führungsschicht wächst heran. 1080 ist zum ersten Mal von „Stadtrechten" die Rede. 1135–1146 folgt der sichtbare Beweis wirtschaftlicher Souveränität: Die Stadt, nicht Herzog oder König, baut eine steinerne Brücke über die Donau, für sehr lange Zeit der einzige feste Übergang über die Donau zwischen Ulm und Wien. Man war die vierte Kraft, bereit für die politische Selbstständigkeit.

abgelöst und bekamen Konkurrenz. 1121 trat die Familie auf, die Bayern nicht mehr verlassen sollte: Die Wittelsbacher wurden Pfalzgrafen in und ab 1131 von Bayern. Heinrich der Löwe, der wohl bekannteste Welfe, scheiterte am Ende an der Macht der etablierten bayerischen Adligen und zog sich nach Sachsen zurück. 1180 versagte Heinrich Kaiser Barbarossa die Waffenhilfe und wurde abgesetzt, die Wittelsbacher wurden Herzöge von Bayern. 1195 starben die Babonen, die Burggrafen von Regensburg, aus. Den Wittelsbachern gelang es, sie zu beerben. Der Bischof ging leer aus. Zu Beginn des 13. Jh. mischte also ein starker Herzog wieder in der Stadt mit.

Wirtschaftlich begann das neue Jahrhundert mit einem bösen Rückschlag. Den Venezianern war es 1204 im Rahmen des 4. Kreuzzugs gelungen, Byzanz zu erobern, was den lukrativen Regensburger Direkthandel mit der Metropole am Bosporus beendete. Aber politisch ging es vorwärts: Im Reich gab es mal wieder zwei Könige, und die suchten Hilfe. 1205 vermittelte König Philipp noch zwischen Ludwig I. und dem Bischof über die Machtverteilung in der Stadt. Schon 1207 aber erließ er das „Philippinum", ein Privileg, das sich gegen beide richtete. Es überließ den Bürgern der Stadt die Organisation des Handels. 1208 wurde Philipp ermordet, Ludwig I. erkannte sofort den Konkurrenten Otto IV. an, zum Dank wurde sein Herzogtum erblich, jetzt hatte er die königliche Unterstützung. Er hielt 1210 einen Landtag ab und begann mit der Erneuerung der Pfalz am Alten Kornmarkt. Nächste Kehrtwendung: Papst Innozenz III. unterstützte den Staufer Friedrich II. Ludwig I. hatte jedoch auf den Verlierer gesetzt: Friedrich II. machte Bischof Konrad IV. zum nahezu alleinigen Stadtherrn, was er ihm 1219 noch einmal bestätigte. Sein Nachfolger auf dem Bischofsstuhl war Siegfried, der Kanzler von Friedrich II. – mehr kaiserliche Unterstützung geht nicht. Aber 1245 erklärte der Papst den Kaiser für abgesetzt, Siegfried musste die Seiten wechseln und bekam sofort die Retourkutsche: Friedrich erließ das „Fridericianum", das Regensburg die städtische Selbstverwaltung brachte.

1245 Freie und Reichsstadt

Regensburg ist nicht mehr Hauptstadt des Herzogtums Bayern, Regensburg ist Freie und Reichsstadt. Es sollte aber noch sechs Jahre dauern, bis der Konflikt mit dem Bischof ausgestanden war und der erste Stadtrat gewählt wurde. Der Bischof bekämpfte die Entscheidung Friedrichs II., der ja exkommuniziert war, mit allen Mitteln, er ließ sogar auf dessen Sohn, König Konrad IV., 1250 ein Attentat verüben, als der die Pfalz bei St. Emmeram besuchte. Nur Teile des Stadtgebiets von Regensburg waren Reichsstadt, weil es vom König nur bekam, was dem König gehörte. Freie Stadt wurde es jetzt, weil die anderen Stadtherren, Bischof und Herzog, auf diese Herrschaftsrechte verzichten mussten. Man unterstand nur dem Reich, musste keine Steuern zahlen und keine Heerfolge leisten, verwaltete sich selbst. Auf ihren eigenen Territorien, der Pfalz und dem Bischofshof, hatten Herzog und Bischof aber weiterhin Herrschaftsrechte. Ober- und Niedermünster waren reichsfrei (St. Emmeram und St. Jakob sollten später folgen), die Bischofshöfe standen auf ehemaligem herzoglichem Grund. Fazit: Der Herrschaftsbereich der Stadt war eine löchrige Angelegenheit. Von den etwa 20.000 Einwohnern der Stadt hatten nur etwa 2000 das Bürgerrecht (ausschließlich Männer), eine große Zahl an „Beisitzern", neu zugezogene oder nicht selbstständige Bewohner, unterstanden der städtischen Herrschaft, aber ein großer Teil der Bevölkerung tat es nicht. Aber auch die Bürger hatten nicht alle die gleichen Rechte. Die 16

Mitglieder des alles entscheidenden Stadtrats wurden aus dem kleinen Kreis der Patrizier (Stadtadelige und Mitglieder reicher Handelsfamilien) gewählt. Die taten in der Folgezeit alles, um die Macht in ihren Händen zu halten.

Nicht nur wegen der politischen Selbstständigkeit war das 13. Jh. ein weiterer Höhepunkt in der Regensburger Geschichte. Schon in den ersten Jahren hatten sich die neu gegründeten Bettelorden der Minoriten und Dominikaner angesiedelt und bauten ihre gewaltigen Kirchen. Entlang der Handelsstraßen an der Donau wuchsen nach Ost und West neue Stadtteile, ein erstes Rathaus entstand, die Geschlechtertürme wurden zahlreicher und höher. Der wichtige Handel mit Byzanz lebte 1261 wieder auf. Einer der Universalgelehrten der Zeit, Albertus Magnus, lehrte in der Stadt und wurde Bischof, sein

Bürgerstolz: der Turm des Alten Rathauses

Schüler aus dem Patriziergeschlecht der Tundorfer legte den Grundstein zum neuen, gotischen Dom. In den zu erwartenden Auseinandersetzungen mit dem Herzog schlug man sich erfolgreich. Um 1280 dann begann man, die gewachsene Stadt mit einer neuen Mauer zu schützen: Im Westen wurden drei Klöster und, zwischen Wollwirker- und Lederergasse, ein neues Kaufmann- und Handwerkerviertel umschlossen, im Osten zwei Klöster und mit der Ostengasse ein Gebiet mit Gewerbe, Brauereien und Gasthöfen. Über diese Befestigung, deren Verlauf noch heute im Stadtbild deutlich zu sehen ist, ist die Stadt erst im späten 19. Jh. hinausgewachsen.

Der Niedergang ab 1300

Der Zenit war überschritten, auch wenn es noch nicht spürbar war, Regensburg war so groß wie Wien, deutlich größer als Nürnberg und doppelt so groß wie München. Aber der Dauerkonflikt mit Bischof und Herzog schwächte die Stadt, der Herzog behinderte den Regensburger Handel, wo er konnte, und förderte den seiner jungen Städte. Und der Handel wandelte sich, nicht mehr nur Luxusgüter waren gefragt, sondern alltägliche Dinge. Die jungen Städte handelten mit ihren Produkten („Nürnberger Tand geht in alle Land"), und da konnte Regensburg nicht mithalten. Auch aus politischen Gründen hatten die führenden Kaufmannsfamilien das Handwerk immer klein gehalten.

Es gärte in der Stadt: Der Auer-Aufstand von 1330, in dem der Stadtadel unter Führung der Patrizierfamilie Auer ein letztes Mal versuchte, die Herrschaft an sich zu reißen, brachte die Stadt in Bedrängnis und in Konflikt mit dem Kaiser. In den 1340ern brachte ein Hochwasser, gefolgt von Hungersnot und einer Pestepidemie, die Stadt an den Rand. Die Goldene Bulle von

1356 zeigte das auch politisch: Frankfurt wurde Krönungsstadt, der erste Reichstag musste in Nürnberg sein. Die Bautätigkeit erlahmte, es wurden fast nur die Projekte des letzten Jahrhunderts weitergeführt. Das Jahrhundert endete zwar mit einem militärischen Erfolg im Städtekrieg, aber die Kosten ruinierten die Stadt. Der Hussitenkrieg ab 1420 beendete den Handel mit Böhmen, der Vormarsch der Türken und schließlich die Eroberung von Byzanz 1453 beendeten den Schwarzmeerhandel. 1463 folgte wieder eine Pestwelle, der Versuch, die Stadtfinanzen über Steuererhöhungen zu sanieren, führte zu Unruhen. Als dann der bayerische Herzog Albrecht IV. seine verpfändeten Rechte in der Stadt wieder auslöste (die Stadt braucht das Geld, der Herzog hatte wieder Einfluss), unterstellte sich Regensburg seiner Herrschaft.

Der Herzog wurde sofort aktiv: Bayerische Ämter wurden nach Regensburg verlegt, eine Universität und ein neues Schloss wurden geplant, eine neue Straße nach Nürnberg nördlich der Donau entstand. Aber man hatte die Rechnung ohne den Wirt gemacht. Kaiser Friedrich III., als „des Reiches Erzschlafmütze" verspottet, konnte und wollte den Machtzuwachs der Bayern nicht hinnehmen und verhängte die Reichsacht über Stadt und Herzog: 1492 musste Albrecht IV. die Stadt wieder hergeben.

Regensburg wurde dabei sehr gerupft: Der Herzog verzichtete zwar auf alle Rechte in der Stadt (nicht aber in seinem Besitz, der Pfalz), aber sie verlor fast ihr ganzes Territorium bis auf einen schmalen Streifen südlich der Stadt, den sog. Burgfrieden. Stadtamhof, am Nordende der Steinernen Brücke, wurde zur Stadt und damit zur Konkurrenz. Auch der Kaiser war nicht freundlich: Regensburg wurde die Selbstverwaltung entzogen und stattdessen ein Reichshauptmann eingesetzt, außerdem fiel die Steuerfreiheit weg. Regensburg war Reichsstadt, aber keine freie Stadt mehr. Dabei war kein Problem gelöst; die desolate finanzielle Lage und die antikaiserliche Agitation einer „Bayernpartei" führten zu einem Aufstand, das kaiserliche Heer musste eingreifen. Ein Sündenbock musste her! Und so nutzte man den Tod von Kaiser Maximilian I., dem Beschützer der Juden, als Gelegenheit und vertrieb – wohl von Kirche und Rat gesteuert – im Februar 1519 die jüdische Gemeinde. Auf Beschluss des Rates mussten die Juden „zu ihrem Schutz vor dem Volkszorn" die Stadt verlassen, ihr Wohnviertel mit Synagoge (der heutige Neupfarrplatz) wurde dem Erdboden gleichgemacht.

Glaubensspaltung

Schon kurz nach dem Beginn der Reformationsbewegung (1517) gab es in Regensburg Bestrebungen, sich der lutherischen Lehre anzuschließen – zunächst ohne Erfolg. Doch die Entwicklung war auf Dauer nicht aufhalten. Lutherische Prediger verbreiteten die neue Lehre in der Stadt, und die wurde – wie andernorts auch – im Laufe der Zeit immer attraktiver. Vertreter der alten Lehre hielten dagegen, der Dissens beherrschte die Stadt. 1541 kam es im Rahmen eines einberufenen Reichstags zu einem hochkarätig besetzten Religionsgespräch in der Neuen Waag am Haidplatz, das aber keine Annäherung zwischen Altgläubigen (Katholiken) und Protestanten herbeiführen konnte. Nur ein Jahr später war es dennoch so weit: Die Stadt wurde offiziell lutherisch, in der Praxis blieb man aber um Ausgleich bemüht.

Denn Regensburg war in der Zwickmühle: Abhängig vom Kaiser, konnte sie ihn, der katholisch blieb, nicht vergrätzen. Der ebenfalls katholisch gebliebene Herzog war jederzeit bereit, sich zur Wahrung des „rechten" Glaubens in der Stadt einzumischen. Und so blieben Rechte und Besitz der katholischen Einrichtungen und der Glaube ihrer Bewohner unangetastet, faktisch wurde nur etwa die Hälfte der knapp 15.000 Einwohner evangelisch. Unter der Führung des Stadtrats gab man sich eine eigene Kirchenverordnung, zwei städtische Stiftskirchen und die nicht mehr benötigte Wallfahrtskirche am Neupfarrplatz wurden evangelisch.

Beide Glaubensrichtungen existierten, nicht immer friedlich, aber paritätisch, nebeneinander. Das machte den Alltag kompliziert, erwies sich aber als Trumpf: Bei den Reichstagen konnten sich Abgesandte beider Konfessionen heimisch fühlen. Zudem lag die Stadt für die in Wien residierenden Habsburger Kaiser verkehrstechnisch günstig, was dazu führte, dass ab 1594 alle Reichstage nur noch in Regensburg stattfanden: ein Zuwachs an Bedeutung für die gebeutelte Stadt.

Die einsetzende Gegenreformation hatte auch Auswirkungen: Unter dem Druck der Kaiser siedelten sich Orden der Gegenreformation in der Stadt an (immer auf exterritorialem Gebiet und gegen den Willen der Stadt): 1588 die Jesuiten im Mittelmünster, 1613 die Kapuziner, 1635 schließlich die Karmeliter. Im Gegenzug wurde Regensburg zum Auffangbecken der sog. Exulanten, lutherische Flüchtlinge aus Böhmen und Österreich, unter ihnen Johannes Kepler, Mathematiker und Physiker.

Stadtwappen in der Bürgerkirche

Durch den Dreißigjährigen Krieg (1618–1648) kam Regensburg einigermaßen glimpflich. Natürlich wurde man von beiden Seiten abwechselnd belagert und besetzt – schließlich ist man ja paritätisch! –, aber die Schäden hielten sich in Grenzen, das Leben kam nicht wie anderswo zum Erliegen, es wurde sogar gebaut. 1631 wurde die evangelische Dreieinigkeitskirche geweiht, 1641 begann die andere Seite mit der Karmeliterkirche.

Der Immerwährende Reichstag (1663–1806)

Das politische Leben nach dem Krieg begann mit einem Reichstag 1652 unter Kaiser Ferdinand III. Zehn Jahre später vollendeten die Regensburger ihr Neues Rathaus und überließen dem Reichstag Festsaal und Räume des Alten Rathauses. Der 1663 einberufene Reichstag kam und kam zu keinem Ergebnis und wurde zur Dauereinrichtung (→ S. 62): Er bestand fort bis zur Auflösung des Reiches 1806. Nur zweimal hatte er die Stadt verlassen müssen: 1713/14 wegen der Pest und 1741–1746 während des Österreichischen Erbfolgekrieges.

Dieser Immerwährende Reichstag war ein Segen, auch wenn die hohen Fürsten und der Kaiser sich bald vertreten ließen. Denn er brachte höfischen Glanz in die Stadt. Die lokale Wirtschaft konnte nicht so profitieren, vor allem das Handwerk nicht: Die Gesandten brachten ihre mit vielen Privilegien versehenen eigenen Leute mit. Politisch darf man diesen Reichstag trotz der Präsenz internationaler Gesandter nicht überbewerten, und so trat Regensburg im 18. Jh. weltpolitisch gesehen in den Schatten. Aber im Inneren blühte die Stadt auf, denn die Gesandten brachten Geld, allen voran die Familie Thurn und Taxis, des Reiches Generalpostmeister. 1748 verlegten sie ihren Sitz von Frankfurt nach Regensburg, um das Amt des Prinzipalkommissars, also des Vertreters des Kaisers, zu behalten. Mit den Gebrüdern Asam, ihres Zeichens Maler und Bildhauer, und ihren Kollegen kam das Rokoko in die Stadt – St. Emmeram, die Alte Kapelle, Goldglanz überall. Die ganze Stadt bekam ein modernes Gesicht, das kulturelle Leben blühte. Idyllisches Leben einer kleinen Residenzstadt, die komplizierte Welt ist weit weg: 1779–1781 ließ Fürst Carl Anselm von Thurn und Taxis die Vorwerke, also die Befestigungen vor der Stadtmauer, in eine Allee umwandeln.

1789 – Die Welt steht Kopf

Die Französische Revolution veränderte die politische Landkarte Europas innerhalb weniger Jahre komplett. Schon 1797 verlor das Reich fast alle linksrheinischen Gebiete, die deutschen Fürsten forderten Entschädigung. Die wurde bereits im Frieden von Lunéville 1801 beschlossen und 1803 im Reichsdeputationshauptschluss dann deutsches Gesetz: Alle geistlichen und kleinen weltlichen Herrschaften wurden aufgelöst und den großen Fürstentümern zugeschlagen. Bayern, jetzt Königreich von Napoleons Gnaden, erhielt Schwaben und Franken. Aber: Regensburg bekam es nicht!

1806 löste sich das Reich und damit der Reichstag auf, die Gesandten zogen ab, Regensburg geriet in eine tiefe finanzielle Krise. Karl Theodor von Dalberg,

Fürst von Dalberg: sein Grabmal im Dom

Fürst von Regensburg, gelang es, die Familie Thurn und Taxis in der Stadt zu halten, gemeinsam stemmte man sich gegen den Niedergang. Aber 1809 nützte es ihm nichts, der Fürstprimas des Rheinbundes zu sein: Im 5. Koalitionskrieg besetzten österreichische Truppen die Stadt, Rheinbundtruppen, auch Bayern und Württemberger, unter französischer Führung beschossen die Stadt, weite Teile im Süden und Südosten wurden zerstört, im Norden das bayerische Stadtamhof. Eigentlich war von Dalberg ja Verbündeter Napoleons, aber anstatt die Stadt zu befreien, gab Napoleon sie nach der Erstürmung zur Plünderung frei. Die Schlacht bei Regensburg ist bis heute tief im kollektiven Gedächtnis der Stadt verankert.

Knapp ein Jahr später, 1810, schlug Napoleon Regensburg dem Königreich Bayern zu. Es gab also offenkundig wichtigere Verbündete als den Fürsten von Dalberg, der nach Frankfurt abgeschoben wurde.

Karl Theodor von Dalberg (1744–1817)

Von 1802 bis 1810 war er Fürst von Regensburg, Erzbischof sogar bis zu seinem Tod. Er stammte aus altem Ritteradel, hatte Jura studiert und Bildungsreisen nach Italien unternommen. Ohne jegliche theologische Bildung erhielt er die Priesterweihe und wurde im Erzbistum Mainz zum Nachfolger aufgebaut. Er verwaltete das Mainz'sche Erfurt, hatte dort engen Kontakt mit den Größen in Weimar – Goethe, Schiller, Herder – und profilierte sich mehr als Staatsmann denn als Mann der Kirche. Er war eigentlich das Vorzeigeexemplar eines aufgeklärten Staatsmanns: gebildet und engagiert für das Wohl des Staates und seiner Bürger.

1802 tritt von Dalberg in die große Geschichte ein und wird Kurfürst und Erzbischof von Mainz, damit Erzkanzler des Reiches und zweiter Mann nach dem Kaiser. Er versucht aufzuhalten, was längst beschlossene Sache ist: die Auflösung der kleinen Fürstentümer und geistlichen Herrschaften. Er hat gute Kontakte zu Napoleon, der ihn schätzt, was ihm bei der Auflösung der geistlichen Herrschaften von großem persönlichem Nutzen ist, da er mit den neu geschaffenen Fürstentümern Aschaffenburg und Regensburg abgefunden wird. Und so arbeitet von Dalberg nach 1803 ganz an einem Deutschen Reich in Anbindung an Frankreich – entsprechend zwiespältig ist seine Reputation in der Bevölkerung. Er kann den Austritt der deutschen Fürsten aus dem Reich 1806 nicht verhindern, ermöglicht aber gleichzeitig den Rheinbund und wird dort Fürstprimas, also der Vorsitzende der Fürsten. (Ganz nebenbei: Er belehnt sofort Karl Alexander von Thurn und Taxis mit dem Amt „Erblandpostmeister" – so kann der die Reichspost als Privatunternehmen weiterführen – und erhält dafür mietfrei das Taxis'sche Stadtpalais in Frankfurt und eine Pension.) Sein Versuch, aus dem Militärbündnis Rheinbund ein „neues Deutsches Reich" zu formen, scheitert am Desinteresse der deutschen Fürsten und an Napoleon, von Dalberg ist trotz hochtrabender Titel am Ende nur ein Spielball der Großen. Er wird noch Großherzog von Frankfurt – und dann ganz schnell fallengelassen: 1810 verliert er alle weltliche Macht, es bleibt ihm nur das Erzbistum Regensburg, wo er seine letzten Jahre verbringt.

Im Großen waren also von Dalbergs Bemühungen letztlich erfolglos. Aber als Fürst von Regensburg zeigte er sein ganzes staatsmännisches Können und sein an den Idealen der Aufklärung orientiertes Weltbild. Regensburg war politisch noch ein mittelalterliches Gebilde mit verzweigten Zuständigkeiten und feudalem Anstrich. Von Dalberg tat alles, um aus diesem Flickenteppich einen modernen Staat zu machen: Bürgerrecht für alle Konfessionen, neue Verwaltung, breitere Besteuerung, staatliche Sozialfürsorge und Schulpflicht. Die Säkularisierung setzte er sehr vorsichtig um, hier wurden keine Klöster zerstört, keine Bibliotheken geplündert. Die Klarissinnen und die Dominikanerinnen blieben und übernahmen die Schulen für Mädchen. Von Dalberg förderte Wissenschaft, Kunst und Kultur und finanzierte das aus eigenen Mitteln. Und er verwandelte Regensburg in eine moderne Residenz. Sein Architekt Emanuel d'Herigoyen gab der Stadt ein klassizistisches Gesicht. Seine achtjährige Herrschaft hat die Stadt bis heute sichtbar geprägt.

Bayerische Provinzstadt

Es war ein Abstieg in die Bedeutungslosigkeit. Sogar die städtische Selbstverwaltung wurde Regensburg genommen, dafür bekam es einen bayerischen Polizeidirektor und eine Garnison. Das zerstörte Viertel im Südosten wurde wiederaufgebaut und mit der Maximilianstraße neu geordnet, aber sonst geschah erst mal wenig. Die gefallenen Zollschranken wirkten sich für die wirtschaftlich geschwächte Stadt verheerend aus. Nur langsam fand die Stadt ihren Platz in Bayern, 1818 bekam sie die Selbstverwaltung zurück, wurde Hauptstadt des Regenkreises, 1838 dann des Bezirks Oberpfalz.

Die Stadt wuchs kaum über ihre alten Grenzen hinaus. Die Stadtmauern wurden geschleift, neue Straßen in die Altstadt gebaut. Aber hauptsächlich profitierte die Stadt von fürstlichen und königlichen Bauvorhaben. Das Haus Thurn und Taxis wurde für den Verlust des Postmonopols mit St. Emmeram abgefunden und baute das Kloster zum Schloss um. Die Türme des Domes wurden vollendet, und unter Max II. entstand auf der Ostbastion ein königliches Schloss. In direkter Nähe der Stadt ließ sich Ludwig I. zwei seiner Lieblingsprojekte errichten: die Walhalla und die Befreiungshalle.

Außerdem wurden dringend nötige Infrastrukturmaßnahmen in Angriff genommen: eine neue Wasser- und Abwasserversorgung und der Bau von Schulen und Krankenhäusern. Die Donauschifffahrt wurde ausgebaut, durch den Ludwigkanal ab Kelheim mit Anbindung an Main und Rhein. Um 1860 folgte der Anschluss ans entstehende Eisenbahnnetz, ein Gaswerk wurde gebaut, um 1900 ein Elektrizitätswerk, ab 1903 fuhr die Straßenbahn, 1910 bekam die Stadt einen neuen Donauhafen.

Was fehlte, war der wirtschaftliche Aufschwung durch Industrialisierung. Was blieb, war die alte (evangelische) Führungselite, an der man nicht vorbeikam: Sie hatte sich wegen der hohen Gebühren für das Bürgerrecht (die erst 1916 abgeschafft wurden) abgekapselt: 1910 waren nur knapp 10 % der Einwohner Regensburgs im Besitz des Bürgerrechts. Die alte Elite herrschte konservativ und unangefochten, das sollte sich erst 1918/19 ändern.

Das 20. Jahrhundert

1914 unterschied sich Regensburg nicht vom Rest des Deutschen Reiches: Kriegsbegeisterung überall. 35 Jahre Frieden, der Krieg war zu einer Erinnerung geworden und deshalb wieder vorstellbar. Die Stadt litt wie alle anderen unter dem Ersten Weltkrieg: Die Männer starben an den Fronten, zu Hause herrschte Hunger. Ein französisches Kriegsgefangenenlager auf dem Unteren Wörth brachte den Krieg, der ja weit weg stattfand, sichtbar in die Stadt. Fünf Jahre später waren 200.000 bayerische Soldaten tot, König und Kaiser gab es nicht mehr, die Räterepublik war – auch in Regensburg – Geschichte, das Deutsche Reich eine Republik.

Endlich änderten sich die politischen Verhältnisse, die Bayerische Volkspartei, damals relativ fortschrittlich, stellte mit Otto Hipp ab 1920 den Bürgermeister. 1924 wurden die Gebiete nördlich der Donau eingemeindet, die Stadt wuchs mit einem Schlag auf 77.000 Einwohner heran und hatte endlich Flächen für Wohnungsbau. Doch die Weltwirtschaftskrise 1929 beendete den Aufschwung. Der durch den Zerfall des Habsburgerreiches schon schwierig gewordene Donauhandel brach ein, die Stadt war pleite.

Bei der Reichstagswahl 1933 erreichte die NSDAP in Regensburg zwar nur 30 % der Stimmen (im Reich 43,9 %), doch der braune Terror war auch hier nicht aufzuhalten. Otto Hipp wurde gewaltsam aus dem Rathaus entfernt, die

Der Dom: Stolz und Dauerbaustelle

NSDAP übernahm die Stadt mit den bekannten Konsequenzen: Terror gegen politische Gegner, Judenverfolgung, Bücherverbrennung. Ideologisch war Regensburg für die Nazis ein wichtiger Standort: Immerhin hatte hier der Immerwährende Reichstag des „Ersten Reiches" getagt (das des Heiligen Römischen Reiches deutscher Nation), und sie waren gerade dabei, ein „Drittes Reich" zu installieren (Nr. 2 der Nazi-Zählung war das Kaiserreich-Intermezzo von 1871 bis 1918). Rings um den Dom ließen die Nazis aufwendig das Mittelalter wiederauferstehen (u. a. Herzogshof und Haus Neuport), und mit dem Bau einer zweiten Donaubrücke wurde auch für den Anschluss an moderne Zeiten gesorgt.

Dass der Brückenbau noch anderen Zwecken diente, wurde 1936 deutlich. Im Südwesten der Stadt und in Obertraubling entstanden die Messerschmitt-Werke, zusammengeschweißt wurden hier Flugzeuge für den sich bereits anbahnenden Krieg. Facharbeiter wurden angeworben, Wohnungen gebaut, bei Kriegsbeginn hatte die Stadt 95.000 Einwohner, ein Jahr später wurde sie Großstadt. Im Verlauf des Zweiten Weltkriegs wurden die Facharbeiter mehr und mehr durch Zwangsarbeiter ersetzt – und durch KZ-Häftlinge: Allein 5000 Insassen des KZ Flossenbürg, das in Stadtamhof 1945 eine Zweigstelle hatte, waren an der Produktion der Jagdflugzeuge in Regensburg beteiligt.

Im August 1943 holte der Krieg die Stadt ein. Die Flugzeugwerke fielen einem Bombardement zum Opfer, 400 Menschen starben. Es folgten Angriffe auf den Bahnhof und den Hafen, die etwa 700 Menschenleben kosteten. Zwar wurde auch die Altstadt in Mitleidenschaft gezogen, flächig bombardiert wurde sie aber nie.

Im April 1945 forderten Bürger der Stadt bei einer Demonstration die kampflose Übergabe der Stadt an die heranrückenden Amerikaner. Zwei vermeintliche Anführer wurden hingerichtet, einer kam auf der Polizei zu Tode. Nur ein paar Tage später zogen die deutschen Truppen ab und sprengten dabei sämtliche Brücken der Stadt, darunter ihr Wahrzeichen: die Steinerne Brücke. Am 27. April 1945 wurde Regensburg kampflos den Amerikanern übergeben.

Zwar war nur etwa 15 % der Bausubstanz zerstört, aber der Wohnraum in der Altstadt war schon vor dem Krieg überaltert und sanierungsbedürftig gewesen. Die Stadt wurde von Flüchtlingen und Vertriebenen überschwemmt, über 12.000 allein 1945. Auf der anderen Seite warteten in den Arbeitersiedlungen im Südwesten Tausende „displaced persons", in erster Linie Ukrainer, auf eine ungewisse Zukunft. Die Voraussetzungen für einen Neustart waren denkbar schlecht, denn der einzige Industriebetrieb war das Flugzeugwerk, und das war zerstört und überflüssig geworden.

Nach dem Krieg fand sich die Stadt in „Zonenrandlage" wieder, keine guten Bedingungen für den Neustart. 1950 siedelte sich Siemens an, das war's erst mal. In den 1950ern war die drängendste städtebauliche Frage: Was tun mit der Altstadt? Sanieren oder abreißen? Manch einer schaute fast neidisch auf die zerstörten Städte im Land, die so schön modern und autofreundlich planen konnten. Bis in die frühen 1970er hielten sich die beiden Alternativen die Waage, es wurde viel saniert und manches abgerissen, bis 1973 das Bayerische Denkmalschutzgesetz in Kraft trat und die Sanierer rechtliche Unterstützung bekamen. Jetzt hatte man in Regensburg auch erkannt, dass diese unvergleichliche Altstadt eine Chance war. Jetzt begann der Wandel zu der Stadt, die 2006 zum UNESCO-Welterbe erklärt wurde und die sich heute als weltoffene, menschenfreundliche Stadt zeigt, als „nördlichste Stadt Italiens", mit der größten mittelalterlichen Altstadt Deutschlands – ein Touristenmagnet.

Aber Regensburg ist nicht nur die Altstadt: In den 1960ern wurden außerhalb Wohnsiedlungen gebaut, der neue Osthafen wurde begonnen, eine Universität geplant und 1967 eröffnet. Die 70er brachten den Anschluss an die Autobahnen, die Fachhochschule wurde gegründet, in Königswiesen entstanden die ersten Hochhäuser. Die Uni bekam ein Klinikum, BMW siedelte sich an, weitere Zukunftstechnologien folgten. Die Stadt wuchs von den späten 1980ern bis heute um über 20 % auf 153.542 Einwohner (Stand: 2021). Heute ist Regensburg eine aktive, lebendige Stadt mit den drei Schwerpunkten Industrie, Forschung und Lehre sowie Tourismus.

Eckdaten kurz und knapp

179: Gründung von Castra Regina

555: Zentrum des bayerischen Herzogtums der Agilolfinger

788: Regensburg ist eine der Hauptstädte des Frankenreiches

920: Arnulfinische Stadtmauer: erste Stadterweiterung unter Arnulf von Bayern

1135–1146: Bau der Steinernen Brücke

1245: Regensburg wird Freie und Reichsstadt

1273–1519: Bau des gotischen Doms

1280–1320: zweite Stadterweiterung

1486–1492: Regensburg wird bayerisch

1519: Vertreibung der Juden und Zerstörung des Ghettos

1595: Reichstage finden nur noch in Regensburg statt

1663–1806: Immerwährender Reichstag

1802: Erzbischof von Dalberg übernimmt das „Fürstentum Regensburg"

1806: Auflösung des Heiligen Römischen Reichs Deutscher Nation – und des Reichstages

1810: Regensburg wird erneut bayerisch

1929: Weltwirtschaftskrise: Die Stadt ist ruiniert

1933–1945: Regensburg wird Rüstungsstandort

1967: Gründung der Universität

2006: Regensburgs Altstadt wird UNESCO-Weltkulturerbe

2021: Zweite Auszeichnung UNESCO-Welterbe als Teil des Donaulimes

Regensburg kulinarisch

Auch wenn Regensburg politisch lange nicht Teil von Bayern war, kulinarisch gehört es eindeutig dazu. Alles, was man mit **bayerischer Küche** verbindet, findet sich auch hier: Bier, Brezn (bitte ohne „l"!), Schweinsbraten mit Knödl, Haxn, Obatzter und Wurstsalat, nicht zu vergessen: den Radi (Rettich; der aus dem östlichen Stadtteil Weichs ist eine Regensburger Spezialität). Gute bayerische Küche findet man in der Stadt vielerorts – nicht zuletzt in den Biergärten.

Auf die Wurst kommt's an

Eine Besonderheit ist die Wurst, die außerhalb von Regensburg den Namen der Stadt trägt, hier aber anders heißt: der **Knacker** oder die **Knackwurst** (bzw. lautlich korrekter: „Knackwurscht"). Belegt ist der Knacker seit immerhin 500 Jahren, die Sache hat sich also bewährt. Knacker nannte man ihn ursprünglich, weil er aus *Gnack* (Nackenfleisch) hergestellt wurde – heute dürfte das Geräusch beim Reinbeißen das relevantere Benennungsmotiv sein. Und weil Würste nicht ohne Senf gehen, hat sich Regensburg auch auf diesem Gebiet profiliert. „Händlmaier – bayerisch süßer Hausmachersenf", 1914 von der Gattin des gleichnamigen Metzgermeisters mit Ladengeschäft in der Gesandtenstraße erdacht, ist mittlerweile fast überall auf der Welt zu haben und ein absolutes Muss zu Knacker und Weißwurst (die anderen Hersteller mögen entschuldigen). Allerdings geht noch mehr als süßer Senf auf der Wurst: „Knackersemmel mit allem" – Senf, Meerrettich, Gewürzgurke.

Regensburger Küchen international

Wer jetzt glaubt (oder fürchtet?), in Regensburg ausschließlich deftige bayerischer Hausmannskost vorgesetzt zu bekommen, ist auf dem Holzweg. Man kann sich problemlos durch die internationale Küche speisen, ohne auch nur einen Gedanken an Haxn, Schweinsbraten oder Knacker zu verschwenden. Die kulinarische Spitze bilden die drei mit jeweils einem Michelin-Stern ausgezeichneten Restaurants „Storstad" (→ S. 100), „Aska" (→ S. 100) und – jüngster Zuwachs 2021 – „Roter Hahn" (→ S. 100).

Aber auch ohne die Weihen des dicken Reifenmännchens ist interessante, moderne Küche im Angebot. Das Stichwort heißt Fusionsküche: Vermischung verschiedener Stilrichtungen auf der Basis regionaler Produkte. Originelles Beispiel ist das „Gänsbauer" (→ S. 73), in dem bayerische Tapas angeboten werden. Klassisch französisch isst man im „Orphée" (→ S. 98) oder im „Mirabelle" (→ S. 98), wer zum Italiener will, macht mit dem „amore, vino & amici" (→ S. 98) garantiert nichts falsch. Solide griechische Küche bekommt man in der „Taverna Stefanos" (→ S. 35), Sushi-Fans sind bei „991 SOY Sushi & Panasian" (→ S. 98) in den besten Händen. Rein vegan sind Cafés wie z. B. der „Katzentempel" (→ S. 37) oder das „kAFFé dAdA" (→ S. 113), Vegetarisches in mehr oder minder großer Auswahl bringen mittlerweile auch traditionell eher fleischlastige Restaurants auf den Tisch. Insgesamt gilt: Augen offen halten und ein bisschen rumstöbern, fündig wird man garantiert.

Bier, Wein & Schnaps

Zu Bayern gehört Bier, zumindest sagt das die Folklore. Wer sich der Folklore anschließen will, sollte auf die Biere der Regensburger Brauereien vertrauen, denn die sind jenseits der Stadtgrenzen kaum zu bekommen (und allein deswegen schon einen Versuch wert). Das gilt nicht nur für die Produkte der kleinen Brauerein wie das **Weissbräuhaus** und das **Brauhaus am Schloss,** sondern auch für die drei großen: **Kneitinger, Bischofshof** und **Spital**bräu. Von den bemerkenswerten Brauereien aus dem Umland wie dem **Kuchlbauer** aus Abensberg gar nicht zu reden.

Touristischer Lokalpatriot kann man auch beim Wein sein: Der Baierwein, der offiziell **Regensburger Landwein** heißt, mag vielleicht nicht mit den großen Namen der Welt konkurrieren, aber er ist mehr als eine Kuriosität. Trinken Sie ein Glas, vielleicht sogar direkt im Erzeugergebiet an der Weinstraße unterhalb der Walhalla (→ S. 126).

Bliebe noch der **Regensburger Karmelitengeist,** seit 1721 nach Geheimrezept in St. Josef gebraut und nur an der Klosterpforte (Alter Kornmarkt 7) erhältlich – hilft innerlich und äußerlich, sagt man.

Lokale und Preise

Alle im Buch bei den Touren ausführlich besprochenen Lokale finden Sie in einer Überblicksdarstellung auf S. 182/183. Und was die Preise angeht: Zur schnelleren Orientierung haben wir sie in Kategorien eingeteilt, dargestellt in Euro-Zeichen. Die Angaben im Buch gelten für **ein Hauptgericht für eine Person.**

€	bis 12 Euro
€€	bis 18 Euro
€€€	bis 25 Euro
€€€€	über 25 Euro

Regensburg im Kasten

Die Regensburger Praline und eine andere Köstlichkeit

Kennen Sie César de Choiseul, Comte de Plessis-Praslin? Der Mann war nachweislich französischer Marschall und soll Gesandter des französischen Königs auf dem Reichstag zu Regensburg gewesen sein. Dort hatte er möglicherweise einen deutschen Koch, und der soll ihm etwas Köstliches zubereitet haben: ein Konfekt aus Mandeln und Zucker, das er – nach seinem Herrn und Arbeitgeber – Praline nannte.

„Möglicherweise", „sollte …" – Sie merken, sicher weiß man nichts, „möglicherweise" ist die ganze Geschichte erfunden. Die Stadt Regensburg und die örtlichen Confiserien schert das nicht, man wirbt, womit man kann – wer soll's ihnen verdenken? Lokale Größen ihrer Zunft sind u. a. das Café Princess (→ S. 76) und die Konditorei Pernsteiner (→ S. 35), wo man sich reichlich eindecken kann – beispielsweise mit „Regensburger Domspatzen" oder „Original Regensburger Karmeliten Trüffel".

Kein Patent beansprucht die Stadt auf eine andere Köstlichkeit aus der Sparte „Süßes": die Strudel. Sie sind dennoch allgegenwärtig in Regensburg, man bekommt sie als Nachspeise im Restaurant, als „Hauptgang" im Café oder zum Mitnehmen bei den Strudelbäckern. Und ganz egal, wo: Sie sind köstlich. Vielleicht geht also folgende Verteilung: die Pralinen als Mitbringsel, die Strudel für den Eigengenuss vor Ort.

Kultur- und Nachtleben

Wer nach einem langen Tag unterwegs in der Stadt noch den Schwung für mehr Kultur hat, dem kann geholfen werden. Theater, Kleinkunstbühnen oder Kinos, das Angebot ist da. Die ausführlichste Informationsquelle gibt es leider nur auf Papier: das zehnmal jährlich erscheinende „Kulturjournal Regensburg", das kostenlos in der Stadt ausliegt. Man kann es aber abonnieren (www.kulturjournal.de).

Tickets im Vorverkauf

Eintrittskarten für viele Aufführungen und Konzerte – unter dem Stichwort „Regensburg" erhält man einen schnellen Überblick über das Angebot vor Ort (ohne Vollständigkeitsgarantie) – gibt es unter **www.okticket.de.**

Kinos

Regensburgs Kinos sind gut zu erreichen: Vier liegen in oder am Rand der Altstadt, zwei nördlich der Donau. Im Sommer kommt ein Freiluftkino dazu.

CinemaxX 9 (→ Karte S. 18/19), 3 Säle mit den erwartbaren Blockbustern in den Regensburg Arcaden gleich hinter dem Bahnhof. 2D, 3D, 4K, Popcorn – alles da. Friedenstr. 25, ✆ 040-80806969, www.cinemaxx.de.

Garbo 2 (→ Karte S. 113), ältestes Kino der Stadt, modernste Technik, 185 Plätze, vom Programm her: kein Mainstream. Weißgerbergraben 11a (nahe Arnulfsplatz), ✆ 0941–57586, www.altstadtkinos.de.

Ostentor 6 (→ Karte S. 18/19), traditionsreiches Szenekino mit Kneipe und Biergarten gleich außerhalb des Ostentores, 1 Saal, spannende Sonderprogramme, Lesungen, Konzerte. Adolf-Schmetzer-Str. 5, ✆ 0941-791974, www.ostentorkino.de.

Filmgalerie im Leeren Beutel 5 (→ Karte S. 18/19), Filmkunst in einem historischen Getreidespeicher, 85 Plätze, ambitioniertes Programm, das sich nicht kurz zusammenfassen lässt: reinschauen. Bertoldstr. 9, ✆ 0941–2984 563, www.filmgalerie.de.

Kinos im Andreasstadel 8 (→ Karte S. 74/75), noch ein „Stadel", diesmal Salz: Programmkino in historischen Gemäuern, 2 Säle (70/25 Plätze), Gastronomie jenseits des Popcorns. In Stadtamhof, Andreasstr. 28, ✆ 0941-89799169, www.kinos-im-andreasstadel.de.

Cinema Paradiso 11 (→ Karte S. 74/75), sommerliches Freiluftkino in einem Biergarten auf dem Unteren Wöhrd, türkische Küche und die Paradiso Bar. Keine feste Saison. www.cinemaparadiso-regensburg.de.

Regina Filmtheater, nettes, kleines Kino, aber im Vergleich etwas abgelegen. Holzgartenstr. 22, ✆ 0941–41625, www.reginakino.de.

Alles „Paletti", oder?

Theater/Kleinkunst/Konzerte

Um das große Angebot ganz auszuschöpfen, muss man die Altstadt manchmal verlassen, aber weit ist alles trotzdem nicht. Das Theater Regensburg hat verschiedene Spielstätten, das Kulturzentrum „Alte Mälzerei" hat ein ganz eigenes Programm, vom Audimax in der Universität, der Donauarena oder dem „Aurelium" in Lappersdorf gar nicht zu reden. Sogar das Jahnstadion soll für Konzerte geöffnet werden, liest man.

Theater Regensburg 18 (→ Karte S. 99), das große Haus am Bismarckplatz ist seit 2023 auf dem Weg zum Staatstheater, was vor allem die Vielfalt des Fünf-Sparten-Hauses sichern wird: Musiktheater, Schauspiel, Tanz, Junges Theater (jeweils mit eigenem Ensemble) und Konzerte (mit eigenem philharmonischen Orchester). Das Programm reicht in allen Sparten von den Klassikern bis zu Unkonventionell-Zeitgenössischem. Vor jeder Premiere gibt es eine Sonntagsmatinee als Einführung (Eintritt frei). Tickets online oder an der Theaterkasse: Mo/Di u. Do/Fr 10–18 Uhr, Mi 14–18 Uhr, Sa 10–14 Uhr. Bismarckplatz 7, ✆ 0941-5072424, www.theaterregensburg.de.

Es gibt sechs verschiedene Säle und Spielstätten:

- **Großer Saal,** ein klassisches Rangtheater (3 Ränge) im Stil des beginnenden 19. Jh. Etwa 500 Sitzplätze. Oper, Operette, Musical, aber auch Schauspiel. Preise 12–55 €, öffentliche Proben 5 €. Bismarckplatz 7.
- **Neuhaussaal,** ein klassizistischer Festsaal, ca. 400 Plätze, Konzerte und Empfänge. Preise 12–55 €, öffentliche Proben 5 €. Bismarckplatz 7.
- **Foyer Neuhaussaal,** gegenüber dem Neuhaussaal. Kleinere Veranstaltungen: Matineen, Soireen, Einführungen (Eintritt frei), „Krabbelkonzerte". Erw. 8 €, Kinder (3–18 J.) 5 €. Bismarckplatz 7.
- **Antoniushaus,** aufwendig renovierter Bau aus den 1950er-Jahren, ca. 420 Plätze. 15 Min. zu Fuß aus der Innenstadt, Bus 3. Mit empfehlenswerter Gastronomie. Preise und Angebot wie am Bismarckplatz. Mühlweg 13.
- **Theater am Haidplatz 3** (→ Karte S. 99), im Innenhof des Thon-Dittmer-Palais, Studiobühne mit 140 Plätzen. Schauspiel, zeitgenössisches Programm. Preise 20–34 €, öffentliche Proben 5 €. Haidplatz 8.
- **Junges Theater 38** (→ Karte S. 99), im Präsidialpalais (Haus der Musik) am südlichen Ende des Bismarckplatzes, ca. 100 Plätze. Erw. 8 €, bis 18 J. 5 €. Oberer Bismarckplatz, Zugang über Beraiterweg.

Turmtheater Regensburg 4 (→ Karte S. 99), im Turm des Goliathhauses, 6. Stock, knapp 80 Sitzplätze. Unter neuer Leitung gibt es wieder Kabarett, Komödie, Lesungen und nicht ganz so ernste Musikabende. Eintritt 25 €, erm. 21 €. Tickets auch in der Tourist-Info. Watmarkt 5, ✆ 0941-562233, https://regensburgerturmtheater.de.

Bühne im DEZ, der ursprünglich nur als Ausweichquartier des Turmtheaters gedachte Raum im Donau Einkaufszentrum (DEZ) zu Pandemie-Zeiten wird weiter bespielt, zu groß ist sichtlich die Verlockung der bis zu 600 Sitzplätze. Eintritt 25 €, erm. 21 €. Tickets auch in der Tourist-Info. Vom ZOB führen über 10 Buslinien zum DEZ. Weichser Weg 5, ✆ 0941-562233, https://regensburgerturmtheater.de.

Statt-Theater. Kleinkunstbühne **4** (→ Karte S. 113), die älteste Kleinkunstbühne der Stadt, Eigenwerbung: „Direkteinspritzer in der Humorbranche". Eigenes Kabarett-Ensemble und Gastspiele, u. a. solche des Regensburger „ImproTheater Chamäleon". Keller mit 70 Plätzen. Eintritt 22 €, bei „Impro" 19 €, erm. 6 €. Winklergasse 16 (wenige Meter vom Arnulfsplatz), ✆ 0941-53302, www.statt-theater.de.

Akademietheater **9** (→ Karte S. 113), hier haben die Studierenden der Akademie für Darstellende Kunst Bayern ihren Auftritt, ob auf der Bühne oder am Regiepult. Und in der Theaterbar, vor und nach den Aufführungen geöffnet, trifft man sie wieder. Breites Programm, ca. 100 Plätze. Kreuzgasse 5 (gleich beim Arnulfsplatz), ✆ 0941-5865442, www.adk-bayern.com.

Figurentheater und Spezialparkbank

Theater an der Uni **3** (→ Karte vorderer Umschlag), ein professionell ausgestattetes Theater mit bis zu 200 Plätzen, das den vielen Ensembles und Gruppen der Studierenden offensteht – vom modernen Tanztheater über Shakespeare (auf Englisch natürlich) bis zum Bigband-Jazz. Albertus-Magnus-Str. 4, https://stwno.de/de/theateranderuni.

Kulturzentrum Alte Mälzerei **2** (→ Karte vorderer Umschlag), was ist die „Alte Mälze" nicht? Langweilig und einseitig! Das Kulturzentrum südlich des Bahnhofs bietet viel Musik (von Metal über Punk bis Singersongwritern), Poetry-Slam, Stand-up-Comedy, Kabarett, aber auch die Regensburger Tanztage (→ Veranstaltungen/November) und Theater. Galgenbergstr. 20, ✆ 0941-788810 (Mo–Fr 10–15 Uhr, Sept.–Mai Do 12–18 Uhr), www.alte-maelzerei.de.

Regensburger Figurentheater im Stadtpark **10** (→ Karte S. 113), das Erwachsenenrepertoire ist nicht so groß, aber immer ein Erlebnis: Der „Brandner Kaspar", „Der eingebildete Kranke" oder der (Ur-)Faust. Eintritt abends 23 €. Dr.-Johann-Maier-Str. 3, ✆ 0941-28328, www.regensburgerfigurentheater.de.

Jazz

Mit dem **Jazzweekend** (→ Veranstaltungen/Juli, S. 159) hat Regensburg ein jährliches Event für Jazzfans, aber das ist noch nicht alles.

Jazz Club Regensburg **5** (→ Karte S. 18), seit weit über 25 Jahren präsentiert der Club erfolgreich Stars und Newcomer, meistens im Saal des Städtischen Kulturzentrums im „Leeren Beutel". Ende Juli bis Mitte Sept. ist Pause, aber sonst gibt es 7–8 Konzerte im Monat. Das Programm liegt überall in der Stadt aus, Tickets im Büro (Mo–Fr 13–17 Uhr, ✆ 0941-563375). Bertoldstr. 9, www.jazzclub-regensburg.de.

Café Schierstadt **6** (→ Karte S. 74/75), in dem Bar-Café in Stadtamhof findet einmal im Monat ein Livekonzert mit der Jazzband „Kontrabass" statt. Viel Platz ist leider nicht. So–Do 9–23 Uhr, Fr/Sa bis 1 Uhr. An der Schierstadt 1, Facebook.

„Wo kommt man noch rein?"

In der Innenstadt sind Kneipen und Bars an manchen Stellen fast sortenrein sortiert. Grundsätzlich lässt sich sagen: Es ist nicht so sehr die Frage: „Wo will ich hin?", sondern: „Wo komm ich noch rein?" Ein Kurzdurchlauf:

In der **Rote-Hahnen-Gasse** sitzen die Kneipen auf 100 m dicht beieinander, Bier und Cocktails, gute Stimmung, eher etwas laut: „Apotheke", oben drüber „Central" (Billard) und „Zweigstelle" (Rock), „Vinyl", „Namlos", „Hinterhaus" und „Café Lila". Wenn man in der Mitte in die Pustet-Passage einbiegt, kommen noch das „Paletti" und das „Olle Gaffel" (für Kölsch-Trinker und Fußballfans) dazu.

Etwas weiter im Westen, zwischen Ludwigstraße und Bismarckplatz, folgt in der **Drei-Mohren-Straße** die Kategorie „italienische Cafébars", drinnen Theke, draußen Tischchen, Publikum jeden Alters gepflegt beim Espresso oder Spritz: „Drei Mohren", „Il Bar", „Bar Centro".

Durch die **Gesandtenstraße:** Nach dem „Sausalitos" folgen zwei kleine Bars für die Generation 30 plus, die hier den Tag ausklingen lässt.

Dann kann man in die **Bachgasse** weiterziehen: „Hemingway's", „Moritz", „Tipsy", „Orphée". In der **Keplerstraße** und ihrer Verlängerung sind „die Iren" und die „Filmbühne". Oder nach Stadtamhof? Und das ist natürlich nicht alles ...

(Musik-)Kneipen und Bars

Vinyl **12** (→ Karte S. 99), der Chef, ein leidenschaftlicher Plattensammler, legt schon mal selbst auf, wenn er dazu kommt – Vinyl, versteht sich. Oft ist aber auch hier die Technik im 21. Jh. angekommen, tut der Stimmung aber keinen Abbruch. Am frühen Abend nette Bar mit Musik, im Lauf der Nacht wird's schon mal härter und lauter. Musik? Funk in allen Variationen. Wegen der großen Fenster auch für Klaustrophobe geeignet. Gute Preise, gute Stimmung. Mo–Do 16–2 Uhr, Fr–So 14–2 Uhr. Rote-Hahnen-Gasse 4, Instagram.

Klappe **4** (→ Karte S. 74/75), urige Nachbarschaftskneipe mit Musik, seit 20 Jahren Genossenschaft. Vorn eine Theke und ein Kicker, hinten Tische zum Essen, Karteln, Plaudern, einen ganzen Stapel Gesellschaftsspiele gibt's auch, werden auch benutzt. Stammpublikum eher mittelalt, Musik 70er, einmal im Monat Livemusik. Küche 17–23 Uhr: Schnitzel, Salat, Currywurst (die schärfste heißt „pure pain"). Wie man sich die Kneipe ums Eck wünscht. Tägl. 16–2 Uhr. Stadtamhof 13, ✆ 0941-8500880, www.lb-team.de/Klappe.

Irish Harp **2** (→ Karte S. 99), großer Raum, ziemlich voll, Holzdecke, lange Bar, Wände voller Bilder und „ländlicher" Deko, Wagenräder, Pferdegeschirr usw. – lauschig, lustig, laut. Zu trinken gibt's Guinness, Kilkenny und Whiskey, natürlich auch heimisches Bier, alles bezahlbar. Di–Sa ab ca. 21 Uhr Livemusik, Bühne gibt's keine, nur ein Podest in der Ecke. Tanzfläche im engeren Sinne auch nicht. Mo–Do 18–1 Uhr, Fr/Sa bis 2 Uhr, So bis 24 Uhr. Brückstr. 1, ✆ 0941-57268, www.irishharp.cafelists.com.

Heimat **20** (→ Karte S. 74/75), nichts Nationales, nur „gute Musik als Heimat für alle". Bar mit DJ (ab 22 Uhr) und Livekonzerten von Newcomer-Bands (2–3 monatlich). Kellerbar-Atmosphäre mit gotischen Gewölben und Disco-Kugel, obwohl die Bar im Erdgeschoss ist. Drinks unter 10 €, Wine-Wednesday: Jeden Mittwoch werden zusammen mit dem Laden nebenan 5 Weine vorgestellt. Tägl. 18–2 Uhr (im Sommer gibt's auch vor 18 Uhr Tischchen draußen). Am Römling 9, ✆ 0941-29063881, www.heimat-regensburg.de.

Peter & Paul Wasch.Bar **3** (→ Karte S. 18/19), Peter & Paul heißt die Bar, weil sie in einer Kirche ist! Innen merkt man nichts davon, da hängen Wäschetrommeln (!) von der Decke. Witzige Location, in der die ganze Woche programmatisch was los ist: Montag z. B. „Open Stage mit Livemusik und Tauschbörse". Musik eher Indie. Club 22–4 Uhr, Konzerte ab 20 Uhr, Theater ab 19 Uhr. Adolf-Kolping-Str. 5, ✆ 0941-46393914, www.peterundpaul-waschbar.de.

Alte Filmbühne **14** (→ Karte S. 74/75), wäre „Mehrgenerationenhaus" respektlos? Das Publikum ist jedenfalls sehr gemischt. Die Filmbühne gibt's ja auch schon lange. Ein großer, hoher Raum, Tanzfläche, rechts die Bar, eine Galerie umlaufend. Gleich rechts neben dem Eingang ein Separee mit zwei Kickern (ganz wichtig!), auf der Galerie eine Entsprechung mit eigener Bar, da sitzt man etwas abgeschiedener. Verschiedene Musikstile, wenn live manchmal arg laut. Studifreundliche Preise. Nicht zu verwechseln mit der „Neuen Filmbühne" am Bismarckplatz 9 (auch nett). Tägl. 20.15–2 Uhr. Taubengässchen 2, ✆ 0941-57926, Facebook.

Hemingway's **3** (→ Karte S. 53), eine ehemalige Kapelle mit Art-déco-Einrichtung, gepflegtes Ambiente. Mittags ein Restaurant (von Burger bis bürgerlich), abends Bar. Nette Cocktails, nette Atmosphäre, Happy Hour bis 23 Uhr. Mo–Do 9–1 Uhr, Fr–So 9–2 Uhr. Obere Bachgasse 3–5, ✆ 0941-78845161, www.hemingways.de.

Apotheke **24** (→ Karte S. 99), hier wurden Heilmittel durch Genussmittel ersetzt. Und zwar schon lange und erfolgreich, die „Apo" ist eine der ältesten Studentenkneipen, die noch an Ort und Stelle ist. Gemischtes Publikum, verschiedene Musikstile, Do–Sa mit DJs auch mal lauter und länger. An den Tischchen unter den Arkaden Grüppchen, an der Theke Graumelierte, bei denen man an das alte „Apo-Theke" denken muss. Besonderes Kennzeichen: kübelweise Erdnüsse. Mo–Do 16–1 Uhr, Fr/Sa bis 2 Uhr. Rote-Hahnen-Gasse 8, Facebook.

Palletti **30** (→ Karte S. 99), eine Besprechung im Falstaff bringt es auf den Punkt: „Eine Bar für alle Fälle, die man gern bei sich in der Nachbarschaft hätte." Ein großer, einladender Tresen, ein schöner Raum und weil's in der Passage liegt, also z. T. unterm Dach, geht's draußen weiter. Cocktails um die 10 €. Essen gibt's auch. Immer was los. Mo–Fr ab 7 Uhr, Sa ab 8 Uhr, So und Feiertag 13–24 Uhr, Mo bis 24 Uhr, Di bis 1 Uhr, Mi–Sa bis 2 Uhr. Gesandtenstr. 6 (in der Passage), ✆ 0941-51593, www.palletti-bar.de.

CaféBar: ideal, um dem Tag nachzuschauen

Bar Centro **21** (→ Karte S. 99), sehr italienisch! Stehen oder sitzen, auf einen schnellen Espresso oder einen entspannten Aperitif in der Abendsonne. Das „Centro" liegt an der Ecke zum Bismarckplatz: sehr schön bei entsprechendem Wetter (bei Wind sitzt man im „Il Bar" weiter in der Gasse geschützter). Kuchen und Häppchen. Mo–Do 9–23 Uhr, Fr–So 9–1 Uhr. Drei-Mohren-Str. 13, ✆ 0941-59977488, Facebook.

CaféBar **32** (→ Karte S. 99), ein kleiner, altertümlich gefliester Raum mit einer Jugendstil-Glasdecke, ein Tresen, Stehtische drinnen, hohe Tische draußen und Tischchen gegenüber bei der Kirche, mehr ist es nicht. Trotzdem (oder deswegen?) ein Ort zum Wohlfühlen, ob beim ersten Kaffee morgens oder bei einem Glas Wein abends. Kaffee, Bier, Wein, Spritz usw. – nichts Überlupftes. (Wer eher auf Gin Tonic steht, geht eine Tür weiter ins „Chin-Chin", etwas cooler, etwas teurer.) Mo–Fr 8–2 Uhr, Sa 9–2 Uhr, So und Feiertag 13–2 Uhr. Gesandtenstr. 14, ✆ 0941-54167, www.cafebar-regensburg.de.

Barock Bar **7** (→ Karte S. 99), hier werden nicht einfach Cocktails getrunken, hier werden sie zelebriert! Thomas Schackmann, Inhaber und Mann hinter der Theke, hat sich international fortgebildet und setzt auf qualitativ hochwertige Zutaten, die er kreativ komponiert. Der Raum ist das ideale Ambiente für den Cocktailgenuss. Die Nachbarschaft zu den Sternerestaurants im Goliathhaus (→ Tour 4, S. 80) kann Zufall sein, passt aber. Ein bisschen teurer. Tägl. 19–2 Uhr. Krauterermarkt 2 (Eingang Watmarkt 10), ✆ 0941-38230034, www.barock-bar.com.

Tipsy **22** (→ Karte S. 99), der neueste Coup von Sternekoch Anton Schmaus: Weinbar und Weinladen in einem. Bis 2 Uhr nachts kann man in diesem stylishen, bonbonfarbenen 70er-Jahre-Ambiente, das übrigens von einem Stones-Plakat inspiriert ist, probieren, trinken und kaufen. Die Auswahl der ca. 70 Weine besorgt Anna Rupprecht, Sommelière in Schmaus' Sternerestaurant „Storstad". Flaschenweine ab 18 €, offene aller Preisklassen. Mi–Sa 16.30–2 Uhr. Untere Bachgasse 9, www.betterbetipsy.de.

Ka5per **27** (→ Karte S. 99), vor langer Zeit befand sich in diesen Räumen eine Synagoge, heute ist hier eine der angesagten Cocktailbars der Stadt untergebracht. Vorn etwas dämmriger und leisere Musik, hinten heller, der Geräuschpegel angenehm. Originelle, professionelle Cocktail-Eigenkreationen wie der „Oger" oder der „Tasteful Terror" (nur den Namen „Gurkenwasser" fand ich nicht anregend) für knapp über 10 €. Bier, Wein & Co. gibt's auch. Entspannte Atmosphäre, ab und an Livemusik. Di/Mi 20–1 Uhr, Do–Sa bis 2 Uhr. Hinter der Grieb 5, ✆ 0941-59579099, www.ka5per.de.

Die Wasch.Bar … ▲
… und das Tipsy ▼

Clubs

Regensburg ist die Partymeile der gesamten Region, am Wochenende ist die Stadt voll. Das Angebot ist eher für +/– 20 und fast ständig im Wandel.

Scala **29** (→ Karte S. 99), hier hat sich der Wandel auf die Ausstattung beschränkt: der etablierte Club schlechthin seit den 80ern, als er noch Disco war. Eher studentisches Publikum, verschiedene Stilrichtungen: Techno, Indie, aber auch 80er/90er-Charts, Sa auch ab und an „Saturgay". Mi 20–3 Uhr (20–24 Uhr Salsa), Fr/Sa 23–4 Uhr. Gesandtenstr. 6 (in der Passage), ✆ 0941-52293, www.scalaclub.de.

Im St.-Peters-Weg 15 ist immer was los …

… unterm Parkhaus und in den Kellergewölben des ehemaligen Jesuitenklosters, zumindest an den Wochenenden. Die Clubs liefern sich ein Ringelreihe und tauschen fröhlich die Location: „Beats", „Heart", „bar 0941", „Gatsby", die Dinge sind immer in Bewegung. Über das „Velvet Room", das in den ehemaligen Räumen des „Beats" ist, kann man noch nichts sagen, weil erst Anfang 2023 groß umgebaut wurde, die „bar 0941" bleibt und das „Gatsby" versucht sich als „Paloma" zusätzlich zum Club als Restaurant. Alles klar? Bleibt spannend!

Gatsby **14** (→ Karte S. 53), der große Club ist der „alteingesessene" am Petersweg, immer noch angesagt. Unter dem Motto „weniger Drama, mehr Drinks" werden hier die Nächte durchgetanzt. Junges Publikum. Do 22–3 Uhr, Fr/Sa 23–4 Uhr, So–Mi geschl. St.-Peters-Weg 15, Facebook.

Club Nox **32** (→ Karte S. 74/75), auch am ehrwürdigen Domplatz gibt es Clubs. Einlass erst ab 23 Jahren, so ist auch die Musik: für die „Älteren" ab Mitte 20! Edle Ausstattung. Musik: 90er, Nuller, Aktuelles, regelmäßig „Balkan-Night". Domplatz 3, Facebook.

Veranstaltungen

Januar

Eishockey – Internationales Bambinifestival (1. Woche): In der Donau-Arena kämpfen jedes Jahr für eine Woche Nachwuchsteams (U13/U15) um den Wanderpokal der Stadt Regensburg. Tickets? Einfach hingehen, Eintritt frei. Walhalla-Allee 24, https://jungeisbaeren.de/bambiniturnier oder www.bambiniturnier-regensburg.de.

März

Internationale Kurzfilmwoche (Mitte März): Seit 1994 trifft sich jedes Jahr für eine Woche alles, was Rang und Namen hat in der deutschen und europäischen Kurzfilmszene. An die 200 Filme laufen in vier Wettbewerben in vier Kinos. www.kurzfilmwoche.de.

Mai

Regensburger Maidult (meist zwischen dem 2. und 4. Wochenende): Nachdem die Regensburger Dult (von ahd. *tuld* = Fest, Feier) im 19. Jh. als „altmodisch" abgeschafft worden waren, war man bei der Eingemeindung von Stadtamhof 1924 froh, dort an die Tradition anknüpfen zu können. Ein großes Ereignis: Fahrgeschäfte von kinderfreundlich bis haarsträubend, 14 Tage lang Essen, Trinken, Musik und viele, viele Warenstände. Am Protzenweiher, aus der Stadt am besten zu Fuß über den Eisernen Steg. www.r-dult.de.

Open-Air-Konzerte im Thon-Dittmer-Palais (Mai bis Aug.): Im schönen Arkadenhof des Palais (Haidplatz 8) finden den ganzen Sommer über Freiluftkonzerte statt – verschiedene Stilrichtungen, verschiedene Veranstalter. Infos und Tickets unter www.okticket.de.

Tage Alter Musik (Pfingsten): Die TAM sind eines der renommiertesten Festivals für Alte Musik. Seit 1984 finden sie jährlich zu Pfingsten statt, also bisweilen auch im Juni. Vertreter der historischen Aufführungspraxis aus aller Welt spielen an historischen Stätten der Stadt: im Dom, in der Schottenkirche, im Historischen Reichssaal. Der Kartenvorverkauf beginnt schon im November des Vorjahres. www.tagealtermusik-regensburg.de.

Regensburger Stadtmarathon (Wochenende nach Christi Himmelfahrt): Ein Lauf durchs historische Regensburg, ca. 4000 Teilnehmer, Start und Ziel befinden sich am Westbad. www.regensburg-marathon.de.

Regensburger Rathauskonzerte: Die letzten Jahre fanden ab Ende April bis Ende Mai an fünf Tagen die Rathauskonzerte im Historischen Reichssaal im Alten Rathaus statt, im Angebot hochkarätige Klassik. Ab 2024 sollen sie unter einem neuen Konzept starten: Die Konzerte werden voraussichtlich mehr übers Jahr verteilt stattfinden. Tickets auch in der Tourist-Info Altes Rathaus. www.regensburg.de (Kultur, Veranstaltungen des Kulturreferats).

Juni

Konzertzyklus Klang.Raum.Museum (Juni/Juli): Klassische Musik mit renommierten Ensembles aus der ganzen Welt als Matineen und Serenaden, Veranstaltungsort ist jeweils die Minoritenkirche am Dachauplatz. Matineen: im Sommer in unregelmäßigen Abständen sonntags um 11 Uhr. Serenaden: an vier Donnerstagen im Juni /Anf. Juli 20.30 Uhr. Aktuelle Infos zu Programm und Tickets unter www.oktickets.de (meist sehr kurzfristig), allgemeine Infos unter www.regensburg.de/Klang.Raum.Museum.

Sparkassen-Gala (Anfang Juni): Internationales Leichtathletik-Treffen auf dem Sportgelände der Uni. Hier kämpft die deutsche Leichtathletikelite um Punkte für die Weltrangliste. www.sparkassen-gala.de.

Bürgerfest (alle 2 Jahre Mitte Juni): An einem Wochenende wird von Freitag ab 18 Uhr bis Sonntag 22 Uhr auf den Plätzen und in den Gassen und Innenhöfen der Stadt gefeiert und gegessen – vom Bismarckplatz bis zur Grieser Spitz in Stadtamhof. Vielfältiges Kultur- und Kinderprogramm. www.buergerfest-regensburg.de.

Juli

Thurn und Taxis Schlossfestspiele (Mitte Juli): Seit 2003 finden sie jährlich für 8 bis 10 Tage statt und gehören mittlerweile zu den größten Open-Air-Festspielen Deutschlands. Eine Woche ist der Schlosshof eine Bühne mit bis zu 30.000 Besuchern. Große Show, große Namen: Unter anderem die Scorpions, Simply Red und Jonas Kaufmann sind hier schon aufgetreten. www.schlossfestspiele-regensburg.de.

Bayerisches Jazzweekend (Anf./Mitte Juli): Für 3 bis 4 Tage beherrscht der Jazz die Stadt. An die 100 Bands und Solisten treten überall in der Stadt auf, in Bars, Sälen, Innenhöfen, Kirchen und am Donauufer. Organisiert wird das Ganze vom Kulturamt der Stadt. www.jazzwe.de.

Arber-Radmarathon (Ende Juli): Über 6000 Teilnehmer, vom engagierten Freizeitradler bis zum Profi, erproben sich an einem Tag an den verschiedenen Mountainbike- und Rennradstrecken (45 bis 250 km). Start und Ziel ist der Dultplatz. Veranstaltung des Veloclub Regensburg. https://veloclub-ratisbona.de/arber-radmarathon.

August

Herbstdult (Ende Aug. bis Anf. Sept.): Und weil's im Mai (s. o.) so schön war, findet Ende August wieder für 14 Tage die Dult statt – als Trost für das Ende der Sommerferien). Am Protzenweiher, aus der Stadt am besten zu Fuß über den Eisernen Steg. www.r-dult.de.

Regensburg Triathlon (1. Sonntag im Aug.): Große Veranstaltung für jedermann. Sprint- und olympische Distanz, Start und Ziel ist der Dultplatz. www.tristar-regensburg.de.

Sommerflimmern: Noch ein großes Open-Air-Festival im Arkadenhof des Thon-Dittmer-Palais (u. a. Musik von Indie-Pop bis Hip-Hop) – zumindest eines, das 2020–2022 stattgefunden hat. 2023 ist Pause, für die Folgejahre liegt noch keine Planung vor.

September

Regensburger Kulturpflaster (letztes Wochenende der bayerischen Sommerferien): Alle zwei Jahre (2024, 2026 etc.) bringt Mischkultur e. V. für drei Tage Künstlerinnen und Künstler zu einem großen Straßenzirkus zusammen. Zwischen Kohlenmarkt und Haidplatz stehen Akrobatik, Theater und Klamauk auf dem Programm. www.kulturpflaster.org.

Regensburger Welt-Kult-Tour (an einem Sonntag im Sept.): Familienfreundliche Touren bis zu 40 km, sportliche Touren bis 205 km (und schlappen 1500 Höhenmetern!), das alles auf verkehrsarmen Straßen in schöner Landschaft zwischen Regensburg und Kelheim. Start/Ziel: Grundschule Burgweinting (westlicher Stadtteil). www.weltkulttour.de.

Tag des offenen Denkmals (2. Sonntag im Sept.): Seit 1993 der große Tag des Denkmalschutzes. Auch in Regensburg gibt es jedes Jahr ein vielfältiges Programm mit Besichtigungen, Führungen und Vorträgen. Hier kann man sich das sonst Verborgene anschauen und bekommt sachkundige Erläuterungen dazu. www.regensburg.de/denkmaltag oder www.tag-des-offenen-denkmals.de.

Oktober

Herbstfest in der Altstadt (2. Wochenende im Okt.): Schauplätze des großen Altstadtmarkts sind der St.-Kassians-, der Dom- und der Neupfarrplatz sowie die Wahlenstraße. Es gibt Traditionelles wie Bürstenbinder und am Domplatz wird mit alten Landmaschinen gedroschen. Dazu eine Bühne mit Musik und Kinderprogramm und reichliches Angebot zum Essen und Trinken. Am Sonntag haben außerdem noch die Geschäfte geöffnet. www.faszination-altstadt.de.

QUEER-Streifen. Das queere Filmfestival (Ende Okt.): Eine Woche steht das Kino im Andreasstadel ganz im Zeichen der LGBT-Gemeinde. Gezeigt werden internationale queere Kurz- und Langfilme. www.queer-streifen.de.

Regensburg Popkultur-Festival push (meist Ende Okt.): Mehr als nur ein Musikfestival: Konzerte, Performances, Aktion im öffentlichen Raum. Alle zwei Jahre (2024, 2026 etc.) geht für 3 Tage die Post ab. www.alte-maelzerei.de oder www.regensburg-popkulturfestival.de.

November/Dezember

Regensburger Tanztage (meist Mitte Nov.): Seit 25 Jahren gibt es die Tanztage und inzwischen sind sie zu einem bedeutenden Ereignis der internationalen Szene für modernen Tanz geworden. Führende Gruppen und Solisten aus der ganzen Welt sind für 10 Tage zu Gast in Regensburg. Verschiedene Spielorte (Tickets unter www.theaterregensburg.de). www.alte-maelzerei.de oder www.regensburger-tanztage.de.

Weihnachtsmärkte (Ende Nov. bis 23. Dez.): Regensburg erstrahlt an vielen Plätzen weihnachtlich. Ein breites Spektrum wird geboten: (auch) für Kinder am Neupfarrplatz, Kunsthandwerk auf dem Lucrezia-Markt, Lagerfeuerromantik am Katharinenspital und ein großes Spektakel auf Schloss Emmeram. (→ „Regensburg in Stichworten", S. 178).

Einkaufen

Regensburg ist eine sehr spezielle Einkaufsstadt: Die weitgehend unzerstörte Altstadt mit ihren engen Gassen und den mittelalterlichen Häusern begünstigt kleine und kleinste Läden mit ausgesuchtem Angebot – ideal für Reisende, die das Besondere suchen. Ausgesprochen geeignet für einen Einkaufsbummel sind **Kramgasse** und **Tändlergasse**, die **Wahlenstraße** und die beiden **Bachgassen** zwischen Gesandtenstraße und Arnulfsplatz. Eine ganz eigene Einkaufswelt ist **Stadtamhof** jenseits der Steinernen Brücke. Ketten wie Globetrotter, TK-Max oder Snipes sind natürlich auch vertreten, doch haben sie ihre Läden eher am Rand der Altstadt als im engen Gassengetümmel. Eine Filiale des letzten verbliebenen großen Warenhauskonzerns Galeria (Kaufhof) liegt am Neupfarrplatz (sie stand ursprünglich auf der insolvenzbedingen Streichliste des Konzerns, konnte aber im Mai 2023 nach Verhandlungen mit dem Eigentümer der Immobilie gerettet werden). **Supermärkte** für den alltäglichen Bedarf gibt es u. a. am Dachauplatz, in der Schwarze-Bären-Straße oder am Arnulfsplatz (im Hinterhof). **Bioläden** findet man z. B. in der Gesandtenstraße (Ecke Glockengasse), in der D.-Martin-Luther-Straße und in Stadtamhof. Außerhalb der Altstadt liegen die großen **Einkaufszentren**, die Regensburg Arcaden (am Hauptbahnhof) und das Donau-Einkaufszentrum (DEZ), das sich im nördlichen Stadtteil Weichs angesiedelt hat.

Da Bianca: Das ist nur der trockene Teil ...

Viel Spaß an der vielfältigen Regensburger Einkaufswelt werden Buchbegeisterte haben: In der Altstadt gibt es sechs **Buchhandlungen** unterschiedlichster Größe, dazu eine Fachbuchhandlung. Man wird fündig in der König- und Maximilianstraße, am St. Kassians- und am Domplatz, am Kohlenmarkt und in der Gesandtenstraße. Und um „Recht/Wirtschaft/Steuern" nicht zu unterschlagen: in der Glockengasse. Eine „Soziale Buchhandlung" mit gebrauchten Büchern gibt es auch noch (Minoritenweg 19), ebenso eine Bahnhofsbuchhandlung. Die großen Ketten bleiben vor den Toren der Stadt.

Läden, die uns besonders aufgefallen sind, werden im Rahmen der einzelnen Stadtspaziergänge besprochen (unter Praktische Infos / Einkaufen). Eine Überblicksdarstellung aller im Buch erwähnten Läden finden Sie auf S. 184. Durchstöbern kann man auch die Website des Stadtmarketings: www.einkaufen-regensburg.de.

Regensburg mit Kindern

Mit den Kleinsten

Man kann's zu Land oder zu Wasser versuchen. Zu Land auf der City Tour (→ S. 177) mit dem obligatorischen **Touristenbähnchen,** das immerhin ein bisschen so aussieht wie eine historische Dampflok. Zu Wasser mit einer **Strudelfahrt** (→ S. 175), die so heißt, weil sie die Wirbel in der Donau durchfährt, sodass das Boot schaukelt – nur leicht, keine Sorge!

Was Landgänge in den städtischen **Grünanlagen** angeht, eignen sich besonders der Herzogspark (→ Tour 5, S. 108) oder der Villapark (→ Tour 1, S. 31). **Spielplätze** findet man z. B. bei der Hundsumkehr (→ Tour 5, S. 108) oder am Grieser Spitz in Stadtamhof (→ Tour 3).

Spielzeug und Kinderbücher gibt's bei „Selmair" in der Unteren Bachgasse (→ Tour 4, S. 101) – kann aber teuer werden, wenn man nicht aufpasst.

5–10 Jahre

In dem Alter gehen vielleicht schon **Museen mit kindgerechten Angeboten,** besonders das Haus der Bayerischen Geschichte (→ Tour 1, S. 29), das Schifffahrtsmuseum (→ Tour 3, S. 72) oder das Naturkundemuseum (→ Tour 5, S. 108). Wer möchte sich nicht mal als König verkleiden, in einem Schiff rumklettern oder das Kleinzeug per Mikroskop auf akzeptable Größe bringen?

Die Kinderveranstaltungen im Naturkundemuseum sind unter dem Stichwort „Für Kinder" auf www.nmo-regensburg.de gelistet. Voranmeldung notwendig. Am Prebrunntor 4, ✆ 0941-5073443.

Eine Option ist auch das **Besucherzentrum Welterbe** (→ Tour 3, S. 67): bunte Schaubilder und Filme noch und noch.

Und wenn man gerade in der Gegend ist: Unten an der Donau gibt's neben der Alten Wurstkuchl ein **Bronzemodell der Stadt,** das Kinder ganz offenkundig immer wieder begeistert.

Außerdem:

„Ich sehe was, was du nicht siehst": Stadttour, die die Geheimnisse der Römer und des Mittelalters spannend erklärt. Dauer: 90 Min.

Eine Welterbe-Safari: Was ist ein „Welterbe" und warum ist Regensburg eines? Schon für ein bisschen Ältere (8–12 Jahre). Dauer: 90 Min.

Infos jeweils unter ✆ 0941-5073423, nach Vereinbarung, nur Gruppen (max. 25 Teilnehmer; einfach anfragen, evtl. kann man sich anschließen), www.tourismus.regensburg.de.

Museum für Kinder: Unter diesem Titel bietet das Domschatzmuseum monatlich wechselnde Touren an: z. B. „Von Krabben, Drachen und einem blauen Esel" oder „Goldfinger. Detektive auf Schatzsuche". 5 € pro Pers. (ein Erwachsener muss beim Kind sein). Anmeldung unter ✆ 0941-5971662. Krauterermarkt 3 (im Bischofshof, Eingang auch durch den Dom), www.bistumsmuseen-regensburg.de.

Natur-Stadtspiel: Das Naturkundemuseum verleiht ein Spielset mit Lupe und Fernglas, mit dem man auf eigene Faust in einem 90-minütigen Rundgang die Stadt vom kleinsten Detail bis zu den hoch am Dom sitzenden Drachen erkunden kann. Ein bisschen Grün sollte schon da sein, sagen wir April–Sept. Das Fernglas ist der Hit! 5 € Leihgebühr, 30 € Pfand. Am Prebrunntor 4, ✆ 0941-5073443, www.nmo-regensburg.de.

11–15 Jahre

Das Naturkundemuseum ist nicht mehr so interessant, aber vielleicht jetzt die **alten Römer:** Im Historische Museum gibt's Fundstücke, Modelle und Rekonstruktionen (Tour 1, S. 33), im **document Legionslagermauer** (→ Tour 1, S. 34) am Dachauplatz ein Stück alte

Römermauer, dazu ein in der „Unterwelt“ liegendes multivisuelles Informationszentrum.

Ebenfalls unter die Erde geht's im **document Niedermünster** (→ Tour 1, S. 27), wo eine archäologische Ausgrabung die Geschichte der Stadt spiegelt. Im **document Schnupftabakfabrik** (→ Tour 4, S. 86) gibt's eine „Alchimisten-Küche“ mit altertümlichem Arbeitsgerät. Wenn's hoch hinaus gehen soll, bietet sich der Turm der Dreieinigkeitskirche (→ Tour 4, S. 88) an.

Außerdem:

Bock auf Regensburg: Man merkt es am Titel: ältere Zielgruppe. Geschichte konsumierbar für Teens, zu Fuß und draußen. Dauer: 90 Min.

Welterbe – wen interessiert's? „Alte Stadt sucht junge Erben“, heißt es im Untertitel. Nicht nur für Teens, auch für Ältere nicht blöd. Dauer: 90 Min.

Infos jeweils unter ✆ 0941-5073423, nach Vereinbarung, nur Gruppen (max. 25 Teilnehmer; einfach anfragen, evtl. kann man sich anschließen), www.tourismus.regensburg.de.

Lost in Time Regensburg: Ein Escape-Spiel. Regensburg 1813: Beim Versuch, eine Zeitmaschine zu bauen, kommt es zu einem Unfall, und ein Wissenschaftler verschwindet in der Zeit. Spannende Suche per App (→ Regensburg in Stichworten / Apps, S. 172).

Ab 16 Jahre

Zu alt für den Kinderkram und keine Lust auf das Erwachsenenprogramm? Tja. Eisdielen, Burgerläden oder doch Shopping: Nachdem auch noch ZARA die Altstadt verlassen hat, sind die Regensburg Arcaden gleich hinterm Bahnhof vielleicht interessanter. Um konsumfrei Zeit zu verbringen, eignen sich die Wöhrdinseln gleich bei der Steinernen Brücke: auf Gras oder Stein, Füße über dem Wasser, entspannte Aussicht und bei schönem Wetter immer was los. Oder was ganz Abartiges: Man macht was zusammen mit der Familie!

The Room Solvers: Storybasierte Escape-Rooms. Warum nicht, grad bei schlechtem Wetter? Ab 16 Jahre darf man rein, Brüder und/oder Schwestern ab 14 Jahre dürfen auch mit. Mal anschauen schadet nicht. Ist ja außerdem ums Eck: Obermünsterstr. 10, ✆ 0941-85087484, www.roomsolvers.de.

LiveActGames Escape Room: Vier Escape-Räume, darunter ein echter 18 m langer Bus! „Das Attentat“ ist für Einsteiger. Ab 14 Jahre. Liegt weit draußen, fast an der A 3. Grunewaldstr. 5, ✆ 0941-460750, www.liveactgames.de.

Für alle

Planschen, baden oder schwimmen. Im Westbad (→ S. 176), im Wöhrdbad (→ S. 176) oder – besonders toll – in der Donau: an der Schillerwiese westlich der Altstadt (Buslinie 11 bis „Weinweg“) oder am Stadtstrand auf dem Unteren Wöhrd (zwischen Grieser Steg und Nibelungenbrücke).

Außerdem:

Regensburger Figurentheater: Das Marionettentheater in einem putzigen Rokokohäuschen im Stadtpark ist der Hit bei Jung und Alt (→ Tour 5, S. 110). Dr.-Johann-Maier-Str. 3, ✆ 0941-28328, www.regensburgerfigurentheater.de.

Regensburg (fast) umsonst

Ein Besuch in Regensburg kostet eigentlich (fast) nichts! Doch, ehrlich. Die gesamte Kulturerbestadt kann frei besucht werden, der Dom, die Kirchen, die Steinerne Brücke (schließlich sind wir nicht in Venedig). Aber selbst da, wo es Eintritt kostet, bleibt es moderat: Museen und „document"-Sehenswürdigkeiten bleiben deutlich einstellig (Ausnahme: Schloss Emmeram) und eine Strudelfahrt kostet nur knapp zweistellig. Preiswerte Sammelkarten für verschiedene Attraktionen gibt es nicht.

Das **Preisniveau der Stadt** ist insgesamt moderat, wenngleich spürbar über dem des Umlands. Nur beim Parken und bei den Hotelübernachtungen erreicht man Großstadtniveau, zumindest solange man in der Altstadt bleibt.

Parken

Kostenlose Parkplätze gibt es in der Altstadt nicht, aber drum herum ein paar stadtnahe freie Parkplätze (→ Regensburg in Stichworten). Man kann auch die kostenfreien Parkplätze im Donau-Einkaufszentrum (DEZ) nutzen und mit dem Bus (mehr als 10 Linien) in die Innenstadt fahren, das ist aber zeitaufwendig.

Für Tagesbesucher

Man parkt am Jahnstadium direkt an der A 3, Ausfahrt Universität, und zieht ein 1-€-Tagesticket. Das berechtigt eine ganze Wagenladung voll zur Fahrt in die Innenstadt (und zurück), der Shuttlebus fährt tägl. außer So alle 10 Min. Das Ticket gilt den ganzen Tag im Innenstadtbus Linie A, der seine Runden in einer weiten Schleife durch die Innenstadt zieht. Also: parken und Stadtrundfahrt für 1 € genießen – näher kommt man an „umsonst" nicht ran.

Ausstellungen

Im kostenlosen **Besucherzentrum Welterbe** (→ Tour 3, S. 67) an der Steinernen Brücke bekommt man spannend und multimedial aufbereitete Infos zu Stadtgeschichte. Das zweite Thema ist das „Welterbe": Was ist das? Was bedeutet das? Und wie bekommt man die Auszeichnung? Und das Haus selbst, ein alter Salzspeicher, ist mit seinem beeindruckenden Dachstuhl einfach sehenswert.

Das Foyer des **Hauses der Bayerischen Geschichte** (→ Tour 1, S. 29) ist frei zugänglich. Hier kann man einen Maßkrug stemmenden, riesigen Löwen bestaunen (ehemals „Mitarbeiter" auf der Wiesn, dem Oktoberfest). Doch damit nicht genug: Richtig lohnend ist der 25-minütige Film über die Geschichte der Stadt bis ins 19. Jh. – ebenfalls umsonst. Allein das Kino ist ein Erlebnis: Man sitzt inmitten einer kreisrunden Leinwand. Für Jungendliche bis 18. J. und für Studenten ist auch der Zugang zu den Ausstellungen immer frei.

Für Römerfans jeden Alters ist einiges gratis geboten: Die **Porta Praetoria** (→ Tour 1, S. 28), das Nordtor des römischen Legionslagers Castra Regina, ist immerhin das größte aufrecht stehende römische Denkmal in Bayern. Zwei Ecken und weite Strecken der Römermauer sind frei zugänglich und im **document Legionslagermauer** (→ Tour 1, S. 34) unter dem Parkhaus am Dachauplatz gibt es kostenlos Filme und Infos dazu.

Wer noch nicht genug von den Römern hat, kann am ersten Sonntag im Monat kostenlos am Dachauplatz ins **Historische Museum** (→ Tour 1, S. 33) mit seiner tollen Römerabteilung. Bis 18 J. ist der Eintritt ins Museum immer frei.

Der **Leere Beutel** (→ Tour 1, S. 32) schont den (Geld-)Beutel! Die Städtische Galerie zeigt Gemälde regionaler

Stadtgeschichte im historischen Salzstadel

Künstler des 19./20. Jh., daneben gibt es immer wieder Ausstellungen mit Werken zeitgenössischer Künstler. Und das kostet nichts. Dass der Bau fast noch beeindruckender ist als das Welterbezentrum, nur nebenbei.

Wer mehr Interesse an moderner Kunst hat, sollte auch in der Speichergasse am **„Kunstschaufenster"** vorbeischauen, gleich ums Eck bei der Alten Kapelle (→ Tour 1, S. 21). Ein Spaziergang durch alle Galerien der Stadt kostet ebenfalls nichts, höchstens einen ganzen Tag. Schließlich sei noch **„Die kleinste Galerie"** im „Degginger", dem Kultur- und Kreativzentrum Regensburgs (→ Tour 4, S. 83), erwähnt: wechselnde Ausstellungen von Künstlern aus Regensburg und Umgebung bei freiem Eintritt.

Konzerte und Kultur

Domspatzen: Jeden Sonntag um 10 Uhr (außer in den Schulferien) kann man den Knabenchor bei der Messe hören. Etwas für Augen und Ohren. www.domspatzen.de.

Mittagskonzerte: In der Dompfarrkirche Niedermünster gibt es „5 nach 12"-Konzerte – jeden Samstag eine halbe Stunde.

Kulturmontag: Jeden ersten Montag im Monat gibt es um 19 Uhr im „Degginger", dem Kultur- und Kreativzentrum Regensburgs (→ Tour 4, S. 83), ein wechselndes Kulturprogramm. www.regensburg.de (Kulturmontag).

Matineen und öffentliche Proben: kostenlose Einblicke in die Arbeit der Regensburger Theater (→ Theater, S. 153).

Ansichten und Rastplätze

In der Altstadt selbst sind Sitzplätze wie **Bänke** rar. Wenn man sich nicht in ein Café setzen möchte, finden sich am Bismarckplatz sonnige Plätze und hinter dem Alten Rathaus eher schattige, aber ruhige (durch den Bogen neben dem Rathausturm zum Haus Roter Herzfleck 2, dann links). Dafür bietet der Parkgürtel, der die Altstadt umrahmt, umso mehr, vor allem der Herzogspark.

Sonnenverwöhnte **Aussichtspunkte** auf die Stadt bietet das Donauufer auf der

Oberen Wöhrd zwischen Eisernem Steg und Steinerner Brücke, auch mit Gelegenheiten, sich ins Gras zu legen.

Wem es nicht um die Aussicht, sondern ums Liegen und **Pausemachen** geht, findet sicher ein Plätzchen auf der Jahninsel oder an der Grieser Spitz in Stadtamhof.

In der Donau baden geht auch, der beste **Badeplatz** ist bei der Schillerwiese ca. 3,5 km von der Altstadt entfernt im Donaubogen (Buslinie 11 bis „Weinweg").

Sport

Halle 37: Hier gibt es ein großes kostenloses Sportangebot von Fußball über Volleyball, Basketball und Tischtennis bis Yoga und vieles mehr – alle Altersklassen, buntes Publikum.

Mo–Fr 14–20 Uhr. Buslinien 2, 9, 23, 24, 30, 31, X9 bis Haltestellen „Zeißstraße" oder „Bajuwarenstraße". Dieselstr. 7, ✆ 0941-5074539, www.regensburg.de (Leben, Sport u. Freizeit).

Günstig essen und trinken

Am preiswertesten ist es, sich in einer der Bäckereien, Metzgereien oder einem der Supermärkte einzudecken und dann auf einem der oben beschriebenen Plätzchen zu picknicken.

Immer günstig sind natürlich **Imbisse,** es gibt sie von bayerisch über türkisch bis asiatisch. Die meisten Cafés haben preiswerte **Mittagsgerichte,** und viele Restaurants wie z. B. der Leere Beutel (→ Tour 1, S. 32) haben Mittagsmenüs, da kommt man mit 10 € aus. In den Biergärten liegt man mit kleinen Gerichten nur wenig darüber.

Das preiswerteste **Frühstück** bietet wohl das „Orlando" am Alten Kornmarkt (2 Semmeln, Butter, 2 Marmeladen: 2,50 €), aber selbst im exklusiveren „Orphée" kostet ein kleines französisches Frühstück (Baguette, Butter, Marmelade) nur 4,80 €, jeweils ohne Getränk natürlich.

Kunstschaufenster: Bühne für lokale Künstler

→ Karte S. 168/169

Übernachten

Regensburg hat viele individuelle Hotels in fast allen Preislagen. Was es nicht hat, was man auch nicht unbedingt vermisst, sind 5-Sterne-Hochhaustürme irgendwelcher Hotelketten.

Die **Altstadt** ist kleinteilig und punktet mit kurzen Wegen – deshalb beschränkt sich unsere Auswahl auf das Gebiet des Weltkulturerbes. Ausnahmen sind die Jugendherberge und das Hotel Includio, das komplett barrierefrei ist. Zum Trost: Richtig billig sind die außerhalb der Altstadt gelegenen Hotels auch nicht, unter 100 € für DZ/Frühstück ist auch da in der Hauptsaison fast nicht zu haben.

Die angegebenen Preiskategorien orientieren sich an der Hauptsaison (Mai bis September und während der Adventszeit, also Ende November bis Ende Dezember). Fast alle Hotels sind zu anderen Zeiten preiswerter, viele haben unter der Woche günstigere Preise (v. a. Sonntag auf Montag), manche haben Tagespreise je nach Auslastung – am besten anfragen!

Hotelpreise (Doppelzimmer mit Frühstück)

€	unter 100 Euro
€€	100–150 Euro
€€€	150–200 Euro
€€€€	über 200 Euro

Gehobene Preisklasse mit dem besonderen Etwas

Sorat Insel-Hotel 4, unbestritten die beste Aussichtslage: direkt an der Donau, über dem Mühlkanal am Oberen Wöhrd, mit unverstelltem Blick auf Donau und Stadtsilhouette – zumindest die Zimmer zur Donau und von der Terrasse. Im Norden der Neubau mit den klassischen Zimmern zur Straße und zum Innenhof, am Fluss ein umgebauter Manufakturbetrieb mit individuellen Zimmern und Suiten. 75 Zimmer, Tagespreise! Wellness-Bereich, Tiefgarage, Restaurant Brandner (Do–Sa geöffnet). Müllerstr. 7, ✆ 0941-81040, www.sorat-hotels.com. **€€€–€€€€**

Bohemian 16, viele Hotels der Stadt stecken in mittelalterlichen Häusern, aber selten bekommt man es so deutlich und elegant zu sehen wie hier. Schon die Treppe in den 1. Stock ist jenseits der rechten Winkel, und die 17 Zimmer, die nach Attraktionen der Stadt heißen, sind auf wie viele Geschosse verteilt? Schlecht zu sagen, hier Stufen hinauf, da hinunter, wunderbar. Die Räume sind genauso individuell, Stilmöbel und moderne Technik. Kein Lift, aber die sehr zuvorkommenden Mitarbeiter helfen tragen. Gesandtenstr. 12, ✆ 0941-2807460, www.bohemian-hotel.de. **€€€–€€€€**

Orphée 11, legendär unter Regensburg-Reisenden, und das seit beinahe 50 Jahren! Inzwischen sind es drei Häuser, unterschiedliche Stile, aber alle ein Erlebnis. Das Große Haus, sozusagen das Stammhaus, befindet sich in einem Barockpalais in der Unteren Bachgasse 8 und hat 33 klassisch und individuell eingerichtete Zimmer über dem Restaurant. Es gibt einen Lift bis zum 4. Stock. Das Kleine Haus (Wahlenstr. 1) mit Blick auf den Kohlenmarkt ist schlichter, aber auch uriger (kein Lift). Das Landhaus Andreasstadel (Andreasstr. 26 in Stadtamhof) hat 10 mediterran eingerichtete Zimmer mit kleiner Küche, davon 6 mit Terrasse ins Grüne. Ruhige Lage, alles ebenerdig. Rezeption ✆ 0941-596020, https://hotel-orphee.de. **€€–€€€€**

Gehobene Preisklasse

Münchner Hof 12, mitten in den Gassen im Dreieck Dom–Rathaus–Neupfarrplatz. 51 individuell und edel gestaltete Zimmer in einem liebevoll renovierten mittelalterlichen Stadthaus, das überall Spuren seiner langen Geschichte zeigt. Üppiges Frühstücksbuffet inklusive! Wer sich mit dem Auto in die Tändlergasse traut: Die Anfahrt ist erlaubt. Aber zum Parkhaus sind es zu Fuß auch nur 6–7 Min. Tändlergasse 9, ✆ 0941-58440, www.muenchner-hof.de. **€€€**

Blauer Turm 8, Dependance des Münchner Hofs gleich schräg gegenüber. Hier wird noch eins draufgesetzt: In dem spätgotischen Haus gibt es 7 sehr unterschiedliche Zimmer bzw.

Suiten mit farblich abgestimmtem Design. Wie wär's mit dem „Minnezimmer"? Oder doch lieber der „Burggraf"? Sehr schick! Rezeption und Frühstück vis-à-vis. Tändlergasse 14, www.blauerturm-regensburg.de. €€€–€€€€

Elements 9, ein schmales Haus, ein außergewöhnliches Hotel. Das Haus stammt aus dem 16. Jh., liegt direkt neben dem Römerturm und hat vier Stockwerke, vier Suiten und ein Treppenhaus, mehr nicht. Die ca. 40 m² großen Suiten sind extravagant nach den Elementen ausgestattet: die „Erde" im 1. Stock nostalgisch in Erdtönen, romantisch in Weiß und Blau die „Luft" im 2. Stock, das pompös in Gold und Rot gehaltene „Feuer" im 3. Stock und ganz oben das moderne „Wasser" mit eigenem Whirlpool. Jede ein Traum. „Luft" und „Erde" sind für max. 4 Personen. Kein Lift! Empfang ist nebenan im Café Garibaldi, dort kann man auch frühstücken, auf Wunsch auch im Zimmer. Alter Kornmarkt 3, ✆ 0941-20072275, www.hotel-elements.de. €€€

Hotel Jakob 15, der Bau von 1781 klebt direkt an einem der Rundtürme des Jakobstors im äußersten Westen der Altstadt. Von seiner Geschichte als Polizeiwache zeugt noch eine restaurierte Arreststube inkl. Polizeimuseum. Sonst lässt das Haus wenig von restauriertem Altbau spüren, die Zimmer sind klassisch-modern gestaltet und eingerichtet, eher Business als Romantik. Drei Zimmergrößen (von unter 20 m² bis über 30 m²), dementsprechend unterschiedliche Preise. Üppiges Frühstücksbuffet, verkehrsgünstig gelegen, Tiefgarage und Parkplätze am Haus. Kinder erst ab 12 J. erlaubt. Jakobstr. 14, ✆ 0941-6009290, www.hotel-jakob-regensburg.de. €€–€€€

L'Ostello Altstadthotel 19, kleines Hotel etwas versteckt in einer schmalen Seitenstraße. 6 edel ausgestattete und geschmackvoll eingerichtete Zimmer auf drei Etagen (kein Lift), im ersten und zweiten Stock können die Zimmer, die nach berühmten Regensburgern benannt sind, zu einer Suite verbunden werden. Die originellsten – jene unter dem Dach – sind der schönen Regensburgerin Barbara Blomberg (einst Geliebte Karls V.) und ihrem Sohn gewidmet. Das sehr liebevoll zusammengestellte, am Tisch servierte Frühstück gibt es gegenüber in der Bar Vincent, wo man auch den Tag beschließen kann. Eigene Parkplätze. Schäffnerstr. 20, ✆ 0941-20073490, www.ostello-regensburg.de. €€€–€€€€

Altstadthotel Der Patrizier 14, das „Altstadthotel am Pach" (kein Tippfehler!) in der Bachgasse gab es schon lange, jetzt hat man es zur Wahlenstraße hin „verdoppelt": Das „Pach" gehört jetzt zum neuen „Patrizier". Drei Jahre lang wurde der im Kern mittelalterliche Bau an der Wahlenstraße renoviert und aufgerüstet. Das Ergebnis kann sich sehen lassen: stilvolle Räume unter Verwendung alter Elemente, top ausgestattet – vom Doppelzimmer bis zur doppelgeschossigen Suite mit Dachterrasse. Die Räume im „Pach" sind etwas schlichter. Wahlenstr. 18, ✆ 0941-46379750, www.derpatrizier.de. €€€

Moderate Preisklasse

Castle Hotel 22, der Name ist Programm: Die meisten Zimmer haben Blick auf Park und Schloss derer von Thurn und Taxis. 7 helle Zimmer, puristisch, aber geschmackvoll eingerichtet (allzu viel Gepäck sollte man nicht dabeihaben) – vom schmalen Einzelzimmer bis zum Komfort-DZ. Abwechslungsreiches Frühstück, am Tisch serviert. Alles nett und freundlich. Zu Fuß 3 Min. zum Parkhaus, 3 Min. zum Schloss, 10 Min. ins Zentrum. St.-Peters-Weg 3, ✆ 0941-20919283, www.hotel-castle.de. €€

Rote 19 18, ganz am Rand und doch mittendrin: Nur wenige Schritte vom Peterstor liegt das kleine, unübersehbare Hotel in einer sehr lebendigen Ecke der Stadt. Ruhig (es liegt allerdings in der Nähe einiger Clubs, deswegen Fr/Sa vielleicht nicht) und trotzdem verkehrsgünstig: 500 m vom Bahnhof, 30 m vom Parkhaus und selbst auf Umwegen keine 10 Min. ins Zentrum. 6 Zimmer im renovierten Altbau, gut ausgestattet. Es lohnt, ein Superior zu nehmen, nur gut 20 € mehr für die doppelte Fläche. Kein Frühstück, auf Wunsch im Hotel „Das Regensburg" gegenüber (12 €), aber es gibt auch genügend Cafés in Laufweite. Obermünstergasse 19, ✆ 0941-46185672, www.hotel-rote19.de. €€–€€€

Standesgemäßes Quartier

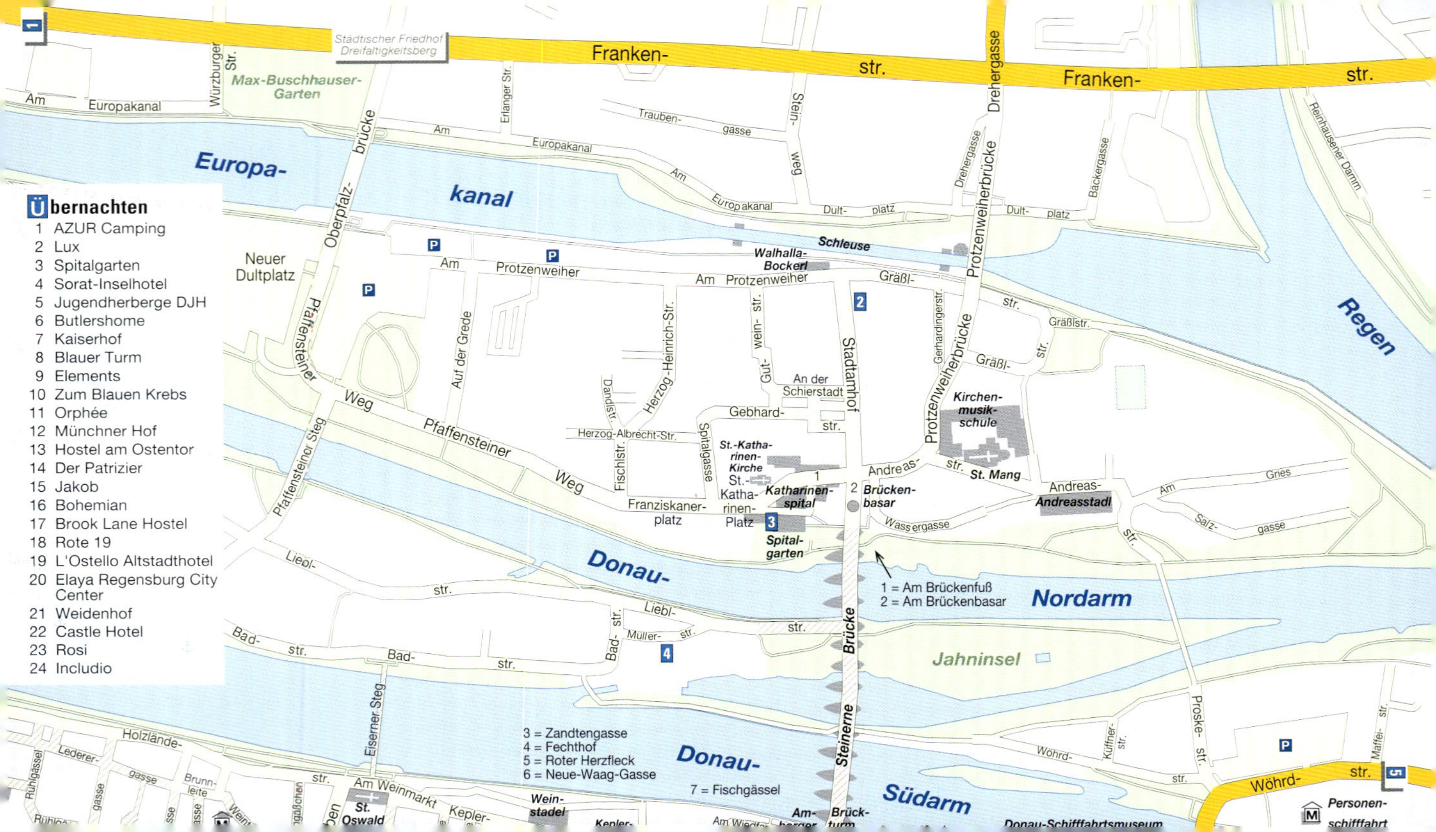

Übernachten
1 AZUR Camping
2 Lux
3 Spitalgarten
4 Sorat-Inselhotel
5 Jugendherberge DJH
6 Butlershome
7 Kaiserhof
8 Blauer Turm
9 Elements
10 Zum Blauen Krebs
11 Orphée
12 Münchner Hof
13 Hostel am Ostentor
14 Der Patrizier
15 Jakob
16 Bohemian
17 Brook Lane Hostel
18 Rote 19
19 L'Ostello Altstadthotel
20 Elaya Regensburg City Center
21 Weidenhof
22 Castle Hotel
23 Rosi
24 Includio
Frankenstr.
Städtischer Friedhof Dreifaltigkeitsberg
Max-Buschhauser-Garten
Würzburger Str.
Am Europakanal
Erlanger Str.
Traubengasse
Steinweg
Drehergasse
Bäckergasse
Reinhausener Damm
Europakanal
Oberpfalzbrücke
Protzenweiherbrücke
Dultplatz
Schleuse
Walhalla-Bockerl
Neuer Dultplatz
Am Protzenweiher
Gräßlstr.
Regen
Stadtamhof
Auf der Grede
Pfaffensteiner Weg
Pfaffensteiner Steg
Herzog-Heinrich-Str.
Gutweinstr.
An der Schierstadt
Gebhardstr.
Gerhardingerstr.
Kirchenmusikschule
St. Mang
Dandlstr.
Herzog-Albrecht-Str.
Spitalgasse
Fischlstr.
St.-Katharinen-Kirche
St.-Katharinen-Platz
Katharinenspital
Franziskanerplatz
Spitalgarten
Andreasstr.
Brückenbasar
Wassergasse
Andreasstadl
Am Gries
Salzgasse
Donau-Nordarm
1 = Am Brückenfuß
2 = Am Brückenbasar
Lieblstr.
Müllerstr.
Badstr.
Steinerne Brücke
Jahninsel
Eiserner Steg
Holzländestr.
Lederergasse
Brunnleite
Rühlgässel
3 = Zandtengasse
4 = Fechthof
5 = Roter Herzfleck
6 = Neue-Waag-Gasse
7 = Fischgässel
Donau-Südarm
Am Weinmarkt
St. Oswald
Keplerstr.
Weinstadel
Am Brückturm
Donau-Schifffahrtsmuseum
Wöhrdstr.
Kuffnerstr.
Proskestr.
Maffeistr.
Personenschifffahrt

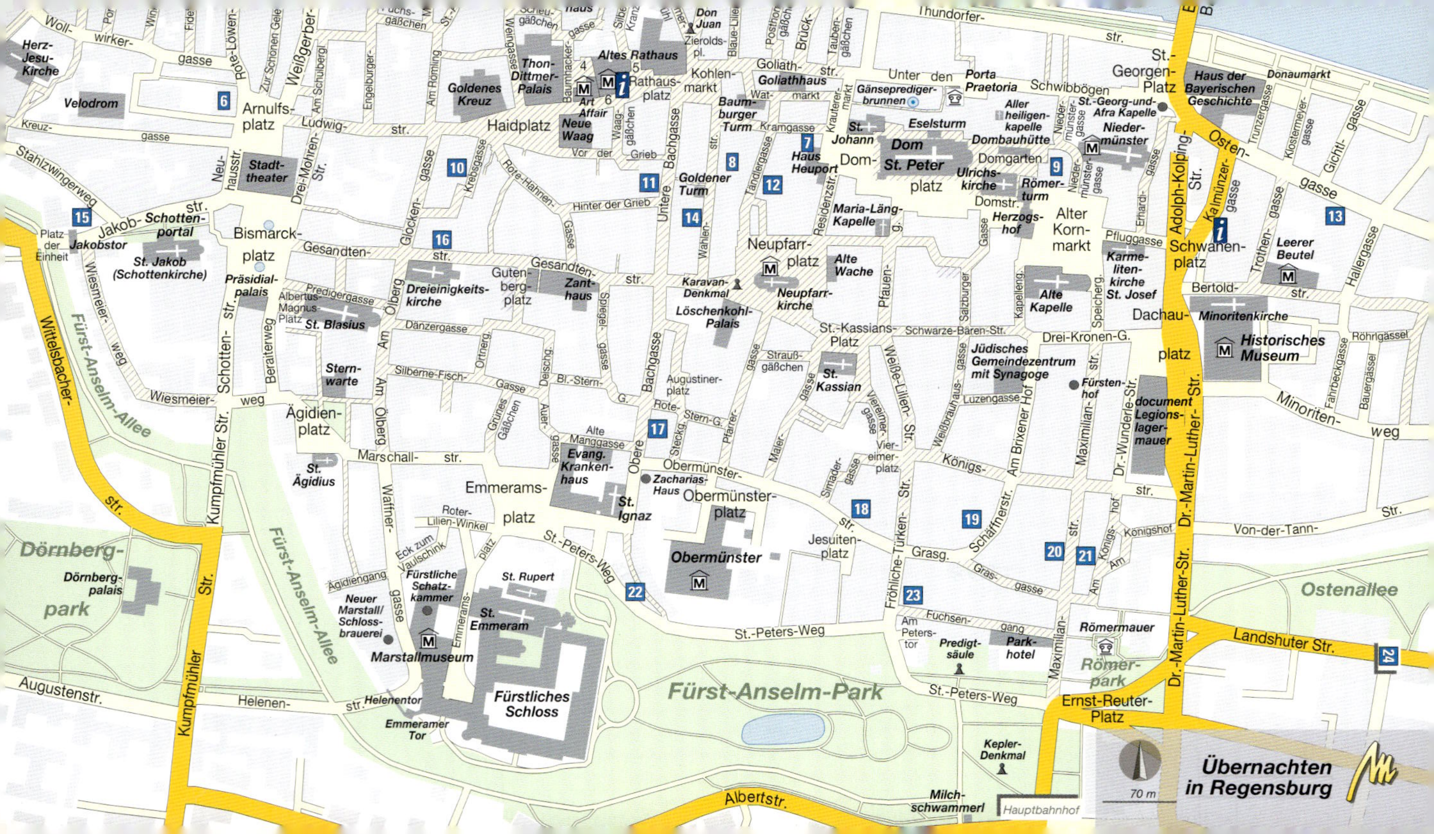
Übernachten in Regensburg
70 m
Haus der Bayerischen Geschichte
Donaumarkt
St.-Georgen-Platz
Porta Praetoria
Gänseprediger-brunnen
Goliathhaus
Altes Rathaus
Don Juan
Thon-Dittmer-Palais
Goldenes Kreuz
Haidplatz
Neue Waag
Art Affair
Rathausplatz
Kohlenmarkt
Baumburger Turm
Goldener Turm
Haus Heuport
St. Johann
Dom St. Peter
Domplatz
Eselsturm
Dombauhütte
Ulrichskirche
Römerturm
Allerheiligenkapelle
St.-Georg-und-Afra Kapelle
Niedermünster
Alter Kornmarkt
Herzogshof
Maria-Läng-Kapelle
Neupfarrplatz
Neupfarrkirche
Alte Wache
Karavan-Denkmal
Löschenkohl-Palais
Alte Kapelle
Karmelitenkirche St. Josef
Schwanenplatz
Leerer Beutel
Minoritenkirche
Historisches Museum
Dachauplatz
document Legionslagermauer
Jüdisches Gemeindezentrum mit Synagoge
Fürstenhof
St.-Kassians-Platz
St. Kassian
Velodrom
Herz-Jesu-Kirche
Arnulfsplatz
Stadttheater
Bismarckplatz
Präsidialpalais
Schottenportal
St. Jakob (Schottenkirche)
Jakobstor
Platz der Einheit
Dreieinigkeitskirche
Gutenbergplatz
Zanthaus
St. Blasius
Sternwarte
Ägidienplatz
St. Ägidius
Emmeramsplatz
Evang. Krankenhaus
St. Ignaz
Zacharias-Haus
Obermünsterplatz
Obermünster
Jesuitenplatz
Fürstliche Schatzkammer
St. Rupert
St. Emmeram
Neuer Marstall/Schlossbrauerei
Marstallmuseum
Fürstliches Schloss
Emmeramer Tor
Helenentor
Fürst-Anselm-Park
Fürst-Anselm-Allee
Dörnberg-park
Dörnberg-palais
Predigtsäule
Parkhotel
Römermauer
Römerpark
Ernst-Reuter-Platz
Kepler-Denkmal
Milchschwammerl
Hauptbahnhof
Ostenallee
Landshuter Str.
Dr.-Martin-Luther-Str.
Adolph-Kolping-Str.
Maximilianstr.
Kumpfmühler Str.
Wittelsbacherstr.
Albertstr.
Augustenstr.
St.-Peters-Weg
1 2 3 4 5 6 7 8 9 10 11 12 13 14 15 16 17 18 19 20 21 22 23 24

Elaya Regensburg City Center **20**, die 96 Zimmer des 2022 eröffneten Hotels sind modern und funktional in dezenten Farben eingerichtet, mit Klimaanlage, Fußbodenheizung, Schreibtisch, Kaffeemaschine – alles, wie man es in einem gut geführten Kettenhotel erwarten kann. Vorteil: Es liegt im Unterschied zu anderen in der Altstadt. Standardzimmer 18 m², Superior 24–27 m², davon einige rollstuhlgerecht. Üppiges Frühstücksbuffet, vom Fruchtsalat bis zur Weißwurst. Kurze Wege zu den Parkhäusern. Nachteil: Die Maximilianstraße ist nicht der schönste Ort in der Altstadt. Maximilianstr. 22, ✆ 0941-206004, www.elaya-hotels.com. **€€–€€€**

Hotel Kaiserhof **7**, direkt vis-à-vis der Domtürme in einem mittelalterlichem Turm (Sie werden es an der Mauerstärke merken). Vor einigen Jahren stilvoll renoviert, saubere, solide Ausstattung. Frühstück gibt es in äußerst würdevoller Umgebung in der ehemaligen gotischen Hauskapelle. Lift. Domblick ist etwas teurer, Innenhof viel ruhiger. Nicht trendy, aber Lage und Angebot top für den Preis. Kramgasse 10–12, ✆ 0941-585350, www.kaiserhof-am-dom.de. **€€**

Hotel zum Blauen Krebs **10**, das Hotel, das seit 20 Jahren zum Restaurant „Dicker Mann" (→ Tour 3) gehört, ist nicht leicht zu finden, obwohl es nur wenige Meter vom Haidplatz entfernt ist. Aber das Suchen lohnt sich: kleines Haus, aber große Zimmer. Während andere ein DZ mit 25 m² haben, fängt hier das Einzelzimmer bei 30 m² an. Die Zimmer widmen sich Themen, es gibt ein kubanisches Zimmer, eine Wallenstein-Suite und ein Joop-Zimmer (Joop hat auch Möbel entworfen). Sehr reizvoll und sehr zentral. Krebsgasse 6, ✆ 0941-57370, www.dicker-mann.de. **€€**

Spitalgarten **3**, wer jeden Morgen wie ein König in die Stadt einziehen will, ist hier richtig: Gleich am nördlichen Ende der Steinernen Brücke und direkt am Wasser liegt das Hotel etwas versteckt hinter den Bäumen des großen Biergartens. Die ruhigen Zimmer sind dezent modern eingerichtet und haben alle einen Blick auf die Donau (dem ungetrübten Stadtpanorama steht der Obere Wöhrd im Weg), aber Brücke und Dom sind entscheidend. Biergarten mit Bier aus der eigenen Brauerei. Zur An- und Abfahrt kann man vorfahren. St.-Katharinen-Platz 1, ✆ 0941-84774, www.spitalgarten.de. **€€–€€€**

Hotel Weidenhof **21**, Altstadthotel mit Tradition, versteckt hinter einer kahlen Fassade. Das Haus ist aus den 1920ern, was man an dem schönen Treppenhaus sieht, die Zimmer seit 2019 renoviert und dezent und solide ausgestattet, 3er-Zimmer gibt es auch. Ordentliches Frühstück. Der Clou ist die kleine Dachterrasse, auf die man hochklettern kann, der Blick über die Dächer auf den Dom hat was. 400 m vom Bahnhof, das Parkhaus Dachauplatz ist gleich um die Ecke. Maximilianstr. 23, ✆ 0941-94153031, www.hotel-weidenhof.de. **€€**

Hotel Rosi **23**, seit den frühen 1960ern gibt es das Hotel, früher mit dem Namen der Straße. 2019 komplett renoviert unter neuen Pächtern, im Verbund mit dem „Hotel Peterstor" gegenüber, jetzt eben als „Rosi". 41 hübsch dekorierte Zimmer mit allem Nötigen. Keine 10 Min. vom Bahnhof oder Dom, Parkhaus ums Eck. Fröhliche-Türken-Str. 11, ✆ 0941-53651, www.hotel-rosi.de. **€€–€€€**

Hotel Includio **24** (→ Karte vorderer Umschlag), ein modernes Haus weit außerhalb der Altstadt, komplett barrierefrei. 18 der 84 Zimmer sind rollstuhlgerecht. Und da das Haus den Johannitern gehört, findet man auch fachkundige Hilfe. Das Includio liegt in Burgweinting südlich der A 3. Hermann-Höcherl-Str. 2, ✆ 0941-7883280, https://includio.de. **€€**

Untere Preisklasse

Hotel Lux **2**, sehr individuell, sehr nostalgisch, sehr eigen! Das „Vintage-Interieur" (Eigenwerbung) könnte dem einen oder anderen zu vintage sein (manche Badezimmerspiegel sind fast antik). Aber: liebevoll ausgestattet, gepflegt, sauber, großes Frühstück. Sehr familiär. 4 DZ, ein Dreibett- und ein Familienzimmer mit 6 Schlafplätzen. Ganz im Norden von Stadtamhof, kostenlose Parkplätze ums Eck. Stadtamhof 24, ✆ 0941-86724, www.hotel-lux.eu. **€–€€**

Jugendherberge DJH **5** (→ Karte vorderer Umschlag), der große Bau auf dem Unteren Wöhrd ist in den 1940ern zu weniger friedlichen Zwecken entstanden. Als Jugendherberge ständig umgestaltet und erweitert, bietet das Haus heute 186 Betten in 44 Zimmern, davon 15 mit Du/WC. Gepflegt und gut ausgestattet (Beach-Bereich). Hauptsächlich Schulklassen und Gruppen. Preise variieren nach Zimmergröße. Rezeption 7–22 Uhr geöffnet, März–Okt. sogar bis 24 Uhr. Wöhrdstr. 60, ✆ 0941-4662830, www.jugendherberge.de. Buslinien 3, 4, 5, 8, 9, 12, 13 und 17 bis Haltestelle „Wöhrdstraße". **€**

Brook Lane Hostel **17**, das Traditionshostel hat sich verändert: Ganze drei Zimmer hat es noch, ein DZ, ein 5/6er und ein 10er (je größer das Zimmer, je günstiger). Plus Gemeinschaftsküche, Bad usw. natürlich. Sauber, lässig, aber eben älter. Im EG ist der Laden „Böller" für alles Nötige (Mo–Sa 8–20 Uhr, April–Okt. auch So). Super Lage! Obere Bachgasse 21, ✆ 0941-6965521, www.hostel-regensburg.de. **€**

Hostel am Ostentor 13, neuer (2019), größer, aber eben weiter draußen. Schlicht und funktional, aber Charme ist anders. 4er-, 6er-, 8er- und 10er-Schlafsaal, ein Apartment, 2 Ferienwohnungen (4er/6er). Preise für Gruppen abweichend. Rezeption tägl. 8–11 und 16–20 Uhr. Ostengasse 12, ✆ 0941-59994877, www.hostel-am-ostentor.de. **€–€€**

Ferienwohnung/Apartment

Man kann bei den üblichen wie booking.com oder fewo-direkt.de. suchen, aber Regensburg hat dafür eine eigene Webseite: **www.bed-and-breakfast-regensburg.de.** Telefonische Beratung und Buchung: Mo–Do 9–16 Uhr, Fr bis 12 Uhr, ✆ 0941-7842902. Frau Lell und Frau Zarbo kennen sich aus und wissen, wovon sie reden.

Butlershome 6, ein Lieferservice, der jetzt auch Apartments vermietet. Gerade für Gruppen und/oder längere Aufenthalte interessant. In zwei Häusern, am Arnulfsplatz und in der Ostengasse, gibt es über 10 modern ausgestattete Apartments für 4 bis 8 Pers. Preisgestaltung muss man im Einzelfall anfragen. Butlersburg (Zentrale, tägl. 13.30–17 Uhr), Arnulfsplatz 5, ✆ 0941-92100, www.butlershome.de. **€–€€**

Camping

AZUR Camping Regensburg 1 (→ Karte vorderer Umschlag), nur 3,5 km westlich der Altstadt liegt im Donaubogen der baumbestandene Platz (2,5 ha), sozusagen zwischen Bushaltestelle und Donaustrand. Der ADAC gibt Note 3,8 (gut). Stellplätze ca. 70 m², 9 „Campingfässer" für 2 Pers. (ab ca. 60 €) und 2 Familienbungalows für 4 Pers. (ab ca. 80 €), Stellplatz für 2 Pers./Nacht 40–45 €, unter der Woche günstiger. Platz und Shop ganzjährig geöffnet. Weinweg 40, ✆ 0711-4093510, www.azur-camping.com.

Keine **Wohnmobilstellplätze** zum Übernachten in Stadtnähe. Zum Parken eignet sich der Park-&-Ride-Parkplatz auf dem Unteren Wöhrd (Wöhrdstr. 62, altes Eisstadion).

... die Zimmer sind breiter!

Regensburg in Stichworten

Anreise

Auto: Regensburg liegt am Schnittpunkt der A 3 Köln–Wien und der A 93 München–Dresden, ist also gut zu erreichen. Von Hamburg sind es etwa 8 Std. (710 km), von Köln oder Berlin 5:30 Std. (510 km), von München 1:30 Std. (130 km) – im Idealfall. Rund um das Regensburger Kreuz ist es recht stauanfällig und die Sanierung des Pfaffensteiner Tunnels auf der A 93 macht es in den nächsten Jahren nicht besser. Eine Mitfahrgelegenheit ist natürlich preiswerter: Da kann man von Hamburg oder Berlin auch mit 30 € auskommen (www.blablacar.de). E-Ladesäulen für Autos sind inzwischen ganz gut verteilt.

Fernbus: Regensburg wird von den wichtigsten Fernbussen angefahren. Vom Preis her schon interessant, aber man „bezahlt" die Ersparnis mit deutlich längerer Fahrzeit: ab Hamburg 12 Std., von Köln und Berlin 7 Std. Bei Flixbus ab Hamburg ca. 90 €, ab Köln ca. 60 € (www.flixbus.de). Kommt aber immer darauf an, wann man bucht.

Bahn: Bei aller berechtigten Kritik im Moment ist die Bahn (www.bahn.de) die schnellste und bequemste Anreisevariante und vom Umweltaspekt her sowieso vorzuziehen. Vom Süden über München, aus Nordbayern über Hof–Weiden, (fast) alles andere kommt über die ICE-Strecke Frankfurt–Wien. Ab Hamburg 6:30 Std., von Berlin und Köln 4:30–5 Std., von München 1:30 Std. Fahrpreise sehr variabel, frühzeitig gebucht und mit BahnCard kommt man für weniger als 50 € von Hamburg nach Regensburg. Wer ein 49-Euro-Ticket hat und von der Entfernung her mit Nahverkehrszügen auskommt, ist noch besser dran.

Fahrrad: Regensburg ist der nördlichste Punkt des Donauradwegs und wichtige Etappe: 450 km von Donaueschingen und 150 km von Passau entfernt. www.deutsche-donau.de.

Apps

Infos zur Stadt **Lauschtour:** Android und IOS kostenlos. Herunterladen, „Regensburg" eingeben. Man erhält eine Karte mit den Sehenswürdigkeiten, beim Anklicken bekommt man Informatives erzählt. Ganz nett.

Regensburg Regional: nur bei GooglePlay. Veranstaltungen, Restaurants, Sehenswürdigkeiten, einfach alles – aber: Was ist Werbung und was nicht?

Spiele **Lost in Time Regensburg:** ein Escape Game, nicht nur für Kinder – und ganz schön knifflig! App „Actionbound" herunterladen (Android und IOS kostenlos), „Bound finden" anklicken, dann bei „Suchen" Spielname eingeben, los geht's.

Traces of Jewish Culture: unterwegs auf jüdischen Spuren in der Stadt. Man braucht aber eine Karte, die man in der Tourist-Info bekommt. App „Actionbound" herunterladen (Android und IOS kostenlos), „Bound finden" anklicken, dann bei „Suchen" Spielname eingeben, los geht's.

Barrierefrei

Die Altstadt Regensburgs hat kaum Gefälle oder große Treppenanlagen, aber das historische Pflaster ist für Rollstühle nicht immer leicht. Einige der wichtigen Sehenswürdigkeiten sind für Rollstuhlfahrer nicht zugänglich, so z. B. der Historische Reichssaal im Alten Rathaus oder Schloss Emmeram. In die Züge der Stadtrundfahrt kommt man ebenfalls nicht hinein.

In der Touristeninformation beim Alten Rathaus (→ S. 178) gibt es die ausführliche Broschüre „Barrierefrei in Regensburg", die fast alle Fragen beantwortet. Als Download unter www.tourismus.regensburg.de (Regensburg 'R' Leben, Willkommen, Barrierefreies Regensburg).

ÖPNV: Busse und Bahnen

Der Regensburger Verkehrsverbund (RVV) hat ein sehr dichtes Busnetz in die Außenbezirke und das Umland, zentrale Stationen in der Stadt sind der ZOB beim Bahnhof und der Dachauplatz. Aber abgesehen von den Ausflügen (→ ab S. 114) werden Gäste nur die kleinen grünen Elektrobusse der **Linie A** brauchen, die ihre Schleife durch die Altstadt ziehen: vom Bahnhof bzw. ZOB über die Maximilianstraße zum Domplatz, von dort über Rathaus, Haidplatz und Arnulfsplatz zum Bismarckplatz, zurück über Gesandtenstraße und Neupfarrplatz zum Dom und Bahnhof.

Tagesticket Innenstadt (für max. 5 Pers.) 2,50 €. www.rvv.de.

Fahrräder/E-Bikes

Zweirad Ehrl: kompetent, freundlich, hilfsbereit und schnell. Verleiht Leichtlauf- und Trekkingräder, auch E-Bikes. Tagesgebühr 12 €, E-Bikes 25 €, bei mehreren Tagen wird's billiger. Mo–Fr 10–12.30 u. 14–18 Uhr, Sa 9–12 Uhr. Am Protzenweiher 6 (in Stadtamhof ganz oben), ✆ 0941-85124, www.zweirad-ehrl.de.

Bike Ambulance / Rent a Bike: Man sieht den Laden vor lauter Fahrrädern nicht. Er befindet sich in dem kleinen Haus gleich westlich des Bahnhofs (hinter dem Fahrrad-Parkplatz der DB). Der Name ist Programm: Hier wird Ihnen geholfen, schnell und professionell, höchstens Personalprobleme könnten stören, auch hier. Tagesgebühr bei Tourenrädern 15 €, E-Bikes 25–30 €. Mo/Di u. Do/Fr 10–14 u. 15–19 Uhr, Mi geschl., in der Saison auch am Wochenende. Bahnhofstr. 18, ✆ 0941-5998808, www.bikeambulance.com und www.rent-a-bike.store.

Donau Donkeys: Falls Sie mit Kind und Kegel angereist sind – unter www.donau-donkeys.de werden, unterstützt durch „Feine Räder" (Regensburger Spezialist für besondere Räder), E-Lastenbikes vermietet. App runterladen, anmelden, los geht's. Auf der Seite ist auch ein Kontaktformular für Fragen.

Ladestationen für E-Bikes: Fehlanzeige!

Nicht zu übersehen: ▲
die E-Busse der Linie A
Leicht zu übersehen: ▼
die Bike Ambulance am Bahnhof

Fundbüro

Neues Rathaus, Minoritenweg 4 (neben dem Historischen Museum), ✆ 0941-5074339.

Fußball

Ein Besuch im schönen Jahn-Stadion beim SSV Jahn Regensburg (auch wenn's zumindest in der Saison 2023/24 nur die Dritte Liga ist)? Das Stadion liegt an der Autobahn A 3, ist aber mit dem Bus vom Bahnhof aus leicht zu erreichen. Unter www.ssv-jahn.de findet man alle Infos und Klatsch und Tratsch.

Informationen im Netz

www.regensburg.de: Auf den ersten Blick bietet die offizielle Seite der Stadt nur etwas für Einwohner, aber unter der Rubrik „Bürgerservice" gibt es z. B. einen Online-Stadtplan und eine Stadtgeschichte. Die Stichwörter „UNESCO" oder „Denkmäler" bringen viele Information und Hintergründe.

www.tourismus.regensburg.de: alle Informationen zu Stadtführungen, Übernachten, Unternehmungen und, und, und.

www.regensburg-bayern.de: private Website, manches praktisch (Nützliche Infos), manches eigenartig (Hotels), nicht immer aktuell.

www.landkreis-regensburg.de/freizeit-tourismus: alle Infos fürs Drumherum, von Hotels über Wander- und Radtoren bis zu Ausflugszielen.

www.ostbayern-tourismus.de: auch hier Infos von Hotels über Wander- und Radtouren bis zu Ausflugszielen, aber für die ganze Region Ostbayern, Regensburg natürlich auch. Für alle, die was Längeres in der Region planen.

Literatur

Neben den typischen Regionalkrimis, zu denen natürlich auch Regensburg einige beisteuert (wie etwa „Die Tote vom Galgenberg" von Elisabeth Nesselrode), gibt es nicht allzu viel, einiges davon ist auch nicht lieferbar.

Georg Britting (1891–1964): Allein wegen des schmalen Bändchens „Die kleine Welt am Strom" (1933) könnte man ihn den Heimatschriftsteller der Stadt nennen – atmosphärisch dichte, oft skurrile Skizzen aus alter Zeit. Britting, der im Nationalsozialismus zwischen innerer Emigration und Anpassung als Heimatschriftsteller schwankte, war in den 1960ern noch in Ehren und in Schulbüchern, heute ist er vergessen. Nur antiquarisch.

Ludwig Bemelmans (1898–1962): Er lebte nur 10 Jahre in Regensburg, bevor man ihn 1914 als „Schwererziehbaren" in die USA abschob. Das hat ihm genügt, um 1945 mit „An der schönen blauen Donau" eine bitterböse, etwas fantastische Satire über die Nazis in Regensburg zu schreiben. Ein Rettichbauer auf einer Donauinsel, die es nicht gibt, als „Schwejk", der letztlich scheitert. 2007 endlich auf Deutsch erschienen, nie wieder aufgelegt. Nur antiquarisch.

Joseph Opatoshu (1886–1954): 1907 in die USA emigriert, bedeutender jiddischer Schriftsteller. 1933 erschien „A tog in Regensburg". Er schildert das jüdische Alltagsleben im Jahr 1519: eine Hochzeit, in die die Nachricht der bevorstehenden Vertreibung platzt. 2009 erstmals auf Deutsch erschienen, wurde das Buch 2019 zur Einweihung der Neuen Synagoge kommentiert neu aufgelegt. Pustet Verlag.

Eva Demski (geb. 1944): Die in Regensburg geborene Schriftstellerin hat mit „Mama Donau" ihrem Fluss eine 140-seitige Hommage gewidmet. Natürlich wandert sie den ganzen Fluss auf und ab, aber schon die Regensburger Szenen sind die Lektüre allemal wert, vor allem die zum Thema „Schwimmen". Insel TB.

Claudio Magris (geb. 1939): Der italienische Autor hat mit „Donau. Biographie eines Flusses" eine ganz persönliche Kulturgeschichte des Stromes geschrieben. Regensburg und seine Umgebung umfassen nur wenige Seiten (von 500), aber seine pointierten Kommentare zu Walhalla und Befreiungshalle haben Unterhaltungswert. dtv.

Michael Kohlhäufl, Stefan Lindinger, Willm Schmülling (Herausgeber): Im Herbst 2022 ist beim Pustet Verlag das Buch „Literarischer Streifzug durch Regensburg" erschienen, in dem alle zu Wort kommen: die oben Genannten natürlich, dazu die bisher nicht erwähnte Regensburgerin Sandra Paretti. Sonst Texte von Goethe, der ja außer der schönen Lage nicht viel zu bemerken hatte, bis zu Wim Wenders, dessen Hymne auf das „Orphée" Anlass dazu war, das Hotel-Restaurant in

Tour 4 (→ S. 85) ausführlich zu würdigen. Informativ und lesenswert!

Matthias Freitag: „Regensburg. Kleine Stadtgeschichte" und „Regensburger Straßennamen", beide Pustet Verlag.

Karl Bauer: „Regensburg. Kunst-, Kultur- und Alltagsgeschichte". Eine andere Liga: der Unerschöpfliche (1000 Seiten), minutiöse Auflistung von allem und jedem. MZ Verlag.

Notruf

Die Notrufnummer ✆ 112 ist die erste Wahl. Sonst noch die ✆ 110 für die Polizei und die ✆ 116117 für den ärztlichen Bereitschaftsdienst.

Parken

Nicht überraschend: Parkplatzsuche in der Altstadt ist schwierig und wenn man einen gefunden hat, wird es teuer. Kurzparkzone in der Altstadt südlich der Donau: angefangene 30 Min. 1 €, sonst 50 Cent.

Einigermaßen stadtnah und kostenlos (die Pendler kennen die Parkplätze auch, daher oft voll) sind:

Dultplatz, Am Protzenweiher im Nordwesten von Stadtamhof (wenn nicht gerade Dult ist).

Protzenweiher, Am Protzenweiher 1, im Norden von Stadtamhof bei der Schleuse.

Park & Ride Unterer Wöhrd, Wöhrdstr. 62, altes Eisstadion.

Für Tagesbesucher:

Jahn-Stadion, nicht stadtnah und nicht kostenlos, trotzdem interessant: Tagesticket 1 € inkl. Shuttle-Transfer zum Bahnhof und Tagesticket für die Innenstadtlinie A (für alle Autoinsassen).

Kostenpflichtige **Parkhäuser** um die Altstadt von West nach Ost:

1. Arnulfsplatz 4a
2. Am Theater / Bismarckplatz 10
3. St.-Peters-Weg 15
4. Regensburg Arcaden, Friedenstr. 23
5. Castra Regina Center, Bahnhofstr. 24
6. Dachauplatz / D.-Martin-Luther-Str. 4

Die Parkhäuser 2, 3 und 6 liegen nicht weiter als gut 10 Min. vom Dom entfernt. Tageshöchstsatz in der Regel 12 €. In manchen Hotels kann man ein „Spezialticket" für eine Nacht bekommen, dann spart man ein paar Euro.

Schifffahrt

Eine Fahrt auf der Donau sollte unbedingt auf der To-do-Liste eines Regensburgbesuchs stehen, auf alle Fälle die klassische Strudelfahrt. Wer jetzt an das Gebäck denkt, liegt falsch. Die Steinerne Brücke mit ihren „Beschlächten", den Sockeln der Pfeiler, engt die Donau stark ein. Ergebnis: ein Gefälle mit Strudeln nach der Brücke. Man sieht auf der Fahrt die Stadt von der Vorzeigeseite und wenn das Schiff auf das Nadelöhr der Brücke zuschießt, bekommt man schon große Augen. Natürlich werden auch die großen

Die schmale Durchfahrt fest im Blick

Ausflugsziele der Umgebung angefahren, die Walhalla und Kelheim mit der Befreiungshalle oder weiter nach Weltenburg. Daneben bieten die beiden Reedereien mit ihren höchst unterschiedlichen Schiffen viele Spezialtouren an.

Das Geschäft teilen sich **Personenschifffahrt Klinger** und **Donauschifffahrt Wurm & Noé.** Anlaufpunkt für Tickets und Infos, vor allem zu den Abfahrtsorten, ist der Pavillon auf der Promenade etwa 100 m flussabwärts der Steinernen Brücke.

Informationen unter www.schifffahrtklinger.de bzw. www.donauschifffahrt.eu.

Strudelrundfahrt: Hauptsaison ist von Anf. April bis Anf. Okt., dann fahren Schiffe der einen oder anderen Gesellschaft stündl, das Ganze dauert 45–50 Min. (außerhalb der Hauptsaison weniger Fahrten). Tickets 10,50–12 €, Familientarife nur bei Personenschifffahrt Klinger. Anleger 1 – Steinerne Brücke.

Stadtmaus: szenische Stadtführung als Event

Themenfahrten (Personenschifffahrt Klinger): Von der Hafenrundfahrt bis zum Bockbieranstich an Bord der „Siebnerin", einem historischen Holzschiff, und der „MS Fürstin Gloria". Anleger der „MS Fürstin Gloria": Werftstraße (gegenüber dem Haus der Bayerischen Geschichte), Anleger der „Siebnerin": Steinerne Brücke.

Für Fahrten zur **Walhalla** (→ S. 122) und nach Kelheim zur **Befreiungshalle** (→ S. 128) www.schifffahrtklinger.de und www.donauschifffahrt.eu. Für die Verbindung **Kelheim-Weltenburg** (→ S. 133) https://schifffahrt-kelheim.de.

Schwimmen

Regenburg hat drei Schwimmbäder und eine Reihe von Weihern und Donaustränden (!) zu bieten.

Westbad: das größte (50.000 m²) und schönste Bad, ganz im Westen im Donaubogen. Freibad, Hallenbad, Wellness. Messerschmittstr. 4, ✆ 0941-6012944.

Hallenbad: im Osten der Altstadt an der Parkallee. Gabelsbergerstr. 14, ✆ 0941-6012977.

Wöhrdbad: Freibad auf dem Oberen Wöhrd. Lieblstr. 28, ✆ 0941-6012922.

Wer es **in der Donau** versuchen will, der findet die beste Gelegenheit an der Schillerwiese westlich der Altstadt (Buslinie 11 bis „Weinweg") oder am Stadtstrand auf dem Unteren Wöhrd (zwischen Grieser Steg und Nibelungenbrücke). Man sollte den Begriff nicht überbewerten: Das sind schattige oder sonnige Wiesen mit einigen Stellen, an denen man ins Wasser kann (muss etwas suchen).

Stadtführungen

Wer nur ganz wenig Zeit hat oder gern eine sachkundige Einführung möchte, bevor er auf eigene Faust loszieht, ist mit den „kulttouren" gut beraten. **Kulttouren** ist der Verband Regensburger Fremdenführer, der eine große Palette von Touren anbieten. Tickets bekommt man vor Ort in der Tourist-Info im Alten Rathaus oder online unter www.regensburg.regiondo.de. Gruppen buchen unter ✆ 0941-5073413. Infos unter www.kulttouren.de oder www.tourismus.regensburg.de.

Der Klassiker! Die wichtigsten und schönsten Punkte des Altstadtkerns in einer 90-minütigen Führung. Kunst, Geschichte und Geschichten. Start am Alten Rathaus. April–Okt tägl. 10.30 und 14.30 Uhr, zusätzlich Fr 17 Uhr, Nov.–März Mo–Fr 10.30 Uhr, Sa/So und Feiertag 10.30 und 14.30 Uhr. Ticket 10 €, erm. 7 €, Fam. 20 €, Gruppen 85 €.

Der Klassiker, mal anders! Auf Anfrage gibt es für Gruppen die Tour auch frühmorgens (Early Bird), spätabends (Late Night) oder auch „ganz langsam“.

Thematische Stadtführungen: Ein breit gefächertes Angebot: „Stadt am Fluss“, „Religionen“, „Römisches Regensburg“ ... etwas für fast alle Interessenlagen. Diese Touren können mehr in die Tiefe gehen als die klassische Führung.

Führung mit Schauspiel: Es gibt eine Reihe gespielter Führungen zu historischen Themen wie „Der Fall des Henkers“ (Blutgerichtsbarkeit im 17. Jh.) oder „Wissenschaft und Aberglaube“ (Der Hexenprozess gegen Keplers Mutter). Alle Touren unter www.kulttouren.de.

Die Stadtmaus: Ähnliche Idee, aber doch ganz anders. Seit 1998 „verführt“ die Stadtmaus durch Regensburg. Ob ein „Genussabenteuer“ in einem originellen Gasthaus mit 3-Gänge-Menü und Schauspiel, ob „Erlebnisführungen“, dramatische Schauspiele zu historischen Themen, oder die „Stadtverführung“ – immer ein besonderes Erlebnis. Mo–Fr 10–14 Uhr (Büro), Thundorferstr.1, ✆ 0941-2303600, www.stadtmaus.de.

Übrigens: Die namensgebende Stadtmaus ist eine kleine Skulptur in einem Fensterbogen an der Neuen Waag (Haidplatz 1, Tour 3). Suchen Sie sie: Das Berühren soll gegen Geldnot helfen!

Stadtrundfahrten

Sight Biking: Mit dem Fahrrad geht es außen herum: Stadtmauer mit Ostentor, die Alleen, die Inseln, Stadtamhof. So kompakt wäre das grüne Regensburg zu Fuß nicht zu schaffen. Start am Alten Rathaus, Dauer ca. 1:30–2 Std. Preise: 10 €, erm. 7 €, Fam. 20 €. Infos und Buchung unter www.tourismus.regensburg.de. **Achtung:** eigenes Fahrrad mitbringen!

Emma ohne Insel und Berge

Seg Tour: Die eigen- und einzigartigen Segways muss man nicht mehr vorstellen. Drei etwa 3-stündige Touren (davon 20 Min. Einweisung) werden angeboten: „Classic Tour“ mit der gesamten Altstadt von Ost nach West und Stadtamhof, „Donau Tour“, die einen weiten Bogen beidseits der Donau nach Westen bis zur Naabmündung schlägt, und „Walhalla-Tour“ (so kann man den Ausflug auf S. 122 auch machen). Start ist am Hotel Kaiserhof gegenüber der Domfassade, Preis 75 €. Im Prinzip tägl. mehrere Termine, im Winter seltener. Infos und Buchung unter www.Seg-Tour-Regensburg.com. ✆ 0941-58612684. **Achtung:** Führerschein, zumindest für Mofa und Mittelgewicht (45–118 kg).

City Tour: Natürlich gibt es auch hier die Wägelchen, die von einer „historischen Dampflok“ gezogen werden und im Schritttempo durch die Stadt rollen. Zwei Vorteile: Man muss nicht laufen und bekommt in 40 Min. tatsächlich sehr unterschiedliche Eindrücke von der Stadt (zwei Schleifen drinnen und einmal außenrum). Die Maximilianstraße gleich 2-mal müsste allerdings nicht sein. Start am Dom (gegenüber von Ludwig I.), Tickets dort, in der Tourist-Info am Alten Rathaus oder online. Ticket 10 €, Kinder (2–14 J.) 5 €, Gruppen (ab 20 Pers.) 8 €/Pers. (bitte anmelden). Juni–Sept. tägl. 10–17 Uhr stündl., übrige Zeit nur bis 16 bzw. 15 Uhr und auch mal ein Tag frei. ✆ 0941-595 9177, www.city.tour.de.

Taxi

Unter der Nummer ✆ **0941-52052** erreicht man die älteste Taxizentrale der Stadt. Standplätze sind, außer am Bahnhof natürlich, z. B. in der Maximilianstraße, am Alten Kornmarkt bei der Karmelitenkirche und am Neupfarrplatz/Kassiansplatz (zwischen Kaufhaus und St. Kassian).

Toiletten

Natürlich nie da, wo man sie braucht. **Öffentliche** gibt es z .B. am Hauptbahnhof, beim Neuen Rathaus, am Schwanenplatz, am Neupfarrplatz, im Besucherzentrum Welterbe, auf dem Unteren Wöhrd und in Stadtamhof oben am Europakanal. Parkhäuser sind auch eine Option. Und es gibt ja noch die **„Netten Toiletten"**, ca. 20 Läden oder Restaurants, wo man darf, auch wenn man sonst nichts will: z. B. „Café Orlando" am Alten Kornmarkt, das „Hofbräu" am Alten Rathaus, das „Anna" in der Gesandtenstraße. Die unerschöpfliche Seite www.tourismus.regensburg.de hat eine komplette Übersicht.

Breites Kulturspektrum ...

Touristeninformation

Die erste Anlaufstelle im Alten Rathaus, in der Hochsaison manchmal zu sehr umlagert. Fast alles, was es auf der Website gibt, gibt es hier traditionell auf Papier. Auskünfte engagiert und nach bestem Wissen und Gewissen, telefonisch ist es manchmal schwierig. ✆ 0941-5074410, www.tourismus.regensburg.de.

Tourist Information Altes Rathaus, Rathausplatz 4, Mo–Fr 10–18 Uhr, Sa/So u. Feiertag 10–16 Uhr.

Tourist Information Am Schwanenplatz, Di–So u. Feiertag 10–16 Uhr (kann außerhalb der Hauptsaison variieren).

Weihnachtsmärkte

Etwa eine Woche vor dem 1. Advent geht es los bis zum Tag vor Heiligabend. Die Auswahl ist groß, tolle Atmosphäre in der ganzen Stadt und bis auf den Markt auf Schloss Emmeram ist der Eintritt frei. Fehlt nur noch der Schnee ...

Christkindlmarkt am Neupfarrplatz: der älteste Weihnachtsmarkt, natürlich mit Gastronomie. Mi ab 14 Uhr Kindernachmittag mit Nikolaus. Tägl. 10–20/21 Uhr.

Lucreziamarkt: zwischen Rathausplatz und Haidplatz. Markt des Kunsthandwerks: Glas, Ton, Schmuck, Leder. Kulturprogramm auf zwei Bühnen. Tägl. 11–20/21 Uhr.

Adventsmarkt im Katharinenspital: Aus dem Biergarten wird ein Weihnachtsmarkt: Essen, Trinken, Livemusik und Lagerfeuer. Mo–Fr 16–22 Uhr, Sa 11–22 Uhr, So 11–21 Uhr.

Weihnachtsmarkt auf Schloss Thurn und Taxis: der Aufwändigste: großes Areal, zum Teil im Schlosspark. Kinderzauberwald mit Schiffschaukel usw., Geschenke, Kunsthandwerk und viel zu essen. Kostet Eintritt! Mo–Do 15–22 Uhr, Fr bis 23 Uhr, Sa 12–23 Uhr, So 12–22 Uhr. Infos und Tickets unter https://wm-tut.de.

Wellness

Große **Saunenanlage** im Westbad, (→ Schwimmen, S. 176).

Float Regensburg Day Spa: Floating? Nie gehört? Floating ist, ganz kurz gesagt, schwereloses Schweben in körperwarmer Sole, allein oder zu zweit, mit Licht und sanfter Musik oder völlig dunkel und still. 80 % der Hirntätigkeit sind Verarbeitung der Außenreize, hier gibt es keine mehr! Neben der positiven Wirkung auf Muskeln und Gelenke eine geniale Art, zur Ruhe zu kommen. Neugierig? Die Inhaberin, Frau Fenk, macht eine sehr liebevolle Einführung. 2–2:30 Std. sollte man einplanen. Einzeln 75 €, zu zweit 110 €, zusätzliche Massagen sind auch möglich. Mo u. Do–Sa 10–22 Uhr, Di 15–22 Uhr. Glockengasse 5, ✆ 0941-5865620, www.regensburg.float.de.

Wochenmärkte

Obst und Gemüse aus der Region, Wurst, Käse, Spezialitäten und natürlich Imbisse. Je nach Saison und Wetter mehr oder weniger Stände.

Neupfarrplatz, tägl. außer So 9–16 Uhr (falls nicht andere Veranstaltung).

Alter Kornmarkt, Sa 5–13 Uhr. Neue Heimat des Donaumarkts. Hier kauft der Regensburger. Viel Betrieb.

Katharinenmarkt, Mi 8–13 Uhr. Stadtamhof, am oberen Ende. Klein, aber alles da.

Bismarckplatz, Sa 9–18 Uhr.

Bio-Donaumarkt beim Goldenen Waller, Fr 14–19.30 Uhr. In der Nähe der Eisernen Brücke. Der Jüngste unter den Wochenmärkten. Bio und Feinkost.

Kompakt

Alle Museen

Fast alle Museen in Regensburg haben die Region als Thema: die Stadt, Ostbayern, Bayern. Auch der Dackel und sein Museum gehören eindeutig zu Bayern – trotz der internationalen Fangemeinde. Krasser Außenseiter: das Golf-Museum!

Eine Besonderheit sind die **„document“** genannten Sehenswürdigkeiten: keine weitläufigen Säle, sondern kleine, spannende Orte der Stadtgeschichte.

Am 3. Sonntag im Mai findet auch in Regensburg der **Internationale Museumstag** statt. Welche Museen teilnehmen und mit welchen Programmen, findet man unter www.museumstag.de.

„Nacht der Museen“: Es gab sie in Regensburg und die Stadt ist entschlossen, sie wieder einzuführen. Bei Redaktionsschluss (Mai 2023) gab es noch keine konkreten Infos.

Die nahezu allwissende Website **www.regensburg.de** (Kultur, Museen, Aktuelles aus den Museen) bietet ein Jahresprogramm mit den geplanten Ausstellungen fast aller Museen.

Geschichte

Haus der Bayerischen Geschichte: 200 Jahre modernes Bayern: eine aufwendige Show zu Politik, Landschaft, Kultur und Technik in Bayern seit 1800. Nicht zu verwechseln mit den gleichnamigen Sonderausstellungen in andern bayerischen Regionen. ■ S. 29

Stadtgeschichte

Mit dem Aufgehen im Herzogtum Bayern 1810 endet die Geschichte der eigenständigen „freien“ Stadt Regensburg. Die folgenden Museen widmen sich der Zeit von der Vorgeschichte bis 1809.

Historisches Museum: Die Sammlungen im Minoritenkloster illustrieren Kultur und Geschichte der Region seit der Steinzeit. Highlights sind die steinerne „Geburtsurkunde“ der Stadt, das Holzmodell der Neupfarrkirche, eine 3D-Stadtansicht um 1700 und „Die zwei Johannes“ von Albrecht Altdorfer. ■ S. 33

Besucherzentrum Welterbe: Kompakte, multimedial hervorragend aufbereitete Darstellung der Stadtentwicklung und -geschichte. Und noch dazu kostenlos. ■ S. 67

document Legionslagermauer: Unter dem Parkhaus am Dachauplatz ist ein ca. 70 m langes römisches Mauerstück konserviert und wird dort multimedial erläutert. Die beiden östlichen Ecken und das Nordtor, die Porta Praetoria, sind weitere markante Punkte römischer Geschichte in Regensburg. Eintritt frei. ■ S. 34

document Reichstag im Alten Rathaus: Herz der Reichsstadt und Versammlungsort des Immerwährenden Reichstags. Der prunkvolle Reichssaal, Beratungszimmer und die Fragstatt (Folterkammer) können besichtigt werden. Eine auch kunstgeschichtlich interessante Tour durch die deutsche Geschichte. ■ S. 62

document Niedermünster: Eine der größten Ausgrabungsstätten in Bayern wurde hier hervorragend konserviert. Spannende 2000 Jahre Siedlungsgeschichte vertikal. 3-D-animiert. ■ S. 26

document Neupfarrplatz: Und noch einmal in den Untergrund: Bei den Fundamenten des 1519 zerstörten Ghettos erfährt man viel über das jüdische Leben in der Stadt und die Vertreibung der Juden 1519. Ein Bunker aus dem Zweiten Weltkrieg ist auch zu sehen. ■ S. 43

Kunst

Kunstforum Ostdeutsche Galerie: Die Ausstellung im Stadtpark wurde gegründet, um das Schaffen deutscher Künstler im Osten Europas zu sammeln. Heute präsentiert die Galerie eine einmalige Sammlung zeitgenössischer osteuropäischer Kunst. ■ S. 109

Städtische Galerie im Leeren Beutel: Im alten Getreidespeicher werden Werke von Künstlern aus Regensburg und der Region aus dem 19./20. Jh. gezeigt, daneben Sonderausstellungen von lebenden Künstlern und zu regionalen Sonderthemen. Eintritt frei. ■ S. 32

Domschatzmuseum: In den Räumen der ehemaligen Bischofsresidenz, die zum Teil noch original ausgestattet sind, präsentiert das Museum exzellente Goldschmiedearbeiten, prunkvolles sakrales Gerät und liturgische Gewänder vom Mittelalter bis zum Ende des 18. Jh. ■ S. 50

Domkreuzgang: Das Kapitelhaus, zwei Kreuzgänge und zwei Kapellen. Nur mit Führung (einzeln oder in Kombination mit dem Dom). ■ S. 51

St. Ulrich: Die interessante frühgotische Kirche ist zurzeit nur für Sonderausstellungen geöffnet. ■ S. 52

Museum Obermünster: Heute nur noch Archiv und Lager. ■ S. 39

Fürstliche Schatzkammer Thurn und Taxis: Im Nordflügel des Alten Marstalls bei St. Emmeram bekommt man einen Einblick in das fürstliche Leben der letzten Jahrhunderte: Waffen, Porzellan, Mobiliar, edle Gebrauchskunst – das weltliche Gegenstück zum Domschatz. ■ S. 96

Natur und Technik

Donau-Schifffahrts-Museum: Zwei Flussschiffe, ein Raddampfer aus den 1920ern und ein Motorschiff aus den 1940ern bilden die Räumlichkeiten des Museums. Technik zum Anfassen, aber auch Spannendes zur Donauschifffahrt und dem Leben auf dem Fluss. ■ S. 71

Brücktormuseum: Das kleine Museum ist hauptsächlich wegen der tollen Aussicht über die Brücke sehenswert. Auf dem Weg nach oben Modelle zur Geschichte der Brücke und ihren Einfluss auf die Schifffahrt. ■ S. 68

Naturkundemuseum Ostbayern: In einem klassizistischen Palais im schönen Herzogspark kann man die Tier- und Pflanzenwelt der Region Ostbayern erkunden, von den ersten Lebensformen bis heute. Viel Aktives für Kinder. ■ S. 108

Fürstliches Marstall-Museum: Der Südflügel und die ehemalige Reithalle des Alten Marstalls bei St. Emmeram bergen eine beeindruckende Sammlung von herrschaftlichen Fahrzeugen (Kutschen und Schlitten aller Art), dazu Prunkgeschirr für die Pferde. Ein Blick in die Welt des Adels vom 18. Jh. bis zum frühen 20. Jh. ■ S. 96

document Schnupftabakfabrik: Industriekultur einmal anders. Dieser große mittelalterliche Komplex aus mehreren Adelspalästen war fast 200 Jahre lang Teil der größten Schnupftabakfabrik Deutschlands. Drei Räume sind vollständig erhalten. ■ S. 86

document Keplerhaus: 1630 wohnte der berühmte Astronom Johannes Kepler in diesem Haus, am 15. November desselben Jahres starb er dort. Das im Stil des 17. Jh. ausgestattete Haus erinnert an ihn, u. a. mit astronomischen Geräten seiner Zeit. Sanierung voraussichtlich bis Herbst 2023. ■ S. 65

Walhallabockerl: Komprimierter kann ein Technikmuseum nicht sein: Die Lok der Kleinspurbahn steht etwas verloren am Europakanal in Stadtamhof. ■ S. 70

Spezialthemen

Golf-Museum: Im Gewölbe unter der Antiquitätenhandlung „Insam" werden 600 Jahre Golfgeschichte gefeiert, 1200 Exponate rund um den kleinen Ball. Möbel, Plakate, Sportkleidung und natürlich Bälle und Schläger. Very british! ■ S. 59

Dackelmuseum: Die Passauer haben es verspielt: Seit April 2023 ist das Museum in Regensburg! Viel größer, noch mehr zu sehen, unvergleichlich. Und wirklich nicht nur für Dackel-Fans, für die aber ganz besonders. ■ S. 72

Schifffahrtsmuseum vor historischer Kulisse

Kompakt

Alle Restaurants

Sterneküche

Storstad: innovative Sterneküche mit nordischen Einflüssen ■ S. 100

Aska: Sterneküche in der Sushi-Variante. ■ S. 100

Roter Hahn: nordisch/asiatische Fusionsküche – ohne Dresscode. ■ S. 100

Ohne Sterne-Weihen; aber dennoch ...

Sticky Fingers: Bar und Restaurant mit gehobener Fusionsküche, Überraschung inklusive. ■ S. 100

Gänsebauer: bayerische Tapas! ■ S. 73

Orphée: alles auf französisch-mediterrane Art. ■ S. 98

Für jeden Tag

amore, vino & amici: originelle italienische Küche mit Pizza, Pasta und viel Fisch. ■ S. 98

Kleine Bräustube Dicker Mann: holzgetäfelte Gaststube, bürgerliche Küche, Österreich dominiert. ■ S. 73

Meier: saisonal, raffiniert und bodenständig, meist mediterran. ■ S. 76

Mirabelle: klassische französische Küche. ■ S. 98

991 SOY Sushi & Panasian: umfangreiche Sushi-Karte mit allem, was das Herz begehrt. ■ S. 98

Bodega Vinos y Tapas: lebendiges Restaurant mit Barflair, es gibt Tapas, Wein und Bier. ■ S. 73

Einfach und gut

Brauereigaststätte Kneitinger: der lokale Biertempel schlechthin, zum Bier gibt's Deftiges. ■ S. 112

Lokanta/Schwedenkugel: schlichte Einrichtung, frisch zubereitetes kurdisches Essen. ■ S. 112

Kim Linh: ebenfalls schliche Einrichtung, die Küche vietnamesisch und gut. ■ S. 54

Spaghetteria AQUINO: Vorspeisentheke, Nudelgerichte und Pizza – in einer ehemaligen Kapelle. ■ S. 76

Die Oma in da Antn: große Portionen und für gesellige Menschen ideal. ■ S. 112

Ricecorn: vietnamesische und japanische Küche, große Portionen. ■ S. 54

Taverna Stefanos: klassische griechische Küche in einem historischem Gasthaus von 1500. ■ S. 35

Guacamole: günstiges mexikanisches Streetfood in der Nähe vom Club-Hotspot Petersweg. ■ S. 54

Zur geflickten Trommel: versteckte mittelalterliche Taverne, es gibt Flammkuchen und Brote. ■ S. 98

Noch traurig: ein Biergarten im Frühjahr

Café Princess: Versuchung pur

Für zwischendurch

Wurstbraterei Reisinger: belegte Brötchen und Würstchen. ■ S. 54

Bagel Store Tiger Green: Bagels in vielen verschiedenen Ausführungen – auch vegan. ■ S. 54

Afiyet Manti: türkische Teigtaschen, verschiedene Toppings und Soßen. ■ S. 54

Eiscafé/Bar Venezia: italienische Tramezzini und Antipasti, außerdem Kaffee und Kuchen. ■ S. 76

Metzgerei Eschenwecker: Metzgerei mit heißer Theke. ■ S. 113

Jerusalem Imbiss: orientalisches Fastfood – geht schnell und schmeckt. ■ S. 54

Ha Tien: kleines panasiatisches Lokal – viele Zutaten sind frei kombinierbar. ■ S. 73

Cafés/Eiscafés

Pernsteiner: Traditionskonditorei mit großem Garten und Regensburger Karmeliten-Trüffeln. ■ S. 35

Kuchenbar: beeindruckende, dreistufige Kuchentheke. ■ S. 76

Stella Eiscafé: leckeres Eis (auch vegan), außerdem Crêpes. ■ S. 76

Café 190°: außergewöhnliche Kaffeeauswahl und Delikatessen. ■ S. 55

Goldenes Kreuz: Café im ältesten Hotel der Stadt. ■ S. 76

Café Prinzess: ältestes Kaffeehaus Deutschlands mit riesiger Auswahl an Pralinen. ■ S. 76

Café Weichmanns: künstlerisch gestaltetes Café mit Innenhof. ■ S. 100

Torreo: Café mit Rösterei, ideal für einen Kaffee zwischendurch. ■ S. 100

Malefiz Café & Bar: originelle Location für Frühstück, Kaffee und Kuchen oder abendliche Drinks. ■ S. 54

kAffé dAdA: vegane und vegetarische Küche für Burger-Fans. ■ S. 113

Poushe Strudel & Coffeeshop: ein Muss für Strudelfans. ■ S. 100

Strudelei: bayerisch-österreichische Strudelspezialitäten. ■ S. 100

Mr. Waffle: bonbonbunter Laden mit frischen Waffeln, Eis und Süßkram. ■ S. 100

Biergärten

Alte Linde: üppige Portionen am Fuß der Steinernen Brücke. ■ S. 73

Spitalgarten: bayerische Küche mit Blick auf die Donau. ■ S. 73

Die Oma in da Antn: lauschiger Biergarten der „Goldenen Ente". ■ S. 112

Bischofshof: gepflegtes Gartenlokal. ■ S. 73

Weltenburger am Dom: Weltenburger Bier, zum Essen auch Burger und Vegetarisches. ■ S. 73

Hacker-Pschorr im alten Augustinerkloster: bayerische Küche und Bier im schattigen Innenhof. ■ S. 54

Kreuzschänke: fast wie auf dem Land. ■ S. 112

Kneitinger „Unter den Linden": Schweinsbraten & Co. im Stadtpark ■ S. 113

Kompakt

Alle Shopping-Adressen

Antiquitäten

Regensburger Tändlerei: Kunst, Kitsch und Trödel. ■ S. 101

Bücher

Antiquariat Reinhold Berg: beeindruckende Auswahl an gebrauchten Büchern. ■ S. 76

Foto

Fotohaus Zacharias: Kameraausrüstung in jeder Preisklasse. ■ S. 101

Kulinarisches

Rehorik Delicatessen: *die* Regensburger Kaffeerösterei mit Delikatessenladen. ■ S. 55

Rehorik in der Gesandtenstraße: Wein, Kaffee, Schnaps – ein Erlebnis für die Sinne. ■ S. 101

Café Prinzess: riesige Auswahl Pralinen. ■ S. 76

Café Pernsteiner: Regensburger Karmeliten-Trüffel. ■ S. 35

The Whisky Brothers: Whisky aus der ganzen Welt. ■ S. 101

Da Bianca. Feinkost am Haidplatz: italienische Delikatessen. ■ S. 77

Mode

Backstage: faire Mode vieler Marken. ■ S. 101

Hutkönig. Der Hutmacher am Dom: traditionelle Hutmacherei seit 1875. ■ S. 77

Karl Brosi. Schuh-Hand-Werk: richtig gute handgefertigte Schuhe. ■ S. 76

Pöllinger. Leder & Tracht: Trachten für jeden Anlass. ■ S. 77

Lilo. Hüte, Mützen, Accessories: freche Hüte aus verschiedensten Materialien. ■ S. 77

Peacehand. Mode aus 2. Hand: große Auswahl an Vintagekleidung. ■ S. 77

Peacehändchen. Kindermode aus 2. Hand: Secondhand für die Kleinen. ■ S. 77

Musik

Shadilac: Plattenladen für Rock, Pop, Jazz und Blues. ■ S. 77

T-Recs: Recordstore mit einem Schwerpunkt auf Hip-Hop. ■ S. 55

Schönes und Nützliches

Étagère. l'art de vivre: alles für stilvolles Essen und Genießen. ■ S. 101

Blinkfüer Handdruck: handbedruckte Textilien, Postkarten und allerlei mehr. ■ S. 55

Einseifer: Badezubehör in allen erdenklichen Farben, Formen und Duftrichtungen. ■ S. 101

Kuss: schöne Geschenkideen von Regensburger Künstlerinnen. ■ S. 77

Selmair. Richtig gutes Spielzeug: hochwertige Spielsachen, kein Plastikkitsch. ■ S. 101

Carakess. Laden & Café: alles von Antiquitäten über Kuchen bis zur Perlenstickerei. ■ S. 35

Traditionell? Wir können auch extravagant!

Verzeichnisse

Regensburg im Kasten

Kartenverzeichnis und Zeichenerklärung

- Autobahn
- Hauptverkehrs-/Nebenstraße
- Bahnlinie
- Fährlinie
- Bebaute Fläche
- Gebäude
- Grünfläche
- Gewässer
- Fußgängerzone
- Rundgang Anfang/Ende
- Information
- Museum, Sehenswürdigkeit
- Antike Sehenswürdigkeit
- Denkmal, Brunnen
- Kirche, Synagoge
- P Parkplatz
- BUS B Busbahnhof/Bahnhof
- Hafen/Schiffsanlegestelle
- Krankenhaus

▼ Kartenausschnitte im Buch

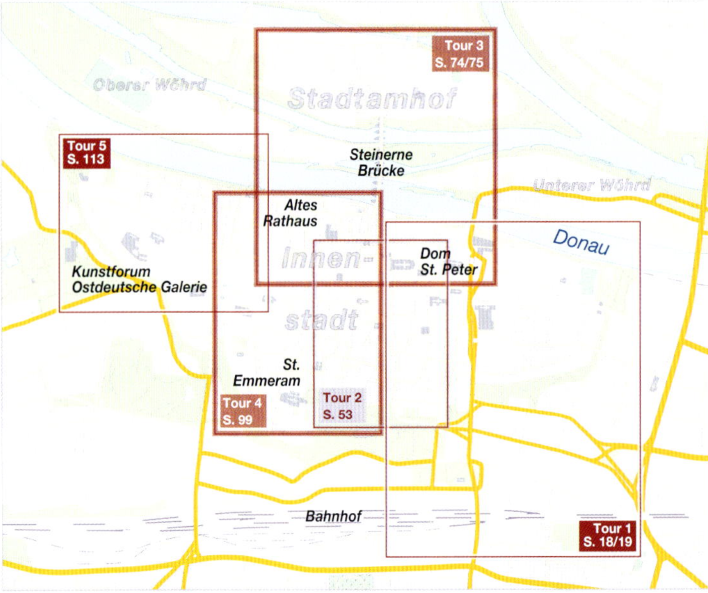

Vielen Dank!

Ich möchte mich bei allen Regensburgern bedanken, die mir mit Infos und Tipps weitergeholfen haben. Und ganz besonders bei meiner Frau Katharina dafür, dass sie das ganze Projekt geduldig begleitet hat.

Fotonachweis

Alle Fotos von **Christoph Schmidt** außer: S. 2 (Katharina Hokema) | S. 3, 8, 12, 14, 16, 23, 24, 25, 26, 27, 28, 29, 30, 31, 32, 33, 34, 36, 37, 39, 41, 42, 44, 47, 52, 55, 56, 58, 59, 61, 63, 65, 66, 67, 69, 70, 72, 77, 78, 80, 81, 82, 83, 85, 87, 89, 93, 94, 95, 96, 101, 102, 104, 106, 108, 114, 116, 119, 120, 134, 137, 138, 142, 148, 152, 156, 165, 167, 171, 175, 177, 181, 184, 190 (Klara Schmidt)

Was haben Sie entdeckt?

Haben Sie ein besonderes Restaurant, ein neues Museum oder ein nettes Hotel entdeckt? Wenn Sie Ergänzungen, Verbesserungen oder Tipps zum Buch haben, lassen Sie es uns wissen!

Schreiben Sie an:
Christoph Schmidt, Stichwort „Regensburg"
c/o Michael Müller Verlag GmbH | Gerberei 19 | D – 91054 Erlangen
christoph.schmidt@michael-mueller-verlag.de

Impressum

Text und Recherche: Christoph Schmidt | **Lektorat:** Peter Ritter; D&M Services GmbH: Anja Elser | **Redaktion:** Ute Fuchs | **Layout:** D&M Services GmbH: Christiane Bauer, Alina Drewello, Claudia Hutter, Jessica Jilge, Julia Lüssow | **Karten:** Hans-Joachim Bode, Theresa Flenger, Judit Ladik | **Herausnehmbare Karte:** Hans-Joachim Bode, Carlos Borrell | **Fotos:** s. Fotonachweis | **Innentitel:** Neupfarrplatz, Blick von der Kaufhof-Dachterrasse © Klara Schmidt | **Covergestaltung:** Karl Serwotka | **Covermotive:** vorne: Steinerne Brücke © mauritius images / David & Micha Sheldon; hinten: Wandgemälde im St.-Peters-Weg © Klara Schmidt

Die in diesem Reisebuch enthaltenen Informationen wurden vom Autor nach bestem Wissen erstellt und von ihm und dem Verlag mit größtmöglicher Sorgfalt überprüft. Dennoch sind, wie wir im Sinne des Produkthaftungsrechts betonen müssen, inhaltliche Fehler nicht mit letzter Gewissheit auszuschließen. Daher erfolgen die Angaben ohne jegliche Verpflichtung oder Garantie des Autors bzw. des Verlags. Autor und Verlag übernehmen keinerlei Verantwortung bzw. Haftung für mögliche Unstimmigkeiten. Wir bitten um Verständnis und sind jederzeit für Anregungen und Verbesserungsvorschläge dankbar.

ISBN 978-3-96685-183-1

© Michael Müller Verlag GmbH, Erlangen 2023. Alle Rechte vorbehalten. Alle Angaben ohne Gewähr. Druck: Livonia Print, Riga.

Hinweise zum Datenschutz und zur Informationspflicht nach Art. 13/14 DSGVO finden Sie unter https://michael-mueller-verlag.de/datenschutz

Newsletter

Aktuelle Infos zu unseren Titeln, Hintergrundgeschichten zu unseren Reisezielen sowie brandneue Tipps erhalten Sie in unserem regelmäßig erscheinenden Newsletter, den Sie im Internet unter **www.michael-mueller-verlag.de** kostenlos abonnieren können.

STADT
REGENSBURG

Historisches Museum

Städtische Galerie
im Leeren Beutel

document Reichstag

document Kepler

document
Neupfarrplatz

document
Schnupftabakfabrik

document
Legionslagermauer

Museen der Stadt Regensburg

www.regensburg.de/museen

Museen der Stadt Regensburg | Dachauplatz 2–4 | 93047 Regensburg
Fotos: Stadt Regensburg, Museen und Bilddokumentation

Register

Die in Klammern gesetzten Koordinaten verweisen auf die herausnehmbare Karte.

Regensburger Who's who

Hochwasser? Noch nicht

mmtravel® App

Testen Sie mit Ihrem persönlichen **Freischaltcode** die App zum Buch!

Unsere mmtravel App® bietet Ihnen über **100 vollständige Offline-Reiseführer** mit:

- **97.000 Points of Interest** mit so vielen Eigenschaften wie in keiner anderen Reise-App
- **Such- und Filterfunktion** zur individuellen Gestaltung der Reise
- **GPS** entdecken Sie alle Tipps und Touren in der Nähe
- **vergrößerbarer Schrift** für Ihr perfektes Leseerlebnis

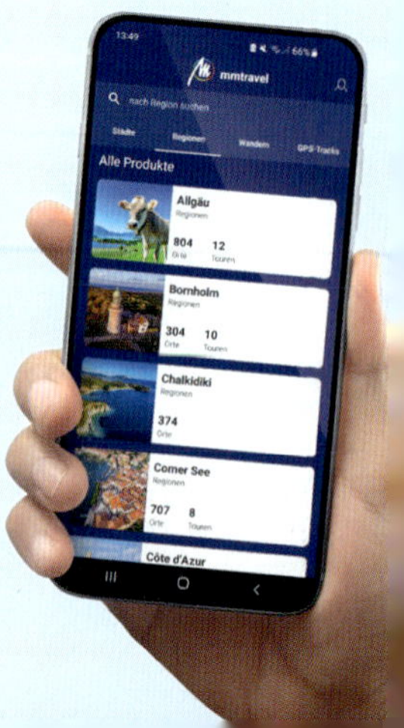

Weniger Handgepäck geht nicht!

Mehr Infos finden Sie auf **www.mmtravel.com** und **www.michael-mueller-verlag.de**.